당구 고점자로 가는 지름길

Billiards

양빵당구 3쿠션 시스템

당구에
미치다

일신서적출판사

신용인

신용인은 경영학 박사이자 공인회계사입니다. 또한 사진작가입니다. 그는 당구 경력이 30년으로, 당구에 대한 남다른 깊은 애정과 경험이 있습니다.

그는 최근 10여 년 동안 3쿠션 system에 관한 방대한 국내외 자료 수집 및 연구를 수행하였습니다. 특히, 최근 4년여간의 코로나 위기 기간에는 당구에 빠져서 온종일 구장과 연구실에서 본 당구 교재를 집필하는 작업에 전념하였습니다.

양성민

양성민은 구독자수 15만명이 넘는 YouTube
양빵당구를 운영하는 유튜버이자 PBA 프로당구 선수입니다.
대대핸디는 2024년 40점입니다.

양빵당구 3쿠션 시스템

당구에 미치다

곁에 두고 필요시 간편하게 찾아볼 수 있는 핵심 3쿠션 시스템 교재

구독자 수 15만 유튜버 양성민 프로의 유튜브 강의 제공

유튜브 동영상을 통해 배우는 보다 쉬운 당구

신용인, 양성민 편저

일신서적출판사

당구는 수학과 과학의 원리를 적용하는 미묘한 예술입니다. 당구 테이블은 특히 기하와 도형의 원리가 잘 적용되며, 이를 통해 당구를 더 깊게 이해할 수 있습니다. 대학 시절과 군 장교로 복무하는 동안은 틈만 나면 당구를 쳤었지만, 직장 생활 중에는 자주 할 수 없었습니다. 그러나 15년 전부터 다시 당구에 빠져들게 되었고, 이때부터 당구에 미쳐서 당구 시스템을 본격적으로 연구하기 시작했습니다.

2020년 이후 코로나19로 인해 하루 중 대부분 시간을 구장과 연구실에서 보내며 지난 10여 년간 연구하고 수집해온 방대한 국내외 자료들을 요약, 정리하고, 수정 및 보완하여 당구 실무 교본을 집필하게 되었습니다. 이 책은 수많은 당구 시스템 중에서 가장 정확도가 높고 유용하다고 판단되는 핵심적인 3 Cushion System을 선별하여 정리한 것입니다.

책을 집필하는 동안 가장 어려웠던 점은 세상에는 너무나 많은 당구 시스템이 존재하고 있고, 또한 서로 상충되는 시스템들이 많아서 혼란스럽다는 것입니다. 따라서 본인이 수많은 시스템을 직접 당구 테이블에서 수없이 반복 검증한 후에 수정, 보완 작업을 거쳐 엄선한 핵심적인 Best System을 간편하게 정리하였습니다.

또한, 저명한 당구 유튜버이자 프로당구 선수인 양성민 선생님과 함께 집필하여 저의 부족한 부분을 보완하였습니다. 양성민 선생님은 프로당구 선수이면서 당구 이론에 대한 해박한 지식을 지니고 있어서, 본인도 이 책의 집필 과정에서 평소 가지고 있었던 많은 의문 사항에 대한 해답을 양 프로님으로부터 얻을 수 있었습니다.

이 책은 양빵 당구 TV의 주요 동영상 강좌 내용을 요약하여 핵심 내용을 잘 반영하고 있습니다.

이 책은 세상에 존재하는 모든 시스템을 보여주는 시스템 백과사전이 아니라, 짧은 시간 내에 고점자로 가기 위하여 반드시 알아야 하는 핵심적인 Best System을 알려드리는 것이 목적입니다. 따라서 되도록 군더더기 설명은 생략하고, 핵심적인 요점만을 간결하게 기술하고, 시각적으로도 보기 쉽게 작성하도록 노력하였습니다.

이 책이 독자 여러분의 당구 실력 향상에 도움이 되길 바랍니다.
감사합니다.

경영학박사/공인회계사 **신용인**

서문

저는 당구에서 3쿠션이란 종목은 표현의 스포츠이자 예술이라고 생각합니다.
당구공의 배치에 맞고 형태에 맞는 표현을 하려고 노력하다 보면 당연히 당구 실력은
향상이 될 것입니다.

테이블에서 배치에 맞는 표현을 하기 위해서는 몇 가지 요소가 필요합니다.
첫째, 기본기(자세, 스트로크, 속도, 당점, 두께 등등)가 잘 잡혀있어야 합니다.
둘째, 확실하고 정확한 이론을 바탕으로 본인에 맞는 시스템을 만들 수 있어야 합니다.
셋째, 많은 연습량으로 감각적으로 원하는 곳으로 수구를 보낼 수 있어야 합니다.

기본기와 이론을 제대로 정립한 이후에 감각을 추가한다면 당구 실력은 급상승할 수 있다고
확신합니다.

나무 한 그루가 완벽해지기 위해서는 뿌리와 줄기가 튼튼해야 하며, 그 상태에서 가지를
아름답고 풍성하게 키워야 한다고 생각합니다.

당구를 나무에 비유해 보면, 기본기가 뿌리이고, 이론이 줄기이고, 감각이 가지입니다.

본 교재를 통해 뿌리와 줄기인 기본기와 이론을 잘 정립해서 테이블 안에서 본인의 실력을
아름답게 표현하시기 바랍니다.

감사합니다.

유튜버 **양성민**

신용인 박사와 저는 50년의 오랜 인연을 가지고 있습니다. 해군 보급장교 동기로서 3년 반의 군 생활을 함께한 이후, 현재까지도 깊은 교분을 유지하고 있습니다.

신 박사는 뛰어난 능력과 성실함을 바탕으로 국내 대형 회계법인의 대표와 한국공인회계사회 연구부회장 및 한국회계기준원의 기준위원으로서 우리나라 회계 감사 실무와 회계 기준 정립에 크게 기여해 왔습니다. 그의 업적은 모든 공인회계사에게 귀감이 되고 있으며, 연세대, 성균관대, 이화여대, 경희대에서 겸임교수로서 회계 이론 및 회계 감사를 강의하여 많은 후진 양성에도 이바지하였습니다.

놀라운 점은 신 박사가 방대한 당구 서적을 집필했다는 사실입니다. 그의 연구에 대한 열정이 당구 이론과 시스템 연구에 몰두하게 했으며, 코로나19 팬데믹 기간 동안 자신의 연구실에서 칩거하며 당구 교재 집필에 전념했습니다. 특히, 프로당구선수 양성민 프로와 함께 공저로 당구 교재를 집필한 점이 인상적입니다. 신 박사는 수많은 당구 시스템을 철저히 검토하고 검증한 후, 최고의 3쿠션 시스템을 선별하여 간결하고 체계적으로 정리하였습니다.

또한, QR 코드를 통해 양성민 프로의 당구 유튜브 강좌와 연결하여 독자들의 이해를 돕는 편리함을 더했습니다.

신 박사의 당구 교본을 통해 많은 분이 단기간 내에 당구 실력을 향상하기를 기대합니다.

최운열 한국공인회계사회 회장 드림

* (전)국회의원, (전)서강대학교 부총장, 경영학 박사, 공인회계사

이 책의 주요 특징

학생, 초중급자 및 시니어를 위한 실용적인 교본
학생, 당구 입문자, 초중급자 및 시니어분들에게 실질적인 도움을 줄 수 있는 다양한 스트로크 방법과 당구 기법을 제공하며, 실전에서 쉽게 적용할 수 있는 여러 가지 시스템을 포함하고 있습니다.

QR코드로 YouTube 동영상 제공
교재의 내용을 보면서 더 자세히 알고 싶거나 의문 사항이 있을 시에는 QR코드를 스캔해서 동영상을 함께 보시면 교재의 내용을 이해하기가 훨씬 쉬울 것입니다.

독창적인 시스템과 당구 기법 소개
저자가 오랜 기간 연구와 개발을 통해 창안한 독특한 시스템과 기법을 소개하며, 다른 책에서는 찾아볼 수 없는 특별한 내용을 많이 담고 있습니다.

요점 중심의 간결한 정리와 시각적으로 편리한 편집
핵심 요점을 간결하게 정리하여, 시각적으로 쉽게 이해할 수 있도록 편집하였으며, 필요한 내용을 신속하게 찾아볼 수 있도록 구성하였습니다.

고점자로 가기 위한 팁과 당구가 안 될 때, 슬럼프가 왔을 때의 해결 팁 제시
단시일 내에 당구 실력을 향상할 수 있는 여러 가지 실질적인 조언을 제시하였습니다. 또한, 당구가 안 될 때, 슬럼프가 왔을 때, 해결을 위한 구체적인 팁을 함께 제시하였습니다.

핵심 시스템 선별과 검증
수많은 system 중에서 핵심 시스템을 정밀하게 선별하고, 공동 저자들에 의한 독립적 검증을 거침으로써 독자에게 신뢰성 있는 정보를 제공합니다.

우선 숙지할 시스템 우선순위
분야별로 가장 중요하고 실전에서 이용 빈도가 높은 시스템을 엄선하여 우선순위에 따라 편집하였으므로, 시간이 제한된 독자도 단시일 내에 쉽게 핵심 내용을 습득할 수 있습니다.

상세한 스트로크 분석
당구에서 가장 중요한 스트로크(stroke)를 자세하게 설명하고 있습니다.

무회전 시스템 강조

무회전 시스템을 상세히 다루어 다른 시스템을 더 쉽게 이해할 수 있도록 돕습니다.

상세한 선구법(Choice) 제시

다양한 선구법을 상세히 설명하여, 득점 성공 확률을 효과적으로 높입니다.

키스(kiss) 제거와 포지션 플레이(position play) 강조

고점자를 향해 나아가는 필수 단계인 키스 제거와 포지션 플레이에 지면을 많이 할애하여 중점적으로 다루고 있습니다.

다양한 시스템 소개

다양한 시스템을 소개하여 독자들이 자신에게 가장 적합한 시스템을 선택하고 활용할 수 있도록 합니다.

간편법 소개

정규 시스템 외에도, 시간 제약이 있는 실전게임에서 신속하게 적용할 수 있는 다양한 간편법에 대해서도 자세한 내용을 제공합니다.

체계적이고 논리적인 구성

다양한 시스템을 무질서하게 나열하는 대신, 서로 연관된 내용을 논리적으로 연결하여 체계적으로 구성하였습니다.

필요시 신속하게 참조 가능한 참고서

곁에 두었다가 의문 사항이 발생할 때 신속하게 해답을 확인할 수 있는 참고서로 활용할 수 있을 것입니다.

이 책은 3쿠션 당구 시스템에 대한 핵심적인 정보를 제공함으로써 단시일 내에 실력 향상을 원하는 모든 당구인에게 유용한 자료가 될 것입니다.

양빵당구 3 Cushion System

1. General

2. 5½ 시스템

3. 35½ 시스템(조이의 짧은 각)

4. 30대칭 시스템과 35대칭 시스템

5. 플러스 시스템(Plus system)

6. 로드리게즈(Rodriguez) 시스템

7. 무회전 시스템

8. 맥시멈 4팁 시스템

9. 역회전(Reverse) 시스템

되돌아오기(double rail) 시스템

접시(plate) 시스템

기타 다양한 역회전 시스템

10. 키스 피하기

바깥돌리기 키스 피하기 ——————————————— 227

옆돌리기 키스 피하기 ——————————————— 255

11. 포지션 플레이(Position play)

Billiards
당점

- 당점 : 당구공의 상하는 상단, 중상단, 중단, 중하단과 하단으로 구분되며, 회전력(팁 : Tip)은 당구공의 좌 · 우로 0팁, 1팁, 2팁, 3팁, 4팁으로 구분한다.
- 당구공의 크기는 지름 61.5mm이나 바깥 끝부분 7mm는 칠 수 없는 영역이다.

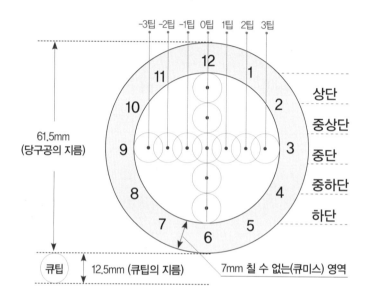

본 교재에서의 당점 표시

- 본 교재에서 사용하는 1팁 ～ 4팁, -1팁 ～ -4팁 당점은 다음과 같다.

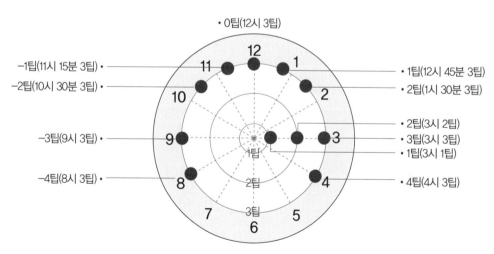

- 독자 여러분의 혼동을 피하기 위하여 당점 표시를 0팁(12시 3팁), 1팁(12시 45분 3팁), 2팁(1시 30분 3팁), 3팁(3시 3팁), 4팁(4시 3팁)등으로 세밀하게 표시하였다.

Billiards
당점 연습법 1

(1) 수직입사

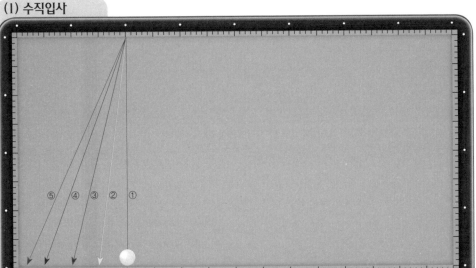

0	5	10	15	20
4팁	3팁	2팁	1팁	0팁

당점

① 0팁(12시 2팁)

② 1팁(11시 15분 3팁)

③ 2팁(10시 30분 3팁)

④ 3팁(9시 3팁)

⑤ 4팁(8시 3팁)

요점 · 설명

- 수구 출발 20에서 1쿠션에 수직 입사시키는 경우 2쿠션 위치는 다음과 같다.

  무회전 : 제자리로 돌아온다.

  1팁(11시 15분 3팁) : 15로 들어간다(2쿠션 0.5point 이동).

  2팁(10시 30분 3팁) : 10으로 들어간다(2쿠션 1point 이동).

  3팁(9시 3팁) : 5로 들어간다(2쿠션 1.5point 이동).

  4팁(8시 3팁) : 2 ~ 4로 들어간다(2쿠션 1.6 ~ 1.8point 이동).

  ※테이블 상태에 따라 달라짐 (4 : 미끄러지는 테이블, 2 : 꺾이는 테이블)

- 개인별 편차가 있으므로 자신만의 회전력을 파악해 두어야 한다.

(2) 1/2지점 겨냥 – 1/4 테이블

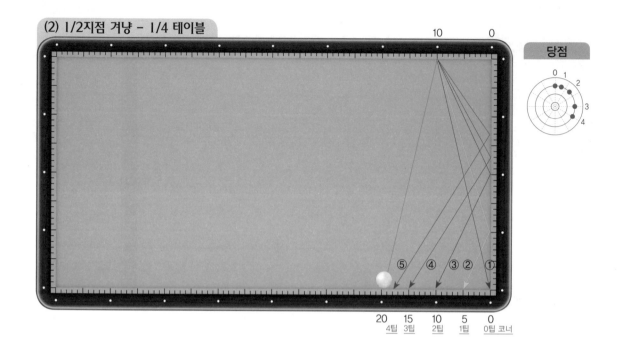

요점 · 설명

• 아래 장쿠션 20에서 1/2지점인 위 장쿠션 10을 겨냥할 때의 3쿠션 위치는 다음과 같다.

　무회전 : 코너로 들어간다(도형 ①).

　1팁(12시 45분 3팁) : 5로 들어간다(도형 ②).

　2팁(1시 30분 3팁) : 10으로 들어간다(도형 ③).

　3팁(3시 3팁) : 15로 들어간다(도형 ④).

　4팁(4시 3팁) : 16 ~ 18로 들어간다(도형 ⑤).

* 테이블 상태에 따라 달라짐 (16 : 미끄러지는 테이블, 18 : 꺾이는 테이블)

• 개인별 편차가 있으므로 자신만의 회전력을 파악해 두어야 한다.

(3) 1/2지점 겨냥 – 정규 테이블

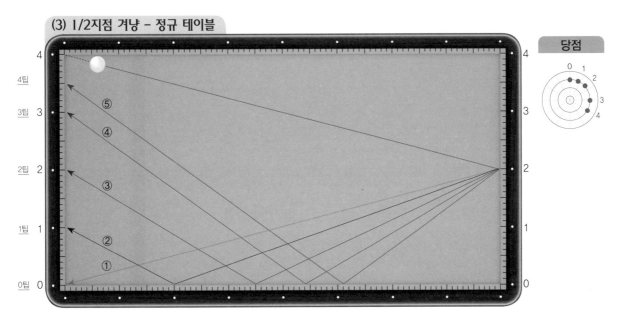

당점

요점 · 설명

• 단쿠션 4에서 1/2지점인 2를 겨냥할 때의 3쿠션 위치는 다음과 같다.

무회전 : 코너(0)로 들어간다(도형 ①).

1팁(12시 45분 3팁) : 1point로 들어간다(도형 ②).

2팁(1시 30분 3팁) : 2point로 들어간다(도형 ③).

3팁(3시 3팁) : 3point로 들어간다(도형 ④).

4팁(4시 3팁) : 3.2 ~ 3.6point로 들어간다(도형 ⑤).

* 테이블 상태에 따라 달라짐 (32 : 미끄러지는 테이블, 36 : 꺾이는 테이블)

• 개인별 편차가 있으므로 자신만의 회전력을 파악해 두어야 한다.

당점 연습법 2 (중단 연습법)

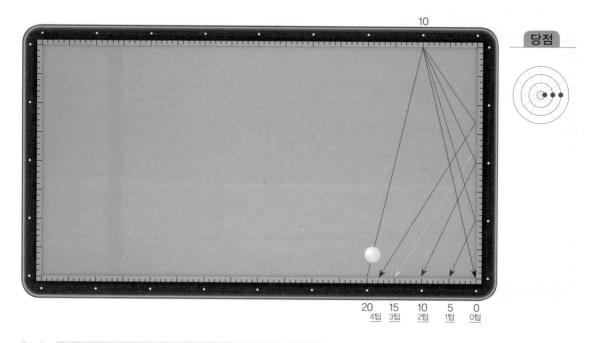

요점 · 설명

• 중단 당점 : 약간 비스듬히 내려오는 붉은 점선이 같은 1팁, 2팁이다.

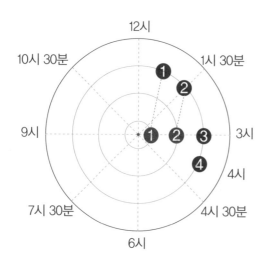

• 1팁 : 12시 45분 3팁 = 3시 1팁
• 2팁 : 1시 30분 3팁 = 3시 2팁

• 상단 ❶, ❷ 당점 연습 후 약간 비스듬히 내려오는 중단 ❶, ❷ 당점 연습이 필요하다.

당점 상·중·하 (무회전 상·중·하 연습법)

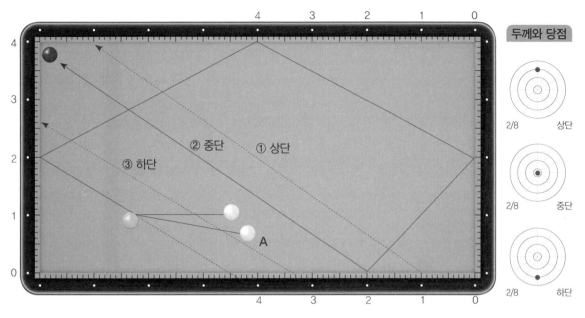

두 께	2/8	당 점	상단, 중단. 하단 무회전
속 도	3~4 Rail Speed		
스트로크	부드러운 Follow Shot		

요점·설명

① 상단 당점 : 밀림현상으로 인하여 수구는 쿠션에 맞을 때마다 조금씩 짧아지면서 결국 시스템보다 짧게 들어간다.

② 중단 당점 : 밀림현상이 없이 시스템대로 정상적으로 진행된다.

③ 하단 당점 : 끌림 현상으로 인하여 수구는 가파르게 솟구치면서 시스템보다 길게 진행된다.

- A처럼 아주 얇은 두께로 1적구를 맞추어야 하는 배치에서는 중하단 ~ 하단 당점을 주면 약간 두껍게 맞추어도 쉽게 득점에 성공할 수 있다.

- 극도로 얇은 두께로 1적구를 맞추어야 하는 배치에서는 약간의 역회전을 주는 하단 당점을 사용한다.

- 상단·중단·하단 당점의 특성을 이해하고 있으면 옆돌리기, 옆돌리기 대회전, 앞돌리기, 앞돌리기 대회전 등 대부분의 배치에서 유용하게 사용할 수 있다.

▣ 스트로크 : 타격 없이 부드럽게 밀어 친다.

2시 30분(9시 30분) 당점의 이점 : 관통샷

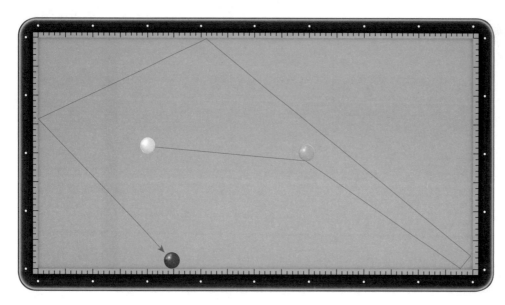

1/8
9시 30분 3팁
'슥'

요점 · 설명

- 관통샷과 같이 회전력과 직진성이 동시에 필요하고 정확한 두께가 요구되는 때에는 2시 30분 (또는 9시 30분) 3팁 당점을 사용한다.
- 당점별 회전력과 직진성은 다음 표와 같다.

당 점	1시 30분 3팁	2시 3팁	2시 30분 3팁	3시 3팁
회 전 력	X	△	△ ~ ○	○
직 진 성	○	△	△	X

당점이 올라갈수록 직진성이 좋고, 당점이 내려갈수록 회전력이 좋다.

- 2시 3팁 대신에 2시 30분 3팁 당점을 사용하는 이유는 직진성은 다소 떨어지지만 회전력이 더 좋기 때문이다.

  ▣ 스트로크 : 약간 빠르게 치는 '슥' 스트로크(page 56참조)를 사용한다. 타격 없이 '슥' 밀어친다.

도형 : 1/8두께와 9시 30분 3팁 당점을 주고 빠르게(3rail speed) '슥' 밀어 친다.

속도 : 1번, 2번, 3번 속도

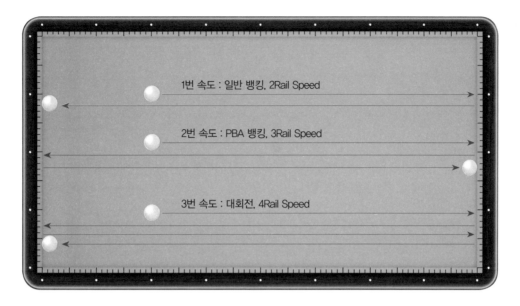

요점 • 설명

• 속도는 크게 3가지 속도로 나누는 것이 좋다.

1번 속도 : 일반 뱅킹 속도 – 2rail speed

　　　　백스윙과 피니쉬를 짧게 하고 체중은 앞 4 : 뒤 6으로 유지한다.

　　　　예비 스트로크 : 최대한 느리고 부드럽게 한다.

　　　　적용 예 : 테이블 ½이내에서의 옆돌리기, 바깥돌리기

2번 속도 : PBA 뱅킹 속도 – 3rail speed

　　　　백스윙과 피니쉬를 중간으로 하고 체중은 앞 5 : 뒤 5로 유지한다.

　　　　예비 스트로크 : 약간 빠르게 한다.

　　　　적용 예 : 정규 테이블에서의 옆돌리기, 바깥돌리기

3번 속도 : 대회전 속도 – 4rail speed

　　　　백스윙과 피니쉬를 길게 하고 체중은 앞 6 : 뒤 4로 유지한다.

　　　　예비 스트로크 : 최대한 빠르게 한다.

　　　　적용 예 : 옆돌리기 대회전, 바깥돌리기 대회전

• 3가지 속도가 익숙해진 다음에는 0.5번, 1.5번, 2.5번, 3.5번, 4번 속도를 만드는 것이 좋다.

속도 : 3회전 치는 방법

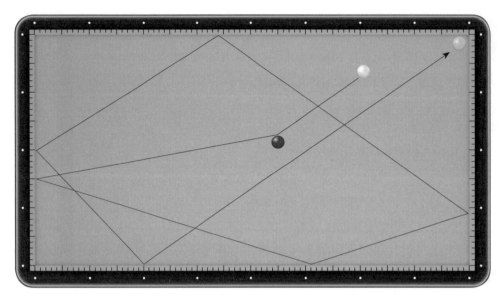

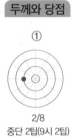

①

2/8
중단 2팁(9시 2팁)

요점 · 설명

- 3회전으로 득점하는 요령은 다음과 같다.

  1. 체중을 앞 7 : 뒤 3으로 유지한다.
  2. 브릿지와 피니쉬를 길게 한다.
  3. 속도 : 5번 속도로 빠르게 샷을 한다.
  4. 두 다리를 평상시보다 넓게 벌린다.
  5. 예비 동작 후에 멈춤 동작 없이 그대로 샷을 하여도 된다.
  6. 얇은 두께로 1적구를 맞춘다 : 두께가 두꺼우면 수구의 힘을 1적구에 빼앗겨서
     3회전이 어렵다.

도형 : 중단 2팁(9시 2팁) 당점을 주고 얇은 두께(2/8)와 빠른 속도(5 rail speed)로
길게 밀어친다.

두께와 분리각

두께 : 보통은 8등분법을 사용하며 ⅛단위로 표시한다.

실전에서 자주 사용하는 두께의 수구와 1적구의 분리각은 다음과 같다.

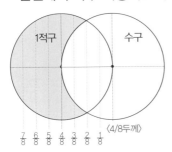

⟨4/8두께⟩

두 께	1/8	2/8	3/8	4/8	5/8	6/8	7/8
수 구	29°	41°	51°	60°	68°	75°	83°
1적구	61°	49°	39°	30°	22°	15°	7°
합 계	90°						

- 위 도표상의 수구와 1적구의 분리각은 보통의 세기로 부드럽게 쳤을 경우이다. 하단 당점을 주는 경우에는 분리각이 커지며, 또한 강하게 쳐도 분리각이 커진다.
- 4/8두께로 보통의 세기로 치면 1적구는 30°로 진행하고 수구는 60°로 진행하지만, 부드럽게 치면 45°로 진행한다. 통상 실전에서는 4/8두께로 치면 수구가 45°로 진행하는 것으로 적용한다.
- 1적구는 하단 당점이나 세기에 영향을 받지 않고 항상 위의 분리각으로 진행한다.
- 4/8 이상의 두께로 1적구를 맞추는 경우에는 밀림현상에 주의하여야 한다. 또한 회전을 많이 줄 때에는 스쿼트(page 41참조)와 커브 현상(page 42참조)을 감안하여 겨냥하여야 한다.

응용 – 옆 돌리기 Kiss 빼기

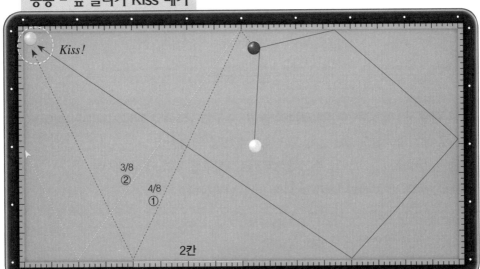

① : 4/8 두께로 치는 경우 1적구는 2쿠션까지약 30°로 진행하여 2칸 정도 내려가며 다시 3쿠션까지 2칸 내려가서(총 4칸 이동) 결국 1적구와 2적구가 충돌하게 된다.

② : 3/8두께로 치면 1적구는 약 39°로 진행하여 3칸 정도 내려가서 1적구와 2적구의 키스를 뺄 수 있다.

* 또한 5/8 두께로 두껍게 치면 1적구는 1.5칸 내려가서(총 3칸 이동) 1적구와 2적구의 키스를 뺄수 있다.

두께 연습법

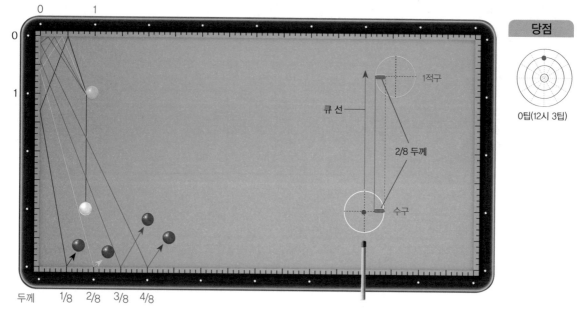

요점 · 설명

- 1적구를 단쿠션 1과 장쿠션 1의 지점에 놓고, 수구와 1적구의 기울기가 0인 상태(1적구의 맞는 면 기준)로 배치하여놓고 1/8, 2/8, 3/8, 4/8 두께를 연습한다.

- 예를 들면, 무회전(12시 3팁)을 주고 2/8두께로 1적구를 맞추기 위해서는

   1. 수구의 2/8두께 지점과 1적구의 왼쪽 끝을 연결한다.

   (또는 수구의 오른쪽 끝과 1적구의 2/8 지점을 연결한다.)

   2. 큐선을 1적구 옆면에 평행하게 놓는다.

   3. 1적구 2/8두께 지점을 보고 친다.

   ▣ 스트로크 : 타격 없이 부드럽고 가볍게 '툭' 친다.(page 56참조)

26 양빵당구 3쿠션 시스템

무회전 1/2두께 맞추는 요령

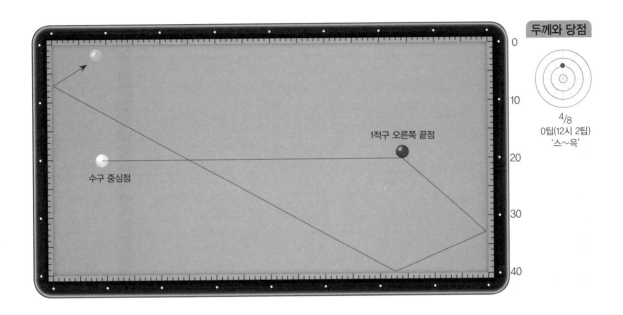

두께와 당점

4/8
0팁(12시 2팁)
'스~윽'

1적구 오른쪽 끝점

수구 중심점

두 께	4/8	당 점	중상단 무회전(12시 2팁)
속 도	3rail speed		
스트로크	부드러운 long follow shot, '스~윽'		

요점 · 설명

• 위 도형 배치의 경우(수구와 1적구의 기울기 0) 무회전을 주고 4/8두께로 1적구를 맞추면 득점에 성공할 수 있다.

• 무회전을 주는 경우에는 수구의 중심을 지나는 큐의 중앙선으로 1적구의 오른쪽 끝면을 맞추면 1/2두께로 맞는다.

▣ 스트로크 : 큐를 놓아주는 loose grip(page 35참조)으로 큐를 잡고 힘을 빼고 long follow로 '스~윽' (page 56참조)밀어친다.

수구와 1적구의 거리가 멀 때 두께 맞추는 요령

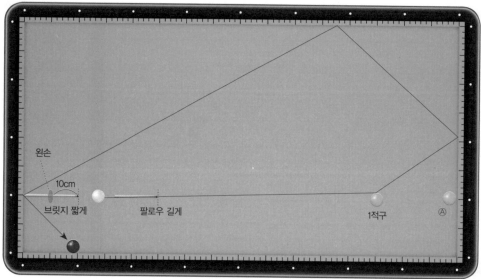

왼손

10cm

브릿지 짧게   팔로우 길게   1적구   Ⓐ

두께와 당점

3/8

2팁(10시 30분 3팁)
'스~윽'
루스그립
Long follow

요점 · 설명

- 수구와 1적구의 거리가 멀 때 두께를 맞추는 요령이다.

- 루스(Loose) 그립으로 큐를 가볍게 잡는다. 오른손 검지를 열고 치는 것도 하나의 방법이다.

- 힘을 빼고 브릿지를 짧게(10cm 정도) 잡는다. 브릿지를 짧게 잡으면 long follow shot하기에 좋다.
  ※반면에 브릿지를 길게(20cm)잡으면 short follow shot하기에 좋다.

- 큐를 앞으로 던진다는 느낌으로 long follow shot으로 길게 '스~윽' 밀어 친다.

- 백스윙을 느리게하고 팔로우는 부드럽고 길게 한다. 백스윙이 빠르면 두께 실수를 하기 쉽다.

- 바깥돌리기에서도 같은 요령으로 샷을 하면 된다.

- 1적구가 쿠션에 근접하고 있을 때 (Ⓐ) : 상단 당점을 주고 long follow shot을 하면 수구는 앞으로 가려는 전진의 힘 때문에 곡구가 발생한다. 따라서 수구의 전진의 힘을 최소화 시키려면 short follow가 필요하다; 브릿지를 길게(20cm정도) 잡는다. 브릿지의 길이와 팔로우의 길이는 서로 반대로 움직인다. (왜냐하면 팔의 접히는 길이가 일정하기 때문이다.)

- 앞돌리기 대회전 : 스트로크는 '윽' + '스윽'으로 빠르게 한다. Long follow로 빠르게 던지는 샷을 한다.

얇은 두께 맞추는 요령

(1) Bridge 길이

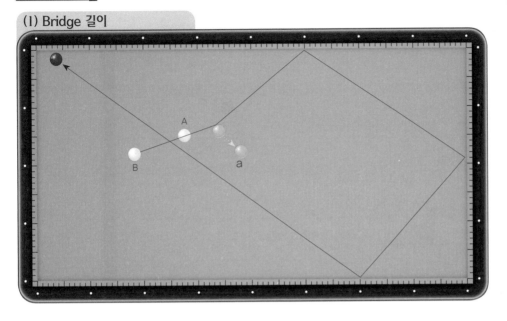

요점 · 설명

- 백스윙과 예비 스트로크를 5cm 이내로 짧게 한다.
- 수구와 1적구의 거리가 1point 이내로 가까울 때에는(A) 브릿지를 10cm 정도로 짧게 하고, 보통 거리(1point~3point)면(B) 정상 브릿지(15cm), 4point 이상의 먼 거리에서는 20cm 정도로 브릿지를 길게 한다.
- 수구와 1적구의 거리가 아주 멀 때에는 자세를 낮게 하고, 겨냥 후에는 1적구를 바라보고 길게 밀어 친다.
- 수구와 1적구의 거리가 아주 가까울 때에는 자세를 높게하는 것이 도움이 된다.
- 타격 없이 1적구를 스치고 지나간다는 느낌으로 샷을 하고, 임팩트 이후 2~3초간 테이블에서 브릿지를 떼지 않고 자세를 유지한다.
- 1적구의 움직임을 최소화시키겠다는(1적구를 바로 옆 a로 이동시킨다는) 생각으로 겨냥하고 샷을 하면, 얇은 두께로 1적구를 맞추는 데 도움이 될 것이다.

(2) 바깥돌리기

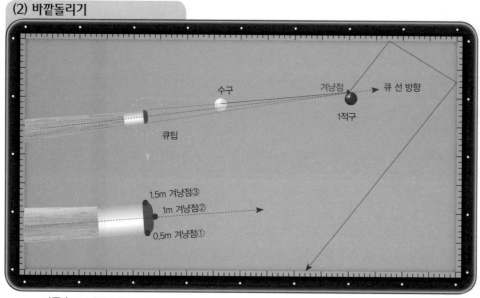

기준속도 : 3Rail Speed

수구와 1적구의 거리	겨냥점
① 50cm 이내	당구 큐팁의 오른쪽 끝으로 1적구의 왼쪽 끝(맞는 면 끝) 겨냥
② 1m	당구 큐팁의 중앙점으로 1적구의 왼쪽 끝(맞는 면 끝) 겨냥
③ 1.5m	당구 큐팁의 왼쪽 끝으로 1적구의 왼쪽 끝(맞는 면 끝) 겨냥

요점 · 설명

- 스쿼트(Squirt) : 수구가 회전을 준 반대 방향으로 휘어지는 현상을 의미하는데, 수구와 1적구의 거리가 멀수록 많이 발생한다.

- 수구와 1적구의 거리가 멀어질수록 스쿼트 현상을 감안하여 조금씩 두껍게 맞추어야 백차를 면할 수 있다.

- 2m 거리 : 수구와 1적구의 거리가 2m인 경우에는 스쿼트 이후 커브가 발생되어 서로 상쇄 효과가 있으므로 가까운 거리인 50cm 이내 겨냥법을 적용하면 된다.

(3) 옆돌리기

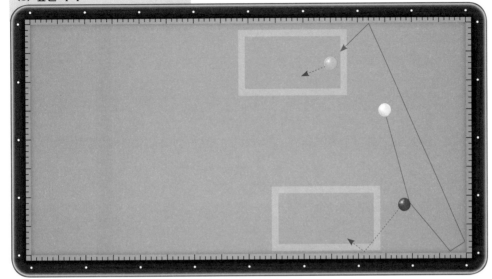

두께와 당점

1/8
2팁(10시 30분 3팁)

요점 · 설명

■ 위 도형과 같은 옆돌리기 배치에서 얇은 두께를 잘 맞추기 위한 방법은 다음과 같다.

1. 브릿지를 단단하게 한다.
2. 뱅킹속도(2rail speed)를 사용한다.
3. Loose grip을 사용한다; 임팩트가 들어가면 안 되기 때문이다.
4. 정적인 예비 스트로크를 사용한다; 정교하게 두께를 맞추기 위해서는 리듬감을 갖는 예비 스트로크보다 정적인 예비 스트로크가 더 좋다.
5. 큐선을 놓는 연습을 한다.
6. 백스윙을 천천히 한다.
7. 임팩트 후 2~3초간 자세를 유지한다.
8. Follow시 큐를 1자로 보낸다.
9. 수구의 두께와 1적구의 끝을 일치시킨다.
10. 1적구와 2적구를 아주 조금만 움직이게 한다는 생각으로 샷을 한다.

(4) 연습

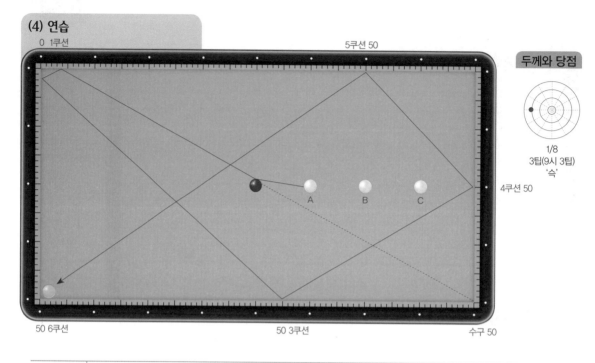

두 께	1/8	당 점	3팁(9시 3팁)
속 도	4rail speed	Point	1쿠션 : frame point
스트로크	빠르고 부드럽게 middle follow shot ; '슥' 스트로크		
계산식	수구출발값 50 − 6쿠션수 50 = 1쿠션수 0		

요점·설명

- 수구 출발 50에서 3팁(9시 3팁) 주고 1쿠션 0을 겨냥하면 6쿠션 코너로 들어가는 배치이다. 1쿠션 0을 겨냥하기 위해서는 아주 얇은 두께로 1적구를 맞추어야 한다.

- 수구의 위치를 A, B, C로 바꾸어가면서 1쿠션 0을 겨냥하는 법을 연습한다면 수구와 1적구 의 거리별로 1적구를 얇게 맞추는 방법을 익히는 데 도움이 될 것이다.

   ▣ 스트로크 : 수구가 1적구를 스치고 지나간다는 느낌으로 힘을 빼고 빠르고 부드럽게 middle follow shot으로 '슥' 밀어 친다('슥' 스트로크).

1/2두께의 수구와 1적구의 이동거리

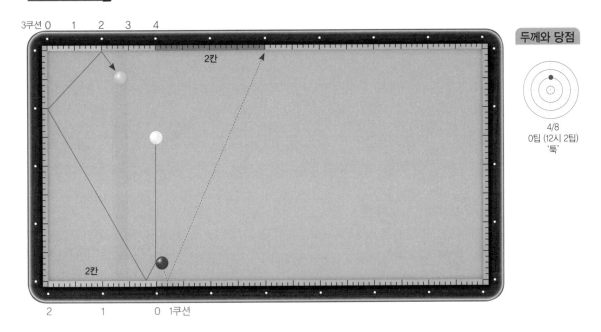

두 께	1/2(=4/8)	당 점	중상단 무회전 (12시 2팁)
속 도	1.5 rail speed		
스트로크	부드러운 follow shot		
계산식	1쿠션 칸 수 + 3쿠션 수 = 4		

요점 · 설명

- 중상단 무회전을 주고 1/2두께로 1적구를 맞추는 경우, 수구는 4칸 이동하고 1적구는 2칸 이동한다.
- 이동거리 계산 시에는 1쿠션은 1point에 1씩, 3쿠션은 0.5point에 1씩 계산한다.
- 무회전 대신 회전을 주면 1팁당 3쿠션은 1씩(0.5point) 이동한다.
- 기울기가 있을 때에는 기울기 1칸당 ± 1.5팁을 한다.

도형 : 1쿠션 칸 수 2 + 3쿠션 수 2 = 4

수구는 총 4칸 이동하고, 1적구는 2칸 이동한다.

두께를 활용한 키스 제거 : 1적구가 멀리 있는 바깥돌리기 두껍게 밀어 치기

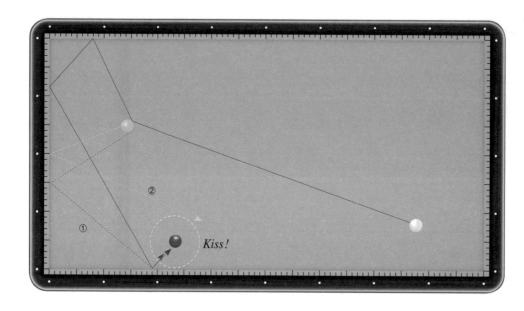

두께와 당점

①
2/8
2팁(10시 30분 3팁)

②
6/8
2팁(10시 30분 3팁)

Kiss!

요점 · 설명

- 도형①과 같이 수구와 1적구의 거리가 멀고 얇게 맞출 시 키스가 있는 배치에서는 두껍게 밀어 치는 방법이 좋다.

- 얇은 두께(3/8 이하) 대신 두꺼운 두께로 밀어 쳐도 수구를 동일한 진행경로로 보낼 수 있다.(단, 1적구의 진행경로는 두께에 따라서 다르게 진행된다).

  7/8두께 = 1/8두께이다 (8-1=7 두께).
  6/8두께 = 2/8두께이다 (8-2=6 두께).
  5/8두께 = 3/8두께이다 (8-3=5 두께).

- 당점 : 두꺼운 두께로 맞추더라도 얇은 두께 시 사용하는 당점을 동일하게 사용한다.

  ▣ 스트로크 : 부드럽게 큐를 놓아준다; 큐를 잡지 않고 가볍게 던져준다.

도형   ① : 2/8두께로 1적구를 맞추면 1적구와 2적구의 키스가 발생한다.
       ② : 키스를 피하기 위하여 2/8두께 대신 6/8두께로 1적구를 맞춘다.
            당점은 동일하게 10시 30분 3팁을 준다.

Billiards
그립의 종류 : Loose grip과 Firm grip

- 그립에는 2가지 종류가 있다.
  1. Loose grip : 놓아주는 그립 – 엄지와 검지를 살짝 떼어준다.
     장점 : 수구와 1적구의 충격량이 적다.
     단점 : 회전량이 적다.
  2. Firm grip : 잡아주는 그립 – 엄지와 검지를 큐에 쥐여 준다.
     장점 : 회전력 전달이 좋다.
     단점 : 수구와 1적구의 충격량이 크다.

- 회전력 : firm grip 〉 loose grip
- 충격량 : firm grip 〉 loose grip ; 잡아주면 커지고, 놓아주면 작아진다.

(1) Firm grip

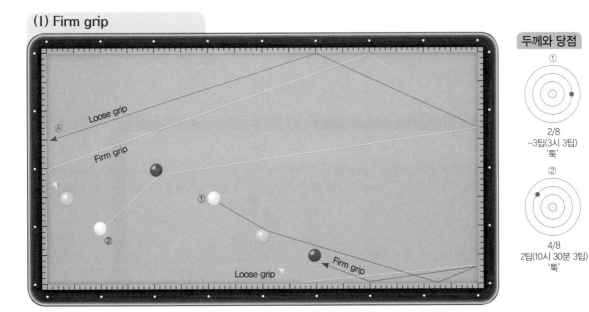

두께와 당점

① 2/8 −3팁(3시 3팁) '툭'

② 4/8 2팁(10시 30분 3팁) '툭'

도형 ① (되돌아오기) : 동일한 두께와 당점을 사용하여도 firm grip은 회전량이 충분하여 득점이 되지만 loose grip을 사용하면 회전량이 부족하여 득점에 실패하게 된다.
② (빗겨 치기) : firm grip을 사용하면 회전량이 충분하여 득점이 되지만 loose grip을 사용하면 수구의 회전력이 적어 Ⓐ와 같이 진행한다.

(2) Loose grip

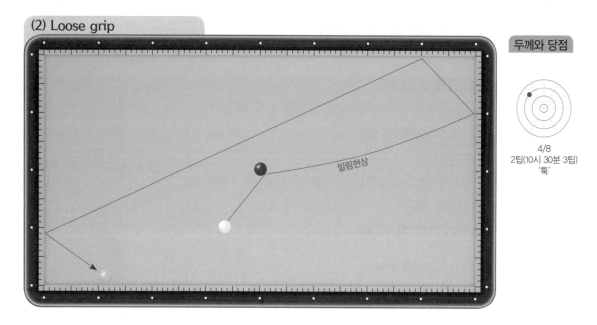

두께와 당점

4/8
2팁(10시 30분 3팁)
'툭'

도형 : 밀림현상으로 인하여 짧게 빠지기 쉬운 배치이므로 firm grip보다 회전량이 적은 loose grip 사용이 유리하다.

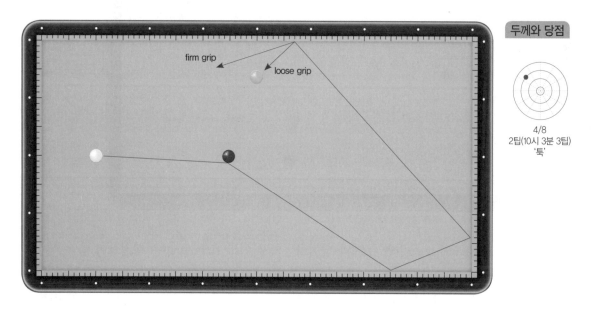

두께와 당점

4/8
2팁(10시 3분 3팁)
'툭'

도형 : 회전이 많으면 빠지기 쉬운 배치이므로 firm grip보다 회전량이 적은 loose grip 사용이 유리하다.

가장 편한 분리각 (두께 설정법) : Loose Grip

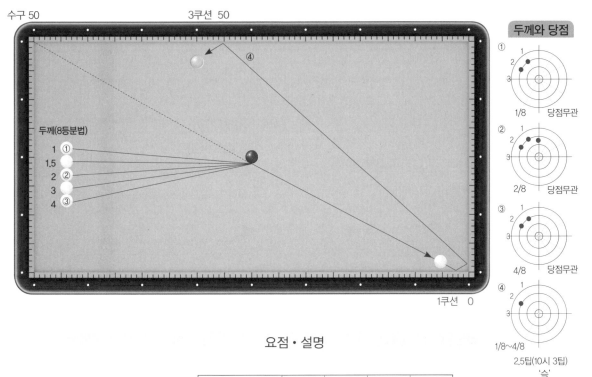

요점 · 설명

- **수구 분리각 기억 요령 :**

두께	1/8	2/8	3/8	4/8
수구 분리각	10°	20°	30°	40°

* 개인별 편차가 있으나 필자의 기준이다.

- **기준 :** 임팩트를 주지 않고 loose grip을 사용하여 부드러운 follow shot으로 밀어친다.

- **분리각 45°미만의 그립법 :** 큐를 놓아주는 loose grip을 사용한다.

  이유는 상단 당점을 주면서 큐를 놓아주면 당점이 분리각에 영향을 주지 않기 때문에 조금 더 편안한(두꺼운) 두께의 사용이 가능하기 때문이다.

- **연습법 :** 위 도형 ④의 배치를 놓고 2.5팁(10시 3팁)을 주고 3쿠션 50으로 보내는 두께 (1/8~4/8) 연습을 하는 것을 권장한다. Loose grip을 사용하고 스트로크는 약간 빠른 속도로 임팩트를 가하지 않고 부드러운 middle follow로 밀어 친다. 다양한 스트로크 방법('스~윽', '슥', '툭')으로 두께 연습을 하는 것이 좋다(page 56참조).

- **적용순서 :** ⅰ) 엎드리기 전에 서있는 상태에서 1쿠션 지점과 필요한 두께를 정한다.

  ⅱ) 득점에 성공하기 위한 당점을 정한다.

  ⅲ) 스트로크 방법('스~윽', '슥', '툭')을 정한다.

분리각과 그립의 형태 (Loose grip과 Firm grip)

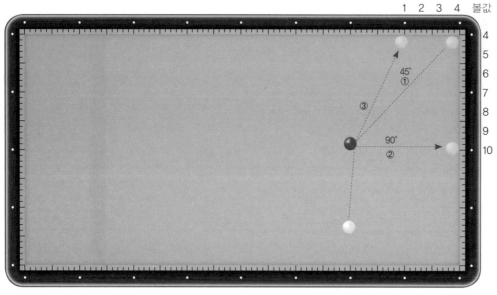

두 께	8등분법 (1두께 ~ 8두께)	당 점	1팁 ~ 5팁
속 도	1.5 rail speed		
스트로크	부드러운 follow shot, '툭'		
계산식	볼값 = 두께 + 당점, 분리각 45° 볼값 = 4, 분리각 90° 볼값 = 10		

요점 · 설명

- 위 도형은 수구가 1적구와 연결한 수직 입사선으로부터 공 1/2개 빗각으로 있는 배치일 때 분리각을 보여준다.
- 계산식은 두께 + 당점 = 볼값이다.
- 당점 : 시계 방향 당점을 사용한다.

시간	1시	2시	3시	4시	5시
당점	1	2	3	4	5

- 두께 : 8등분법 (1두께~8두께)을 사용한다.
- 개인마다 속도와 힘의 세기가 달라서 분리각은 다를 수 있으므로 본인의 기준에 맞게 재설정하는 것을 권고한다.

- 분리각
  ① 45도일 때: 당점+두께=볼값 4 (개인에 따라서는 3~5)
  ② 45도 미만: 큐를 단단하게 잡는 firm그립을 사용할 때는 당점이 분리각에 영향을 주지만, 큐를 놓아주는 loose그립에서는 상단 당점을 사용하면 당점은 분리각에 영향을 주지 않는다.
  ③ 90도일 때: 당점+두께=볼값 10 (개인에 따라서는 9~11)

- 주로 사용하는 그립의 형태
  ① 45도 미만: loose 그립
  ② 45도 이상: firm 그립

- 상단 당점을 주고 loose 그립을 사용하는 경우 수구의 진행경로는
  1 두께=7(=8-1) 두께
  2 두께=6(=8-2) 두께
  3 두께=5(=8-3) 두께이다.

도형   ① : 분리각 45도일 때 당점+두께=볼값 4이다.
따라서 0당점+4/8두께 또는 1팁+3/8두께를 사용한다. 그립은 firm 그립을 사용한다.
② : 분리각 90도일 때 당점+두께=볼값 10이다.
따라서 5당점(5시 3팁)+5/8두께 또는 4당점(4시 3팁)+6/8두께나, 3당점(3시 3팁)+7/8두께도 가능하다. 그립은 firm 그립을 사용한다.
③ : 볼값은 1이다.
0당점+1/8두께를 사용한다(firm 그립을 사용하는 경우).
Loose 그립을 사용하면 상단 당점은 분리각에 영향을 주지 않는다.
따라서 1/8두께에 1팁~2팁을 주고도 동일한 1쿠션지점으로 보낼 수있다.

Billiards
주안시(Master eye)

주안시는 평상시에 주로 사용하는 눈을 의미한다. 사람의 두 눈 중 하나는 방향을 측정하고 다른 하나는 거리를 측정하는 역할을 한다. 주안시를 간단하게 확인하는 방법은

ⅰ) 먼저 두 눈을 모두 뜨고 눈앞의 특정 지점을 관찰한다.

ⅱ) 왼쪽 눈을 감고 오른쪽 눈으로만 바라보고, 반대로 오른쪽 눈을 감고 왼쪽 눈으로만 바라본다.

ⅲ) 어느 쪽 눈으로 바라본 결과가 두 눈을 뜨고 바라본 결과에 가까운지를 파악하면 된다.

오른손잡이의 대부분은 오른쪽 눈이 주안시라고 한다.

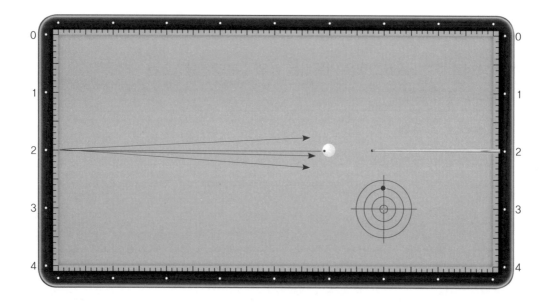

위 도형에서 무회전을 주고 단쿠션에 수직으로 입사시키면 수구 출발선으로 되돌아와야 한다. 그러나 실제로 쳐보면 왼쪽이나 오른쪽으로 약간 휘어져서 진행하는 경우가 많다. 이는 대부분 주안시 문제로 인하여 정확하게 중앙 무회전 당점을 주지 못하고 왼쪽이나 오른쪽 당점을 준 결과이다.

3쿠션 당구 system은 대부분 무회전 system을 출발 기준점으로 하기 때문에 정확하게 무회전 당점을 줄 수 있어야 한다.

스쿼트(Squirt) 현상과 커브(Curve) 현상

1. 스쿼트(Squirt) 현상

수구에 회전을 주고 칠 때 수구가 똑바로 진행하지 않고 회전을 준 반대 방향으로 약간 휘어져서 진행하는 현상을 스쿼트라고 한다.

스쿼트는 회전을 많이 줄수록, 수구와 1적구의 거리가 멀수록, 세게 칠수록, 하단 당점을 줄수록 많이 발생한다.

스쿼트 현상은 특히 회전을 많이 주는 경우에 심하게 발생하므로 회전을 많이 주어야 하는 특수한 경우 이외에는 대부분의 샷에서는 3팁(옆단)보다는 2팁(1시 30분, 10시 30분 3팁, 일명'대각선 팁') 정도를 주는 것이 좋다. 프로선수들의 경기를 보면 대부분 2팁을 주고 치는 것을 알 수 있다.

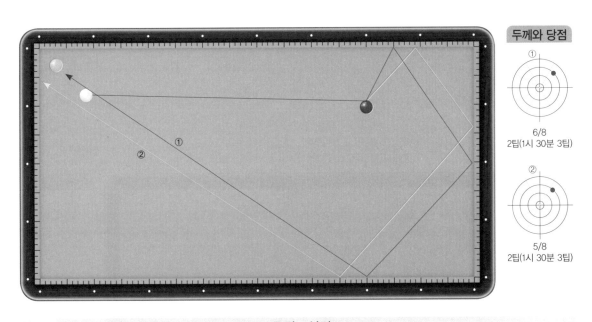

두께와 당점

① 6/8
2팁(1시 30분 3팁)

② 5/8
2팁(1시 30분 3팁)

요점 · 설명

• 바깥돌리기의 경우에는 특히 스쿼트 현상에 유의하여야 한다. 위 배치 ①의 경우와 같이 수구와 1적구의 거리가 멀고 속도를 빠르게 쳐야 하는 배치에서는 스쿼트 현상이 많이 발생한다.

• 이러한 상황에서는 생각보다 더 두껍게 1적구를 겨냥하여야 한다. 예를 들면 5/8두께로 맞추기 위해서는 6/8두께를 겨냥하여야 한다. 5/8두께로 겨냥하면 스쿼트 현상으로 인하여 얇게 맞아서 도형 ②의 경로로 빠지게 된다.

2. 커브(Curve) 현상

　커브 현상은 스쿼트 현상과는 반대로 회전을 준 방향으로 수구가 약간 휘어져서 진행하는 현상을 의미한다.

수구와 1적구의 거리가 먼 앞돌리기의 경우 커브 현상으로 인하여 의외로 1적구를 맞추지 못하는 경우가 종종 발생한다(일명 백차).

따라서 먼 앞돌리기의 경우에는 가급적 회전을 억제하고 생각보다 조금 두껍게 맞추는 것이 좋다(아래 도형).

프로선수의 경기를 보면 대부분 극단적인 당점사용이나 강한 샷을 하지 않는 것을 알 수 있다.

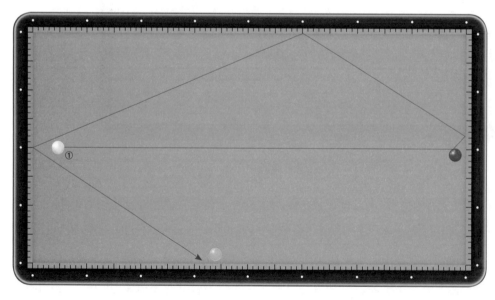

두께와 당점

2/8
0팁(12시 3팁)

정확한 두께를 맞추기 위한 스쿼트 · 커브 정립 방법

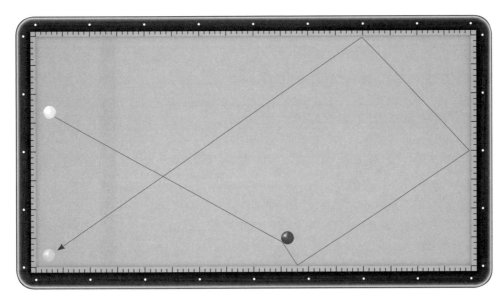

1/8
2팁(10시 30분 3팁)

요점 · 설명

• 두께 연습은 얇은 두께부터 시작하는 것이 좋다. 얇은 두께를 연습하다 보면 스쿼트와 커 브의 양을 조절할 수 있다.

• 스쿼트와 커브의 정도는 당점, 속도, 수구와 1적구의 거리에 따라 달라진다.

• **상단 당점** : 두께를 잘 맞추기 위해서는 스쿼트와 커브의 영향을 거의 받지 않는 상단 당점 을 사용하는 것이 가장 좋다. 상단 당점은 속도와 거리의 영향을 거의 받지 않기 때문에 치고 싶은 두께대로 그대로 보고 치면 된다(위 도형).

• **중단 당점** : 속도와 수구와 1적구의 거리에 따라서 스쿼트와 커브의 양을 계산한다.

　1. PBA 뱅킹 속도(3 rail speed)일 때

　　큐대 0.5개의 거리 : +0.5/8 두께

　　큐대 1개의 거리 : +1/8 두께

　　큐대 1.5개의 거리 : 그대로(+0) (스쿼트와 커브가 서로 상쇄됨)

　2. 대회전 속도(5 rail speed)일 때

　　큐대 0.5개의 거리 : +1/8 두께

　　큐대 1개 이상의 거리 : +2/8 두께

• **중상단 당점** : 중단 당점 기준 × 1/2로 보정한다.

임계기울기 I – 장쿠션을 1쿠션으로 겨냥하는 경우

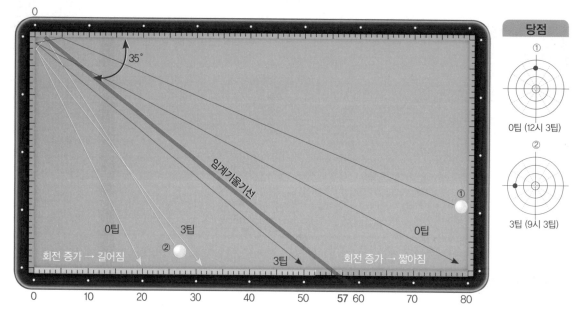

요점·설명

- 당구를 치다 보면 어떤 배치일 때 회전을 많이 주어야 수구의 진로가 길어지는지, 반대로 회전을 줄여야 길어지는지 혼동이 되는 경우가 많다. 이때 임계기울기의 개념을 알고 있으면 이 문제를 쉽게 해결할 수 있다.

- 장쿠션을 1쿠션으로 겨냥하는 경우, 임계기울기선은 좌측 상단 코너와 장쿠션 57을 연결하는 선으로써 기울기는 35°이다.

- 임계기울기에서는 회전의 영향이 없다. 즉, 무회전이나 옆단 3팁이나 수구의 진행경로에는 차이가 없다(둘 다 3쿠션 38 정도로 진행한다).

도형 ① : 임계기울기 선보다 가파르게 입사하는 경우에는(즉, 기울기 35° 미만) 회전을 늘릴수록 짧아지고, 회전을 줄일수록 길어진다(보통의 경우와 반대임).

② : 임계기울기 선보다 완만하게 입사하는 경우에는(즉, 기울기 35° 초과) 회전을 늘릴수록 길어지고, 회전을 줄일수록 짧아진다(보통의 경우).

임계기울기 2 – 단쿠션을 1쿠션으로 겨냥하는 경우

(1) 임계기울기 선 (수구 출발 30)

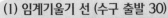

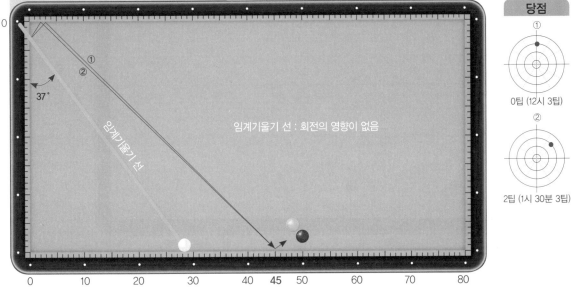

당점

① 0팁 (12시 3팁)

② 2팁 (1시 30분 3팁)

요점 · 설명

• 단쿠션을 1쿠션으로 겨냥하는 경우, 임계기울기 선은 좌측 상단 단쿠션 코너(0)와 장쿠션 30
을 연결하는 선으로써 기울기는 37°이다.

• 수구 출발 30에서 중상단 무회전 주고 단쿠션 코너를 겨냥하면 무회전 2/3시스템이 적용되어
3쿠션 45로 들어간다.(도형①) (수구출발값 30 X 3/2 = 3쿠션수 45)

• 수구 출발 30에서 2팁(1시 30분 3팁) 주고 코너를 겨냥하면 Plus System(page 116참조)이 적용되어
3쿠션 45로 들어간다.(도형②) (수구출발값 30 + 코너값 15 = 3쿠션수 45)

• 결국 수구출발값 30의 경우에는 무회전 2/3 System과 Plus System(2팁)의 차이가 없다.
왜냐하면 수구 출발 30에서 코너를 겨냥하는 선이 임계기울기 선으로써 회전력의 차이가
없기 때문이다.

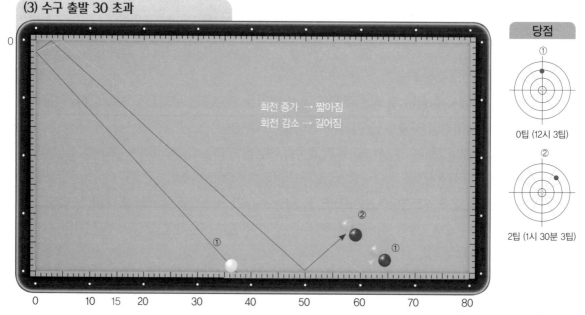

(2) 수구 출발 30 미만

회전 증가 → 길어짐
회전 감소 → 짧아짐

0팁 2팁

당점

① 0팁 (12시 3팁)

② 2팁 (1시 30분 3팁)

• 수구 출발 30 미만의 경우에는 무회전을 주면 짧아지고 회전을 주면 길어진다. (보통의 경우)

도형
① : 수구 출발 10에서 무회전을 주고 단쿠션 코너(0)를 겨냥하면 3쿠션 15로 들어간다(출발값 10×3/2=15).
② : 2팁(1시 30분 3팁)을 주고 단쿠션 코너(0)를 겨냥하면 Plus System이 적용되어 3쿠션 30으로 들어간다.
(수구출발값 10+코너값 20 = 3쿠션수 30)

(3) 수구 출발 30 초과

회전 증가 → 짧아짐
회전 감소 → 길어짐

당점

① 0팁 (12시 3팁)

② 2팁 (1시 30분 3팁)

• 수구 출발 30 초과의 경우에는 무회전을 주면 길어지고 회전을 주면 짧아진다.(보통의 경우와 반대)

도형
① : 수구 출발 40에서 무회전을 주고 단쿠션 코너(0)를 겨냥하면 3쿠션 60으로 들어간다(수구출발값 40×3/2=3쿠션수 60).
② : 2팁(1시 30분 3팁)을 주고 단쿠션 코너(0)를 겨냥하면 Plus System이 적용되어 3쿠션 50으로 들어간다
(수구출발값 40+코너값 10 = 3쿠션수 50).

스트로크(Stroke)와 브릿지(Bridge)

당구에서 스트로크는 매우 중요하다. 많은 사람이 "당구는 스트로크가 전부다"라고 얘기하면서 스트로크의 중요성을 강조한다. 초중급자는 프로 선수의 스트로크를 주의 깊게 관찰하고, 자신과의 차이점을 찾아내어 자신의 문제점이 무엇인지를 파악하여 개선하는 것이 좋다.

스트로크에서의 핵심은 큐를 비틀지 않고 일직선으로 똑바로 치는 것이다. 실전에서는 자신감을 가지고 편안하게 샷을 해야 한다. 또한, 가급적 극단적인 당점은 피하고, 대각선 당점(2팁:1시반, 10시반 3팁))과 같이 치기 편한 당점을 선택하는 것이 좋다. 이렇게 하면 스쿼트나 커브현상을 피하고 정확한 두께 겨냥이 가능해져서 더욱 쉽게 샷을 할 수 있다.

스트로크 요령

1. 자세는 90도를 맞춘다. 상박과 하박이 90도를 이루는 자세가 이상적이다. 'ㄷ'자가 되도록 자세를 만드는 것이 중요하다. 큐가 수평이 되면 'ㄷ'자 모양이 된다. 또한 90°를 유지하면 팔로우가 용이하고 큐팁과 수구의 접촉 시간을 길게 만들 수 있다.

2. 임팩트 후에 바로 일어나지 말고, 2~3초 동안 왼손을 바닥에 붙이고 브릿지 자세를 유지한다.

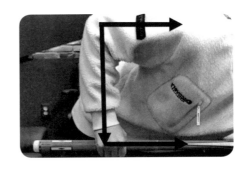

3. 큐 선이 콧등 위를 지나도록 한다. 그립은 큐를 손 전체로 감싸지만, 너무 꽉 쥐지 않고 부드럽게 잡는다.

4. 세게 치지 않고 부드럽게 밀어친다.
약하고 부드럽게 치면 오히려 회전력이 살아난다. 회전력만으로도 수구를 충분히 진행시킬 수 있다.

5. 큐를 비틀어 치지 않는다.

큐를 비틀어 치는 것은 큐 미스의 주요 원인이다.

임팩트 후에도 2~3초 동안 왼손 브릿지를 견고하게 유지하면 큐를 비틀어 치는 문제를 해결할 수 있다.

또한 활을 쏜 후 화살을 추격하는 이미지샷을 하면 비틀어 치는 문제를 해결할 수 있다.

임팩트 이후 팔로우시 큐 끝이 화살을 추격하는 느낌으로 공을 추격한다.

6. 스트로크 이후 시선을 고정한다.

눈동자를 안 움직이면 얼굴이 고정되고, 어깨가 고정되어 브릿지 고정이 가능하다.

7. 시선: 보통은 1적구를 바라보면서 샷을 한다.

다만, 정확한 당점이 중요한 경우에는 조준 후 1적구 대신 수구의 당점을 바라보면서 샷을 한다.

8. 예비 스트로크를 본 스트로크와 동일하게 한다. 예비 스트로크를 할 때 아무 생각 없이 큐만 왕복하지 말고 실제로 1적구를 치는 것 같은 행동으로 큐를 앞으로 보낸다.

9. 예비 스트로크의 길이와 횟수

공의 배치에 맞는 예비 스트로크의 크기와 횟수를 이해하고 팔로우의 크기를 정한다.

10. 브릿지를 견고하게 유지한다. 손가락을 다 모으고 바닥에 밀착시킨다. 검지고리를 단단하게 하고 엄지와 검지를 서로 붙인다. 15cm정도로 브릿지를 잡고 큐 뒤끝을 20cm정도 남기고 그립을 잡는다.

11. 파워 샷

① 왼손 브릿지: 검지 고리를 단단히 조여서 큐가 좌우나 상하로 움직이지 않도록 한다.

② 그립: 큐 뒤끝으로부터 한 뼘 정도를 남겨놓고 잡는다.

③ Long follow로 똑바로 밀어친다.

12. 팔로우시 자연스러운 컨트롤로 급 샷을 방지한다. 'Best driver는 급 브레이크를 밟지 않는다.'

13. 조준을 조정해야 할 때는 팔만 움직이지 말고, 몸 전체를 움직여서 조정한다.

14. 수구가 2적구를 맞춘 후에 2적구 근처 30~50cm 정도에 위치하도록 힘을 조절하여 position play를 할 수 있도록 한다.

15. 평상시에 왼손 샷을 연습한다. 오른손으로는 치기 힘든 난구배치도 왼손을 사용하면 쉽게 칠 수 있는 배치가 많다.

16. 불편한 자세보다는 편안한 자세로 칠 수 있는 공략법을 선택한다. 자세가 불편하면 아무래도 득점 확률이 떨어지고 큐미스 가능성도 커진다.

17. 일반적으로, 회전을 많이 주고 예민한 두께로 맞추는 공략 방법보다 회전을 줄이고 편안한 두께로 맞추는 공략 방법의 득점 확률이 더 높다.

18. 때려치는 스트로크를 피하라.
때려치는 스트로크를 피하기 위해서는 브릿지를 짧게 잡고, 큐도 짧게 잡은 상태에서 타격 없이 부드럽게 밀어 친다.

19. 당구 큐를 '창'이라 생각하고, 창으로 똑바로 1직선으로 찌른다는 느낌으로 샷을 한다.

20. 모든 설계는 자세를 잡기 전에 마치고, 일단 엎드린 후에는 두께와 당점에만 집중한다.

완벽한 스트로크를 위한 기초(기본기) 정립

1. 오른손 그립(grip)의 모양

① 어깨와 팔꿈치를 축으로 하박의 힘을 빼고, 오른팔을 아래로 툭 떨어뜨린다.

② 큐를 잡았을 때 주먹의 모양이 안으로 들어가거나(큐를 안쪽으로 감아쥔 형태), 바깥쪽으로 빠지지 않고, 정면을 똑바로 향하도록 한다.

③ 손목을 앞뒤로 살랑살랑 움직이는 느낌으로 큐를 잡는다.

④ 그립의 위치에 따른 강도: 보통의 위치보다 뒤쪽을 잡으면 스트토크가 강해지고, 앞쪽을 잡으면 큐의 활동량이 적어지면서 부드러워진다.

⑤ 세 번째와 네 번째 손가락으로 큐를 부드럽게 잡는다.

⑥ 큐를 부드럽게 잡은 상태에서 손의 힘을 빼고 샷을 하여 팔로우 시 자연스럽게 주먹의 앞부분이 살짝 열어지도록 한다.

⑦ 예비스트로크를 하면서 세 번째와 네 번째 손가락으로 큐의 무게를 느끼도록 한다.

2. 자세의 높낮이와 유지

(1) 자세의 높낮이

① **보통의 높이** : 팔과 어깨의 각도를 90°로 유지하고, 2.5~3 rail 정도의 속도를 사용한다. '툭'샷 등 보통 샷의 경우에 적용한다.

② **낮은 자세** : 팔과 어깨의 각도를 90° 미만(죽은 어깨)으로 유지하고, 2 rail 정도의 속도를 사용한다. 두께가 중요한 경우(예: 좁은 옆돌리기)에 적용한다.

③ **높은 자세** : 팔과 어깨의 각도를 90° 이상(살린 어깨)로 유지하고, 4 rail 이상의 속도를 사용한다. 배팅이 필요한 경우(예: 대회전, 3회전), middle~long follow shot의 경우에 적용한다.

(2) 자세의 유지

① **바깥돌리기, 옆돌리기** : 수구가 1쿠션에 도달할 때까지 자세를 유지한다.

② **앞돌리기, 빗겨치기** : 수구가 2쿠션에 도달할 때까지 자세를 유지한다.

③ **역회전 되돌아오기** : 수구가 3쿠션에 도달할 때까지 자세를 유지한다.

3. 하체의 모양 : '앞으로 선 자세' vs. '옆으로 선 자세'

(1) 앞으로 선 자세(안는 자세)

• 팔과 몸의 힘을 빼고 몸 전체가 테이블을 안는 듯한 자세이다.

• 큐선이 1자가 되어야 한다: 큐선이 1자가 아니라서 고민이라면 뒷발의 위치를 조금씩 바꿔가면서 1자 라인을 찾는다.

• 가볍게 '툭' 칠 때의 무게중심은 앞발 5.1: 뒷발 4.9이다.

• 자세를 바꿀 때는 하체가 함께 움직여야 무게중심이 바뀌지 않는다.

• 사용 예: 다음과 같은 경우에 사용한다.

① 부드럽고 가볍게 치고 싶을 때

② 부드럽게 컨트롤하고 싶을 때

③ 가볍게 치면서 position play를 하고자 할 때

④ 속도가 필요 없을 때

⑤ 결대로 '툭'치는 형태

(2) 옆으로 선 자세(side 자세)

- 사용 예: 다음과 같은 경우에 사용한다.
    ① 관통샷
    ② 빠르게 치고 싶을 때
    ③ 대회전, 3회전
    ④ 수구가 1적구를 이기고 1쿠션까지 가야 하는 경우
    ⑤ 빠르게 치는 횡단샷: 다리를 넓게 벌린다.

4. 브릿지의 모양, 강도와 브릿지 하는 팔의 모습

- 브릿지에는 일반 브릿지와 rail 브릿지가 있다.
- 브릿지의 강도는 약, 중, 강으로 구분된다.
- '툭' : 부드러운 스트로크로서 부드러운 브릿지를 사용한다.
  '슥' : 빠른 스트로크로서 강한 브릿지를 사용한다.

(1) 일반 브릿지의 강도

① **약**: 부드러운 스트로크를 구사할 때 사용한다.
엄지와 검지로 부드럽게 큐를 잡고 3, 4, 5번째 손가락을
구부린 형태로 테이블 위로 내려놓는다.

② **중** : 약 브릿지에서 새끼손가락을 큐와 1자가 되게 뻗어준다.
부드러움과 정교함을 동시에 표현하고자 할 때 사용한다.

③ **강**: 빠르게 치거나 임팩트를 주고자 할 때 사용한다.
   중 브릿지에서 3, 4번째 손가락을 펴준다.

(2) Rrail 브릿지의 강도

• 일반 브릿지와 마찬가지로 브릿지의 강도는 약, 중, 강으로 구분된다.

① 수구가 쿠션에 붙어 있을 때

약   중   강

② 수구가 쿠션에서 공 1개~2개 떨어져 있을 때

약   중   강

③ 수구가 쿠션에서 공 3개~4개 떨어져 있을 때

약   중   강

고점자가 브릿지 길이를 줄이는 이유 : 짧은 브릿지의 장점

두께와 당점

①

1.5/8
2.5팁(2시 3팁)
'툭'

②

4/8
4팁(4시 3팁)
'툭'

요점 · 설명

- 브릿지 길이를 줄이면 maximum 회전량을 살려서 득점에 성공할 수 있다.
- 또한, 브릿지의 길이를 줄이면 충격량이 적기 때문에 1적구의 속도가 느려져서 1적구의 움직임을 최소화시킬 수 있어서 position play에 유리하다.
- 백스윙의 크기 = 충격량의 크기 = 임팩트의 양 = 반발력의 크기
  즉, 수구가 1적구를 맞추고 1쿠션까지 가는데 충격량이 작아야 유리한 배치는 백스윙의 크기가 작은 것이 유리하다.
- 또한, 브릿지의 길이를 줄이고 스윙의 안정성을 고려해서 그립의 위치도 짧게 잡는 것이 좋다.

도형 ① : 브릿지를 짧게 잡고 가볍게 '툭' 친다.

② : 그립과 브릿지를 짧게 잡고, maximum 4팁(4시 3팁) 당점을 주고, 큐 뒤끝을 살짝 들어준 상태에서 가볍게 '툭' 친다.

Billiards

프로 선수들이 오픈 브릿지를 자주 사용하는 이유 : 오픈 브릿지의 장점

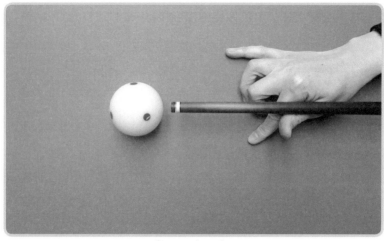

Open bridge

요점 · 설명

오픈 브릿지의 장점은 다음과 같다.

1. **몸의 힘빼기** : 팔의 힘이 빠져야 공의 힘이 생긴다. 몸의 힘이 빠지면 자연스럽게 팔의 힘도 빠지게 된다.

2. **1적구의 속도 조절** : 몸의 힘이 빠지면서 1적구의 속도 조절을 섬세하게 할 수 있다.

3. **얇은 두께 치기** : 검지가 시선을 방해하지 않기 때문에 얇은 두께 치기가 수월하다.

4. **Line 파악** : 당점에 따른 공의 line들이 새롭게 자연스럽게 보이게 된다.

5. **수구와 1적구의 속도 컨트롤** : 수구의 속도와 1적구의 속도 컨트롤이 동시에 가능해지면서 키스 빼기가 용이하다.

6. **Impact 없이 밀어치기** : 수구와 1적구의 impact(=충격량=반발력)를 줄여준다.

7. **Position play** : 포지션 플레이에도 자신감이 생긴다.

8. **끌어 치기** : 힘이 빠진 스트로크 느낌으로 수구가 1적구에게 지는 45° 이상의 분리각 형태 (끌어치기)에 사용하기 좋다.

7가지 기본 스트로크(Stroke)

본 교재에서 사용하는 7가지 기본 스트로크는 다음과 같다.

괄호 속의 % 숫자는 실전 게임에서의 사용 비중을 나타낸다.

1. 툭(40%) : 기본구 형태에 사용한다.

45도 정도의 분리각의 형태(3/8~4/8두께)에 사용한다. 큐의 무게로만 가볍게 툭 친다.

팔꿈치를 고정하고 하박만 사용한다.

- 속도 : 2~3 rail speed
- 브릿지 : 보통 길이(15cm 전후)와 너무 빡빡하거나 헐겁지 않은 보통의 강도로 잡는다.
- 그립 : 날달걀 쥐듯이 가볍게 잡는다.

2. 슥(20%) : 수구가 1적구를 이기는 형태이다.

관통샷의 느낌으로 샷을 한다.

45도 미만의 작은 분리각의 형태에 사용한다

- 속도 : 약간 빠르게(뱅킹~대회전의 속도)
- 브릿지 : 보통 길이(15cm 전후)와 강도는 단단하게 잡는다.
- 그립 : 열어주는 느낌의 loose 그립을 사용한다.
- 사용 예 : 대회전, 45도 미만의 작은 분리각의 형태

3. 스~윽(20%) : 수구가 1적구에게 지는 형태이다.

힘을 빼고 long follow로 샷을 한다. 상박도 함께 사용한다. 수구가 끌릴 시간을 주어야 한다.

- 속도 : 뱅킹~대회전의 속도
- 브릿지 : 보통 길이 또는 짧게 잡고 강도는 부드럽게 한다.
- 그립 : 열어주는 느낌의 loose그립을 사용한다.
- 사용 예 : 끌어치기, 스핀샷, 수구와 1적구의 거리가 먼 경우

4. 톡(15%) : 1적구가 쿠션에 붙어 있을 때(곡구 현상을 방지하고자 할 때)와 수구의 이동거리가
   짧을 때 사용한다. Short follow로 샷을 한다.
   - 속도 : 보통 속도
   - 브릿지 : 길게 잡고 강도는 단단하게 한다.
   - 그립 : 보통 그립을 사용한다.

5. 쏙 : 수구가 1적구에게 지는 형태이다. Short follow로 샷을 한다.
   큐를 넣었다가 뺀다. 손목사용도 무방하다.
   - 속도 : 약간 빠르게(3 rail speed 이상)
   - 브릿지 : 보통 길이 또는 길게 하고 강도는 부드럽게 한다.
   - 그립 : 보통 그립을 사용한다.

6. 땅 : 임팩트를 사용한다. 때려치기의 느낌으로 샷을 한다.
   - 속도 : 3 rail speed 이상
   - 브릿지 : 보통 또는 길게 잡고 강도는 단단하게 한다.
   - 그립 : 힘을 줘야 하므로 단단하게 잡거나 잡아챈다
   - 사용 예 : 어쩔 수 없이 임팩트를 주어야 할 때

7. 탕 : 가볍고 부드럽게 수구에 탄력을 주고 싶을 때 사용한다.
   '톡'과 '땅'의 중간이다. 손목을 살짝 사용하는 것이 좋다.
   - 속도 : 보통 속도 이상
   - 브릿지 : 보통 길이로 잡고. 강도는 보통 이상이다.
   - 그립 : 보통 그립을 사용한다.
   - 사용 예 : 상단 당점주고 밀어치기로 길게 보내는 바깥돌리기

스트로크별 백스윙의 길이와 Follow 길이

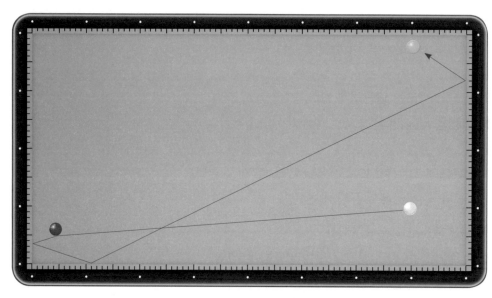

1/8
2팁(10시 30분 3팁)
'스윽'

요점·설명

▣ 스트로크별 백스윙의 길이와 Follow의 길이는 다음과 같다.

스트로크	백스윙 길이	Follow 길이	비고
툭	Middle	Middle	가볍게 치는 스트로크
슥	Middle	Middle	약간 빠른 스트로크
스~윽	Short	Long	부드럽고 긴 스트로크
쏙	Middle~Long	Short	넣었다가 빼는 스트로크
톡	Short~Long	Short	Short follow 스트로크
탕	Middle	Middle	탄력을 주는 스트로크
땅	Middle	Middle	때려주는 스트로크

도형

- 수구와 1적구의 거리가 먼 경우, '스~윽' 스트로크로 힘을 빼고 백스윙은 짧게(short), follow는 길게(long) 한다.

- 두께가 중요한 경우: 백스윙의 속도를 부드럽고 천천히 하여야 1적구를 얇게 맞출 수 있다; 얇게 맞추어야 하는 경우에는 백스윙의 빠지는 속도가 빠르면 안 된다.

'툭' 스트로크의 중요성 : 큐의 무게를 느껴라! (가볍게 툭! 힘 빼고 툭!)

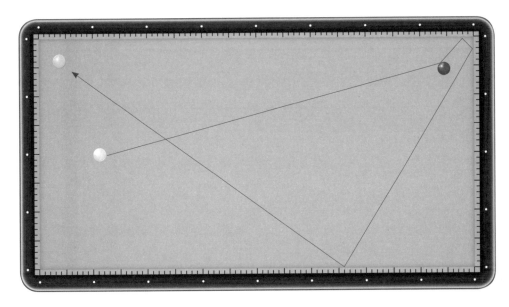

두께와 당점

4/8
2팁(3시 2팁)
'툭'

요점·설명

- '툭' 스트로크는 실전 게임에서 제일 많이(40% 이상) 사용된다.
- 큐의 무게를 느끼면서 최대한 팔의 힘을 빼고 가볍게 '툭' 친다(큐를 던진다는 느낌).
- 가볍게 '툭' 잘 치기 위해서는 큐의 발랜스(balance)가 중요하다; 백스윙을 천천히 할 때 팔이 멈칫하는 것이 없어야 한다.
- 수구가 1적구를 맞출 때 맑고 고운 소리가 나야 한다.
- '툭' 스트로크의 사용 예 :

  5½ 시스템 (옆돌리기, 바깥돌리기)

  Half 시스템 (옆돌리기, 바깥돌리기)

  Plus 시스템 (앞돌리기, 빗겨치기)

  일출일몰 시스템 (빗겨치기, double cushion)

  South 시스템 (빗겨치기)

  볼 시스템 (옆돌리기, 앞돌리기, 바깥돌리기, 빗겨치기)

  무회전 시스템 (3bank shot)

  튜즐 시스템 (빗겨치기)

  991 시스템 (앞돌리기 무회전 4쿠션)

브릿지의 길이에 따라 달라지는 스트로크의 원리

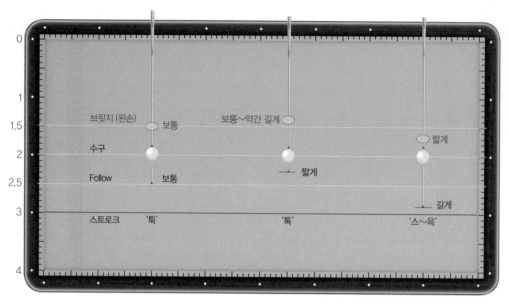

요점 · 설명

스트로크	브릿지 길이	Follow 길이
툭	Middle(15cm)	Middle
톡	15~20cm	Short
스~윽	Short(10cm)	Long

1. '툭' (45° 전후의 분리각) : 큐의 무게를 이용해서 가볍게 친다.
- 부드러운 브릿지 강도와 보통의 브릿지 길이(15cm)로 한다.
- 적당한(middle) follow로 샷을 한다.

2. '톡' (45° 미만의 분리각)
- 단단한 브릿지 강도와 보통~약간 긴(15cm~20cm) 브릿지 길이로 잡는다.
- Follow는 약간 적게(short) 한다.

3. '스~윽'
- 느슨한 브릿지 강도와 약간 짧은(10cm) 브릿지 길이로 잡는다.
- Follow는 길게(long) 한다.

스트로크의 기본 원리 – 이기기 · 지기 · 비기기

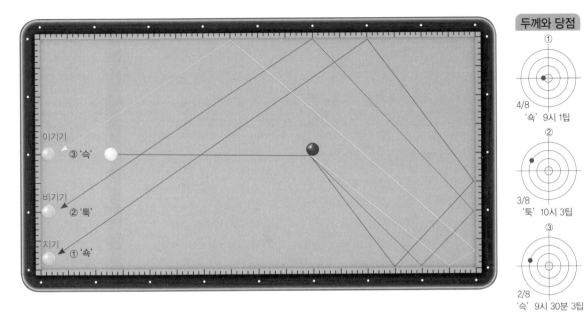

두께와 당점

① 4/8 '슉' 9시 1팁

② 3/8 '툭' 10시 3팁

③ 2/8 '슉' 9시 30분 3팁

요점 · 설명

• 이기기, 지기, 비기기 스트로크의 요령은 다음과 같다.

	속도	Follow	체중(무게중심)	스트로크	도형
이기기	빠르다	Middle~Long	앞쪽	슉	③
지기	느리다	Short	뒤쪽	숔	①
비기기	보통 속도	Middle	중앙	툭	②

도형

① 지기 : '숔', 체중(무게중심)을 뒤쪽에, 4/8두께, 9시 1팁

② 비기기 : '툭', 보통의 속도, 3/8두께, 10시 3팁

③ 이기기 : '슉', 체중을 앞쪽에, 힘 빼고 빠르게, 2/8두께, 9시 30분 3팁

지는 스트로크 : 분리각이 큰 경우

I. '스~윽'

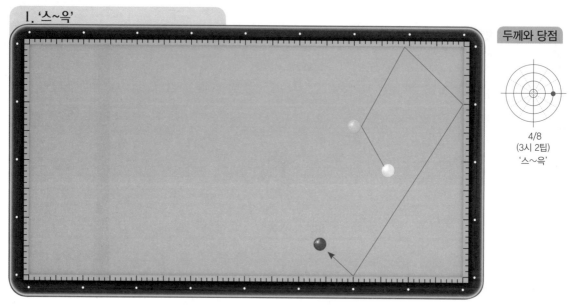

두께와 당점

4/8
(3시 2팁)
'스~윽'

- 사용 배치: 분리각이 크고(45° 이상) 밀리면 안 되는 배치에서는 수구가 1적구에게 지는 스트로크인 '스~윽'이나 '쏙' 스트로크를 사용한다.
- 수구의 이동거리가 적어서 속도를 줄여야 하는 배치에서 주로 사용한다.

도형 수구의 이동거리(속도)가 적어도 되므로 '쏙'보다 '스~윽' 스트로크가 유리하다.

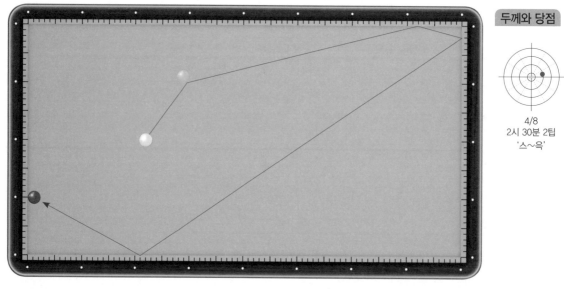

두께와 당점

4/8
2시 30분 2팁
'스~윽'

도형 분리각이 45°보다 큰 긴옆돌리기의 경우이다.
'스~윽' 스트로크로 부드럽게 샷을 한다.

2. '쏙'

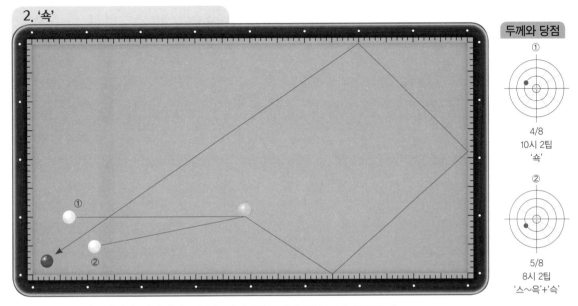

두께와 당점

①

4/8
10시 2팁
'쏙'

②

5/8
8시 2팁
'스~윽'+'슥'

• 수구의 이동거리가 많아서 속도를 늘려야 하는 배치에서 주로 사용한다.
• 큐를 넣었다가 빼는 듯한 느낌으로 샷을 한다.
• 바깥돌리기에서 많이 밀리는 배치에서는 '스~윽'보다는 '쏙' 스트로크를 자주 사용한다.(도형 ①)
• 끌어치는 형태의 바깥돌리기에서는(도형 ②) '쏙' 스트로크를 사용하거나 '스~윽'+'슥'
  스트로크를 사용하여도 된다.

3. '스~윽' + '슥' 또는 '쏙'

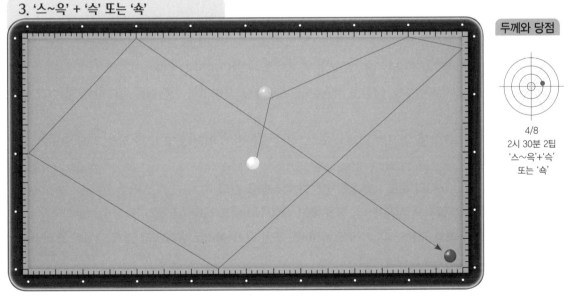

두께와 당점

4/8
2시 30분 2팁
'스~윽'+'슥'
또는 '쏙'

• '스~윽' 스트로크를 사용하는 옆돌리기 대회전의 경우에는 '슥' 스트로크를 함께 사용하는 것이 좋다.(도형 ①)
• 끌어치는 형태의 바깥돌리기에서도 '스~윽'+'슥' 스트로크를 사용할 수 있다.(위쪽 도형 ②)

Billiards
이기는 스트로크 ('슥')요령

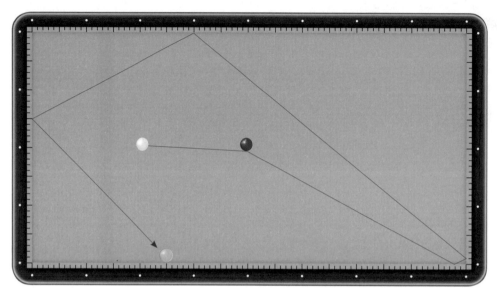

두께와 당점

1.5/8
2.5팁(9시30분 3팁)
'슥'

요점·설명

- 이기는 스트로크는 관통샷이나 바깥 돌리기를 최대한 길게 뽑아내기 위해서 사용한다.
- 이기는 스트로크 기본기 정립을 위한 요령은 다음과 같다.

  1. **그립** : loose 그립을 사용한다. 엄지와 검지를 서로 붙지 않게 살짝 떼어 주고, 셋째와 넷째 손가락 위주로 큐를 잡는다. (반대로 임팩트 샷을 하고자 할 때는 엄지와 검지로 큐를 잡는다.)
  2. **브릿지 강도** : 큐가 좌·우·상·하로 흔들리지 않게 단단하게 잡는다.
  3. **당점** : 2.5팁(9시 30분 3팁) 당점을 사용한다. 스쿼트를 줄이면서 회전력을 최대한 살릴 수 있는 당점이다.
  4. **자세** : 다리(스탠스)는 앞뒤로 넓게 하고, 그립은 오른손 주먹이 뒷발 발등 바로 위에 오도록 위치를 잡는다.
  5. **백스윙**(Back swing)**의 속도** : 최대한 천천히 백스윙을 한다.
  6. **큐가 좌우로 흔들리지 않게 한다.** 힘을 빼고 큐를 똑바로 1자로 뒤로 뺐다가 1자로 뻗는다. 큐, 머리 정수리와 콧등이 1자가 되도록 한다. 또한 큐가 상하로 흔들리지 않게 테이블 프레임에 큐를 가볍게 올려 놓고 샷을 한다.
  7. **체중**(무게 중심) : 앞발 용천혈에 체중(무게 중심)을 둔다.
  8. **공 맞는 소리** : 맑고 고운 소리가 나도록 한다.

최대한 얇은 두께로 맞추기 위한 팁(수구와 1적구의 거리가 가까울 때)

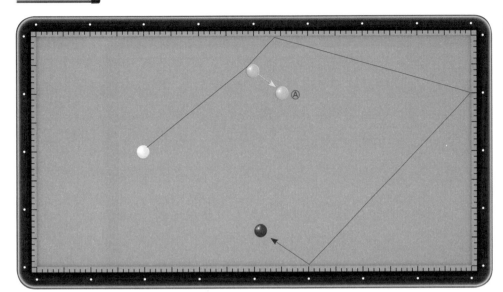

두께와 당점

0.5/8
4팁(4시 3팁)
'슥'

- 최대한 얇은 두께로 맞추는 요령은 1적구의 움직임을 최소화시켜서 바로 옆에다 옮겨 놓는다는 생각으로 1적구를 겨냥하면 도움이 된다.
- Maximum 4팁(4시 3팁) 주고 1적구를 최대한 얇게, 약하게 맞추어서 1적구 바로 옆 Ⓐ 지점으로 보낸다.
- 1적구의 움직임을 생각하다 보면 1적구와 수구의 충격량을 생각하게 되면서 임팩트를 주지 않는 스트로크를 할 수 있다.
- ▣ 스트로크 : 수구가 1적구를 이기는 '슥' 스트로크를 사용한다. 또한 1적구에 충격을 주지 않아야 한다.

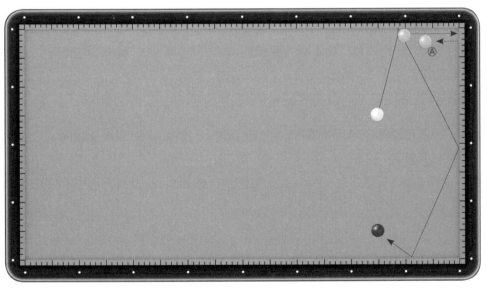

두께와 당점

0.5/8
4팁(4시 3팁)
'슥'

- 1적구의 움직임을 최소화시켜서 1적구를 Ⓐ 지점으로 보낸다는 생각으로 1적구를 맞춘다.
- 큐 뒤끝을 살짝 들어주는 것도 요령 중 하나이다.
- 때리지 않는 스트로크를 연습하기에 좋은 배치이다.

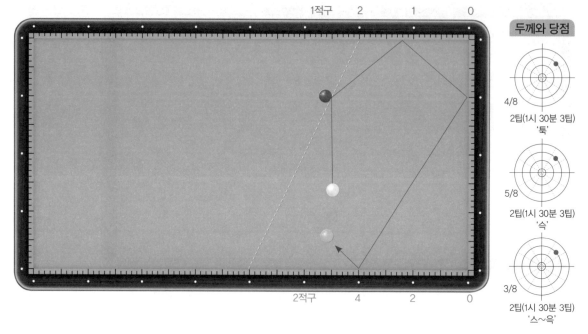

두께와 당점

4/8
2팁(1시 30분 3팁)
'툭'

5/8
2팁(1시 30분 3팁)
'슥'

3/8
2팁(1시 30분 3팁)
'스~윽'

요점 · 설명

- 스트로크에 따른 볼값의 변화는 다음과 같다.
  1. '툭' 스트로크 : 볼값을 그대로 적용한다.
  2. '슥' 스트로크 (수구가 1적구를 이기는 스트로크) : **볼값 +1**
     '슥'의 경우 당점을 1팁 증가시키거나 두께를 1/8두께 더 두껍게 치는 것이 가능하다.
  3. '스~윽' 스트로크 (수구가 1적구에게 지는 스트로크) : **볼값 −1**
     '스~윽'의 경우 당점을 1팁 빼거나 두께를 1/8두께 더 얇게 치는 것이 가능하다.

- '슥'이나 '스~윽' 스트로크의 경우 두께를 더 두껍게 또는 더 얇게 칠 수 있기 때문에 position play에 이용할 수 있다.
- 조금 더 두껍게(편한 두께로) 맞추어도 되는 '슥' 스트로크가 position play에 유리한 경우도 있다.

도형 옆돌리기 볼 시스템에 따른 볼값은 1적구수 2 + 2적구수 4 + 기울기 0 = 볼값 6이다.

- '툭' 스트로크 : 볼값 6 그대로 적용한다. 1팁+5/8두께 or 2팁+4/8두께 or 3팁+ 3/8두께가 가능하다.
- '슥' 스트로크 : 볼값 6 + 1 = 7 ; 1팁+6/8두께 or 2팁+5/8두께 or 3팁+4/8두께가 가능하다.
- '스~윽' 스트로크 : 볼값 6 − 1 = 5 ; 1팁+4/8두께 or 2팁+3/8두께 or 3팁+2/8두께가 가능하다.

예비 스트로크의 중요성

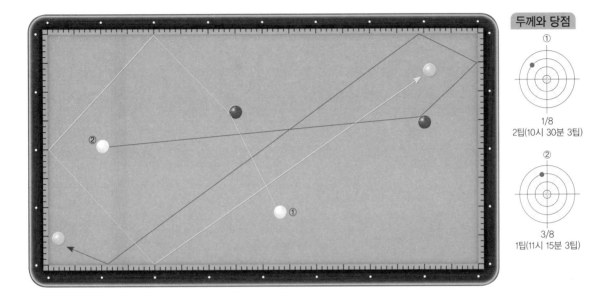

두께와 당점

①
1/8
2팁(10시 30분 3팁)

②
3/8
1팁(11시 15분 3팁)

요점 · 설명

- 예비 스트로크의 중요성은 아무리 강조해도 지나치지 않다.
- 예비 스트로크는 2~3차례 실제 스트로크와 동일하게 반복하다가 그대로 큐를 똑바로 뻗어 준다.
- 예비 스트로크를 할 때 아무 생각 없이 큐만 왕복하지 말고 실제로 1적구를 맞추는 것 같은 행동으로 큐를 앞으로 보낸다.
- 예비 스트로크 없이 갑자기 샷을 하는 경우에는 1적구에 타격이 들어가면서 두껍게 맞아서 분리각이 커져 득점에 실패하게 된다.
  예비 스트로크는 이와 같은 실수를 줄일 수 있는 최선의 방법이다 ; 'Best driver는 급 break 를 잡지 않는다.'
- 특히 예민한 두께로 1적구를 맞추어야 하는 경우나(위 도형 ①) 수구와 1적구의 거리가 멀 때에 는(위 도형 ②) 반드시 예비 스트로크를 몇 차례 한 후에 샷을 하여야 득점 확률이 높아진다.

도형① 2팁(10시 30분 3팁) 당점을 주고 1/8두께로 1적구를 맞춘다.
2~3차례 예비 스트로크 후에 샷을 한다.

도형② 1팁(11시 15분 3팁) 당점을 주고 3/8두께로 1적구를 맞춘다.
2~3차례 예비 스트로크 후에 샷을 한다.

때려치는 스트로크의 교정 : 1적구의 움직임 Control

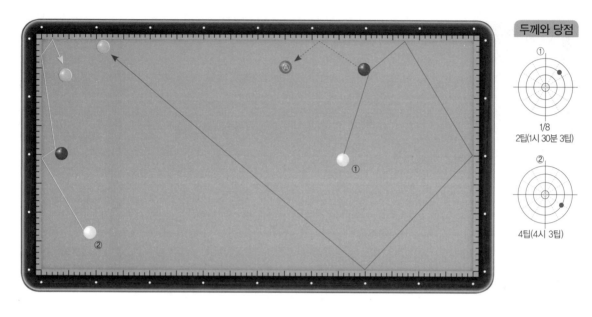

두께와 당점

①
1/8
2팁(1시 30분 3팁)

②
4팁(4시 3팁)

요점 · 설명

• 초 · 중급자가 많이 사용하는 때려치는 스트로크를 교정하는 연습방법이다.

도형① 옆돌리기 : 1적구의 움직임을 최소화시켜 Ⓐ구역으로 보낸다면 다음 공은 바깥돌리기로 position play가 가능한 배치이다. 1적구의 움직임을 컨트롤하기 위해서는

1. Bridge를 짧게(10cm) 하고 큐도 짧게 잡는다.
2. 타격 없이 부드럽게 follow shot을 한다(충격량 최소화).
3. 가까운 거리에서 예민한 두께의 경우에는 큐 뒤끝을 살짝 들어준다.

도형② 1bank 넣어 치기 : 1적구에 조금이라도 타격이 가해지면 2쿠션으로 2적구를 맞추게 되는 배치이다. 득점에 성공하기 위해서는

1. 회전을 최대한 살려주어야 한다(maximum 4팁~3팁).
2. Bridge를 아주 짧게(10cm 미만) 하고 큐도 짧게 잡는다.
3. 타격 없이 부드럽게 친다(충격량 최소화).
4. 자세를 높이는 것이 도움이 된다.
5. Open bridge를 사용하면 충격량을 줄이는 데 도움이 된다.

Jab shot(끊어치기)와 Follow shot(밀어치기)의 차이

1. Jab shot(끊어치기)

- Impact 직후 큐를 잡아주어서 큐를 바로 멈추게 하는 타법이다.
- Jab shot으로 치면 수구와 1적구의 분리각이 커지고, 수구의 진로는 짧아지며, 임팩트 순간 수구의 힘을 많이 빼앗겨서 수구가 약하게 진행한다.
- 바깥돌리기에서 수구가 밀리는 것을 방지하고자 할 때나, 옆돌리기에서 수구를 짧게 돌려야 할 때 많이 사용한다.

2. Follow shot(밀어치기)

- Follow shot은 큐 끝이 수구를 맞춘 후에도 멈추지 않고 계속 진행하도록 하는 타법으로, back swing부터 임팩트 이후 피니쉬(finish)까지 속도를 점진적으로 가속하는 타법이다.
- 큐를 '창'이라 생각하고 '창으로 똑바로 찌른다'는 느낌으로 밀어친다.
- Follow shot은 follow의 길이에 따라서 다음의 3가지로 나누어진다.

  ① Short follow : 큐 끝이 임팩트 후 수구 위치로부터 10cm이하 통과
  ② Middle follow : 큐 끝이 임팩트 후 수구 위치로부터 15cm 내외 통과
  ③ Long follow : 큐 끝이 임팩트 후 수구 위치로부터 20cm이상 통과

- Follow shot으로 치면 수구가 힘차게 진행하여 수구의 진로를 길게 만들 수 있다. 대부분의 follow shot에서는 백스윙을 느리게 하고 follow는 부드럽게 그리고 길게 뻗어준다.
- Long follow shot은 대회전이나 3회전 샷을 할 때처럼 수구를 힘차게 아주 길게 보내고자 할 때 주로 사용한다. Long follow로 치면 수구는 많이 진행하고 1적구는 적게 움직인다.
- 체중을 앞발에 조금 더 실으면 long follow shot으로 치기가 훨씬 더 쉬워진다.
- 프로선수의 샷은 주로 follow shot을 사용하기 때문에 수구가 힘차게 진행하는 반면, 초보자는 주로 jab shot을 사용하기 때문에 둔탁한 소리가 나고(소위 '때려침'), 수구가 1적구에 힘을 다 빼앗겨서 힘이 없이 약하게 진행하면서 짧아지는 것을 볼 수 있다.
- 꾸준한 연습을 통하여 follow shot이 몸에 배이도록 하는 것이 좋다.

• 뱅킹과 초구 연습을 꾸준히 하자!

뱅킹을 이겨서 초구를 잡으면 쉽게 1~2점 이상을 득점할 수 있을 뿐만 아니라, 테이블 상태(길어짐. 정상. 짧아짐)를 빠르게 확인할 수 있다. 뱅킹과 초구가 승부를 좌우할 수도 있다는 생각으로 평상시 뱅킹과 초구 연습을 게을리하지 말자.

• 게임전에 테이블 상태를 미리 파악하라.

실전은 테이블 상태를 먼저 파악하는 사람이 승리한다. 가능하면 게임 시작 전에 몇 차례의 시타를 통하여 테이블이 짧아지는지, 정상인지, 길어지는지 테이블 상태를 파악하여야 한다.

길어지는 테이블이면 1) 당점을 높이고, 2) 속도를 줄이고, 3) 수구의 회전력이 당점 그대로 전달될 수 있도록 큐를 놓아준다(치는 순간 큐를 잡아주면 수구의 회전력이 증가될 수 있다). 반면에 짧아지는 테이블이면 당점을 내려준다.

• 실패는 성공의 어머니!

당구는 시행착오를 겪으면서 실력이 향상된다. 수없이 많은 실패를 경험해 보아야 한다. 득점에 실패하면 왜 실패했는지 원인을 분석하고 추후 같은 실패를 반복하지 않도록 해결책을 찾는 것이 중요하다.

• 변명을 하지 말자!

게임에 진 경우, 테이블 상태 탓, 상대방 탓, 운 탓, 몸 상태 탓 등등으로 자신을 위로하려 하는 것보다 냉철하게 패한 원인을 분석해 보고 다음 게임을 대비하는 것이 더 좋다.

• 당구는 Mental Game이다.

자신감을 가지고 샷을 하는 것이 중요하다. 대부분의 독자는 게임 중 자신도 모르게 위축이 되어서 평상시의 실력을 제대로 발휘하지 못한 경험을 해 보았을 것이다. 이러한 때에는 마음을 가다듬고, '나는 할 수 있다' '나는 이길 수 있다'라고 mind control을 한다. 또한 때로는 좀 더 과감하고 강하게 샷을 하는 것이 좋은 해결 방법이 될 수 있다.

• 당구는 집중력 싸움이다.(정신을 집중하면 못 이룰 것이 없다.)

특히 게임 시간이 길어질 때, 또한 후반부로 갈수록 집중력이 승부를 결정짓는다. 게임 종료 시까지 시선을 테이블에만 집중하고 잡념을 배제하여 최대한 집중력을 유지하도록 한다.

- 키스를 내지 말자!
  게임 중 발생하는 키스만 피할 수 있어도 3~5점은 쉽게 올릴 수 있다. 키스가 발생하는 유형/배치를 미리 알고 키스 피하는 방법을 숙지하여 두자.

- 게임 중 전세를 역전 시킬 수 있는 기회가 반드시 찾아온다.
  지고 있는 게임이라 하더라도 게임의 흐름을 바꿀 수 있는 기회가 반드시 찾아온다는 믿음을 가지고 게임에 임하자, 또한 기회가 왔을 때는 놓치지 말고 꽉 붙잡자.

- 쉬운 공을 놓치지 말자.
  쉬운 공일수록 오히려 더 신중하게, 그리고 집중해야 한다. 쉬운 공을 성공적으로 처리하면 장타로 이어질 수 있지만, 실패하면 낙담하게 되고 자신감을 잃을 수 있다.

- 기본 배치(바깥돌리기, 옆돌리기, 빗겨치기와 앞돌리기) 연습에 시간을 많이 할애하자.
  특히 실전에서 많이 발생하는 바깥돌리기, 옆돌리기, 빗겨치기와 앞돌리기 연습을 집중적으로 하여, 이러한 배치가 왔을 때는 실패하지 않고 확실히 득점에 성공하고 포지션 플레이까지 가능하게 하자.

- 당구는 스트로크가 전부이다.
  수시로 자신의 스트로크를 점검하고 스트로크 연습에 시간을 많이 할애하자.

- 팔의 힘을 빼자!
  팔에 힘이 들어가면 수구와 1적구의 충격량이 커지고, 수구의 이동거리가 짧아지며, 회전력과 큐 스피드도 감소한다.

- 맑고 고운 타구음 소리를 내도록 하자!
  수구가 1적구를 맞출 때 둔탁하고 귀에 거슬리는 소리 대신 맑고 고운 소리가 나도록 하자.

- 큐 스피드를 올리는 연습을 꾸준히 하자!
  큐 스피드를 올리기 위해서는 예비 스트로크를 빠르게 하여야 한다. 매일 1~2분 동안 수십여 차례 아주 빠른 속도로 예비 스트로크를 하는 연습을 하면 큐 스피드를 올리는 데 도움이 될 것이다.

• 체력을 단련하자.

모든 스포츠가 그렇듯이, 당구 게임에서도 체력이 중요하다. 체력이 약하면 집중력도 일찍 떨어질 수 있으므로 체력단련에 시간을 할애하자.

• 고점자와 게임을 자주 하라!

고점자와 게임을 하다 보면 자세, 스트로크, 당점, 공략 방법 등 배우는 점이 많을 것이다. 동급자와 많은 게임을 하는 것보다 고점자와 경기를 자주 하면 훨씬 더 빠르게 실력향상에 도움이 될 것이다.

• System 공부를 꾸준히 하자!

System을 아는 사람하고 모르는 사람은 고점자로 갈수록 현저하게 실력 차이가 벌어진다. 특히 긴장되거나 위급한 상황에서는 더욱 심하게 차이가 발생한다. 그러나 아무리 좋은 시스템을 알고 있다 하더라도 반드시 실제로 테이블에서 쳐보아서 몸이 시스템을 기억하도록 하여야한다.

• 정확한 무회전 당점주는 법과 무회전 System을 숙지하자.

실전 게임에서는 무회전 당점을 주고 공략하면 훨씬 쉽게 득점에 성공할 수 있는 배치가 많이 발생한다. 또한 무회전 system은 모든 system의 근원이므로 무회전 system을 숙지하면 다른 system을 쉽게 이해할 수 있다.

• Position play를 연습하자.

득점하기 쉬운 공이 왔을 때는 다음 공 배치를 생각하면서 샷을 해야 한다. 고점자로 가기 위해서는 1점씩만을 쳐서는 불가능하다. 특히, 바깥돌리기와 옆돌리기 기본 배치를 놓고 집중적으로 position play 연습을 하자.

• 예비 스트로크가 중요하다.

항상 일관성 있게 실제 샷과 동일하게 2~3차례 예비 스트로크을 한 후에 샷을 하면 실패 확률을 현저하게 줄일 수 있다.

- 난구 배치는 수비(defense, safety)도 생각해 보자.

  어차피 득점 확률이 낮은 난구는 차라리 상대방에게 쉬운 공을 주지 않는 수비를 생각해 볼 필요도 있다.

  수비를 상대방이 못 치게 한다는 느낌보다는 내가 쉬운 다음 공 배치를 받기 위한 과정이라고 생각한다.

- 편안한 자세와 편안한 두께로 칠 수 있는 공략법을 선택하라.

  자세가 불편하거나 지나치게 예민한 두께를 맞추려다 보면 큐미스가 나가거나 득점 성공 확률이 낮아진다.

- 뱅크샷 연습을 꾸준히 하자.

  쉽게 2점을 득점할 수 있는 뱅크샷 연습에 시간을 많이 할애하라.

- 왼손 샷 연습을 하자.

  오른손잡이의 경우, 왼손 샷을 연습하여 두면 편안하게 칠 수 있는 공 배치가 많다. 프로선수의 경기를 보면 대부분 오른손과 왼손 샷의 차이를 발견할 수 없다.

- 상대방의 play를 유심히 관찰해 보자.

  상대방의 플레이를 관찰하는 것은 당구 실력 향상에 도움이 될 수 있다. 특히, 상대방의 플레이 중에 1적구의 움직임을 상세히 관찰하자.

  위의 조언은 당구를 더 잘 치기 위한 유용한 팁들이다. 당구에서는 실력뿐만 아니라 정신적인 요소도 중요하며, 자신감을 가지고 과감하게 샷을 하는 것이 중요하다.

  고점자와 경기를 자주 하고, system을 꾸준히 공부하며, 앞에서 기술한 조언들을 실전에 적용하다 보면 이른 시일 내에 당구 실력을 향상할 수 있을 것이다.

당구가 안 될 때 / 공타가 길어질 때 / 슬럼프가 왔을 때
해결을 위한 팁

당구가 잘 안되거나 공타가 길어지거나 슬럼프가 왔을 때는 특히 다음 사항에 유의한다.

1. 공 1개 맞추기에 집중

경기 중에는 우선 공 1개 맞추는 데 집중한다. 이를 위해서는 더 많이 생각하고, 더 정교하게 설계하고, 부드럽게 샷을 한다. 특히, 2적구가 허공에 떠 있을 때는 더 정교한 샷이 필요하다.

2. 쉬운 공 놓치지 않기

쉬운 공이 왔을 때는 오히려 더 정교하게 설계하고 신중하게 샷을 하여 놓치지 않아야 한다. 또한 position play에 신경을 써서 최소 2점 이상 득점하도록 한다.

3. 키스 피하기

경기 중 수없이 발생하는 키스만 피할 수 있어도 3~5점은 쉽게 올릴 수 있을 것이다. 경기 중 키스 피하기에 더욱 신경을 쓰고, 평상시 키스 피하기에 시간을 많이 할애하여 연습한다.

4. 스트로크 점검

자신의 스트로크에 문제가 없는지 점검하고, 평상시 스트로크 연습에 시간을 많이 할애한다.

5. 팔의 힘 빼기

팔의 힘을 빼고 샷을 한다.

6. 예비 스트로크

항상 2~3차례의 예비 스트로크를 실시한 후 샷을 한다. 항상 일정한 리듬과 루틴을 유지하는 것이 중요하다.

7. 큐 미스 방지

경기 중 큐 미스가 나지 않도록 틈틈이 큐팁을 손질하고 초크칠에 정성을 들인다. 큐 미스로 인하여 쉬운 공을 놓치면 낙담하게 되고 위축되어서 자신감을 잃게 될 수 있다.

8. 맑고 고운 타구음 소리

둔탁한 타구음 소리를 피하고, 맑고 고운 타구음 소리가 나도록 한다.

9. 자신감

게임 중 위축되지 말고, 자신감을 가지고 샷을 한다. 마음을 가다듬고, 좀 더 과감하고 강하게 샷을 하는 것도 하나의 해결 방안이 될 수 있다. 또한 꾸준한 연습만이 자신감 획득의 지름길이란 점을 명심한다.

10. 집중력

최대한 게임에 집중한다. 게임 중에는 당구 이외의 모든 잡념을 잊어버리고, 말을 삼가한다. 또한 시선을 분산시키지 말고 오직 당구 테이블에만 시선을 집중한다. 결국 집중력의 차이가 승부를 결정짓는다. 특히 게임 후반부에는 집중력이 더욱 중요하다.

11. 긴장감 해소

팔과 어깨의 힘을 뺀다. 상대방이 플레이하는 동안 의자에 편안히 앉아서, 큐를 잡지 않고 손에서 놓은 상태에서, 온몸의 힘을 빼고 몇 차례 심호흡을 하고, 마음을 편안하게 하여 긴장감을 해소한다.

12. 편안한 자세와 편한 두께로 칠 수 있는 공략법 선택

자세가 불편하면 득점에 실패할 가능성이 높다. 또한 지나치게 예민한 두께도 실패하기 쉽다.

13. 큐스피드 올리기 연습

매일 1~2분 동안 수십여 차례 아주 빠른 속도로 예비 스트로크를 하는 연습을 하여 큐스피드를 올린다.

당구가 안 될 때 해결을 위한 연습 방법

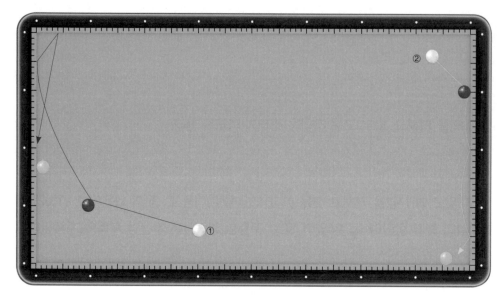

두께와 당점

①

2/8
(7시 30분 3팁)
'슥'

②

99/100
(1시 30분 3팁)
loose grip

요점 · 설명

당구가 안 될 때, 당구 실력을 올리고 싶을 때, 힘이 들어갈 때에는 아래와 같이 연습한다.

1. 큐 speed 올리는 연습

예비 스트로크를 아주 빠르게 하는 연습을 하루에 1번씩 꾸준히 실시한다.

2. 팔의 힘을 빼기

팔에 힘이 들어가면 수구와 1적구의 충격량이 커지고 수구의 운동량이 작아지면서, 수구의
이동거리도 짧아지고 회전력도 감소한다. 또한 힘이 들어가는 만큼 큐 speed는 감소한다.

3. 위의 2가지 배치를 놓고 꾸준히 연습한다.

도형
① (역회전 되돌아오기) : 수구가 휘어가는 끌어치기로 공략한다.

두께 : 4/8미만

당점 : 최하단

큐각도 : 5°~10°(큐 뒤끝을 살짝 들어 올린다.)

스트로크 : 가볍고 빠르게(손목 사용) ; 손목을 사용하면 회전력이 증가한다.

팔의 힘을뺀다 : 난구형태는 예비 스트로크를 빠르게 해야 힘을 빼고 샷을 할 수 있다.

② (Bounding shot)

팔의 힘을 빼고 loose grip으로 잡는다.또한 1시 30분 3팁 당점을 주고 1적구의 거의
정면(99/100)을 빠른 속도로 밀어 친다.

Billiards
선구(choice) 의 기본 원칙

1. 선구(choice)법

• 다음의 선구법에 대하여는 도형으로 설명하였다.

① 코너 라인에 있는 공을 2적구로 선택하라.

② 빅 볼(예: 코너나 쿠션 부근에 있는 공)을 2적구로 선택하라.

③ 수구의 이동경로가 짧은 공략법을 선택하라.

④ 키스가 없거나 키스 피하기 쉬운 공략 방법을 선택하라.

⑤ 가까이 있는 공을 1적구로 선택하라.

⑥ 편안한 두께로 칠수 있는 공을 1적구로 선택하라.

⑦ 예민한 짧은 옆돌리기의 경우 대회전 공략법을 선택하라.

⑧ 상단 당점을 사용하는 공략법을 선택하라.

⑨ 2적구가 쿠션에 근접하여 있을 때는 횡단샷, 떨어져 있을 때는 더블 쿠션공략법을
   선택하라.

⑩ 얇은 두께보다는 두꺼운 두께를 선택하라.

⑪ 자연스러운 결을 찾아라.

⑫ 가급적 3뱅크샷보다 ball first공략법을 선택하라.

2. 항상 상대방 공을 1적구로 하는 공략 방법과 빨간색 공을 1적구로 하는 공략 방법을 동시에
   검토하라.

3. 양빵으로 맞출 수 있는 공략법을 선택하라.

   예 : 코너로 들어가다 3쿠션으로 맞추거나 코너를 돌아 나오다 5쿠션으로 맞출수 있는 공략 방법.

4. 일반적으로 3 cushion으로 공략하는 것이 득점 확률이 더 높지만, 4쿠션, 5쿠션으로 공략하면
   position play가 될 수 있는 경우가 많다.

5. 난구의 경우에는 수비를 생각하라.

① 상대방 공을 1적구로 선택하고 힘 조절을 하여 수구를 2적구 부근으로 보내어 득점 실패
   시에는 수비를 겸하도록 한다.

② 1적구가 빨간색 공(즉, 2적구가 상대방 공)의 경우 약간 빠르게 쳐서 득점 실패 시에는 수구와
   상대방 공이 가까이에 있지 않게 하면 수비에 도움이 된다.

I.코너라인(coner line)에 있는 공을 2적구로 선택하라.

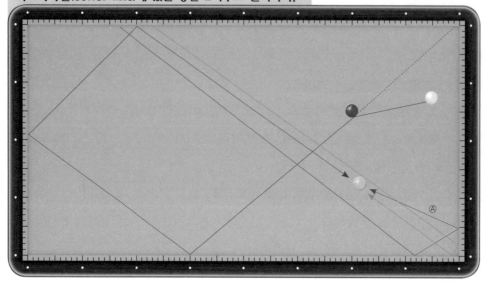

- 코너 라인에 걸쳐 있는 공을 2적구로 선택하면 코너로 들어가다 맞추거나 코너를 돌아 나오다가 2적구를 맞출 수 있어서 (소위 '양빵')득점 확률을 높일 수 있다.

- 또한 짧게 들어가면 Ⓐ처럼 리버스 엔드(reverse—end)로도 득점할 수 있다.

2. 빅볼(Big ball)(예 : 코너나 쿠션 부근에 있는 공)을 2적구로 선택하라.

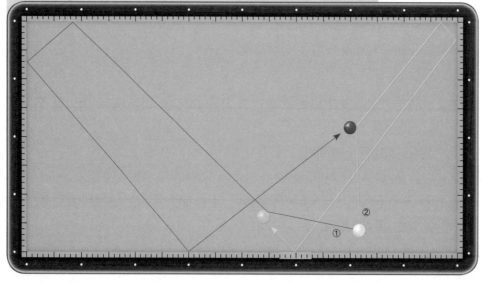

- 허공에 떠 있는 공보다 코너나 쿠션 부근에 있는 공을 2적구로 선택하면 득점의 범위가 넓어서 (big ball) 득점 확률이 높아진다.

도형   ① 바깥돌리기 공략법인데 2적구가 허공에 떠 있어서 득점 확률이 낮다.

        ② 옆돌리기 공략법인데 2적구가 쿠션 부근에 있어서 득점 범위가 넓다(big ball).

3. 수구의 이동 경로가 짧은 공략법을 선택하여라.

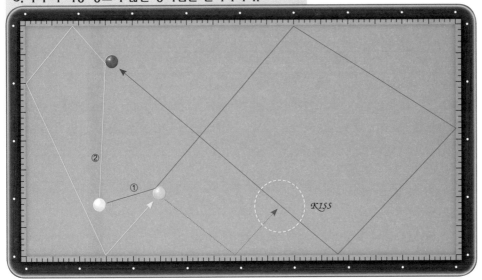

- 위와 같은 배치에서는 수구의 이동 경로가 긴 바깥돌리기보다(도형①) 수구의 이동 경로가 짧은 옆돌리기(도형②)를 선택한다. 더욱이 옆돌리기에서는 kiss가능성이 전혀 없음에 반하여 바깥돌리기에서는 키스 위험성도 있다.

4. 키스(Kiss)가 없거나 키스 피하기 쉬운 공략법을 선택하라.

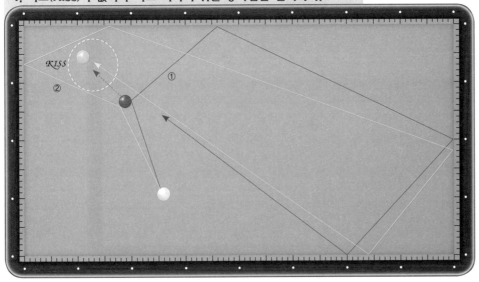

- 위와 같은 배치에서 옆돌리기 공략법(도형①)은 키스 빼기가 수월하지 않다.
  반면에 옆돌리기 대신 빗겨치기(도형②)로 공략하면 쉽게 키스를 제거할 수 있으며, 2적구가 코너 부근에 있으므로 득점 확률도 높다.

5. 가까이 있는 공을 1적구로 선택하라.

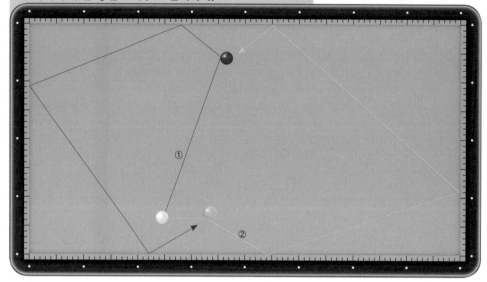

- 수구와 1적구의 거리가 먼 옆돌리기(도형①)보다 거리가 가까운 바깥돌리기(도형②)를 선택한다.
- 가까운 공을 1적구로 선택하면 두께 미스와 큐 미스를 줄이고 득점 확률을 더 높힐 수 있다. 또한 스쿼트나 커브의 영향이 적어서 두께의 실수가 줄어든다.

6. 편안한 두께로 칠 수 있는 공을 1적구로 선택하라. (가장 편안한 두께는 4/8 두께이다.)

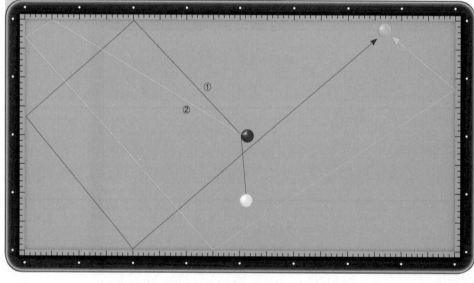

두께와 당점

①
4/8
2팁(10시 30분 3팁)

②
6/8
4팁(8시 3팁)

- 편안한 두께(예 : 4/8 두께)로 가볍게 '툭' 칠 수 있는 공을 1적구로 선택한다.
- 지나치게 얇은 두께로 1적구를 맞추어야 하는 공략법은 가급적 피한다. 또한 지나치게 두꺼운 두께로 1적구를 맞추어야 하거나 강한 타격이 들어가는 공략법은 가급적 피한다.

도형②의 공략법보다 편안한 두께로 가볍게 '툭' 칠 수 있는 도형①의 공략법이 더 바람직하다.

7. 예민한 짧은 옆돌리기의 경우 대회전 공략법을 선택하라.

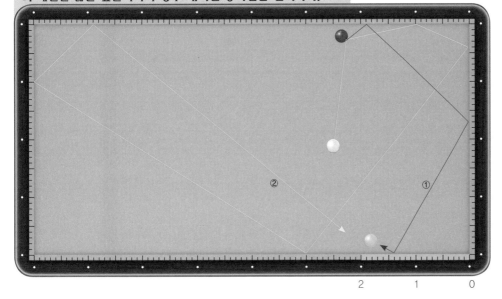

2   1   0

• 2적구가 장쿠션 코너로부터 2point 이내에 위치하고 쿠션에 근접하고 있는 경우에는 좁은 옆돌리기(도형①)는 2쿠션으로 맞을 확률이 높으므로 대회전(도형②)으로 공략한다.

8. 상단 당점을 사용하는 공략법을 선택하라.

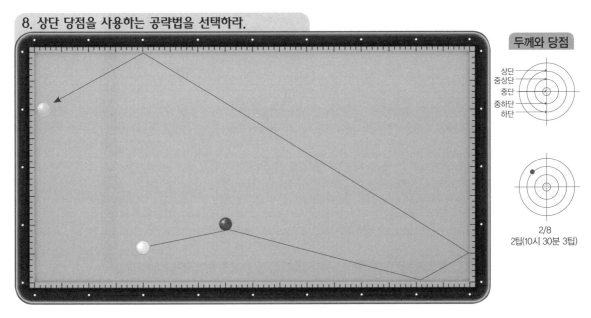

두께와 당점

상단
중상단
중단
중하단
하단

2/8
2팁(10시 30분 3팁)

• 당점 사용의 우선 순위는 상단 〉 중상단 〉 중단 〉 중하단 〉 하단 순이다.
• 상단 당점은 전진의 힘이 많기 때문에 스쿼트와 커브의 영향을 덜 받아 두께 실수를 줄일 수 있다.
• 특히, 대각선 당점인 상단 2팁(10시반 3팁) 당점을 주로 많이 사용하는 것을 권장한다.

9. 2적구가 쿠션에 근접하여 있을때는 횡단샷, 떨어져 있을 때는 더블 쿠션 공략법을 선택하라.

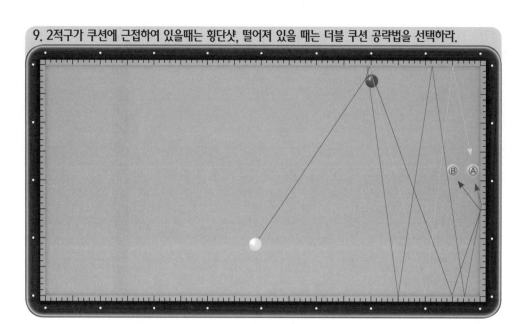

• 2적구가 단쿠션에 붙어 있을 때에는 (Ⓐ) 횡단샷으로 공략하고, 2적구가 단쿠션으로부터 떨어져 있을 때에는 (Ⓑ) 더블 쿠션으로 공략한다.

10. 얇은 두께보다는 두꺼운 두께를 선택하라.

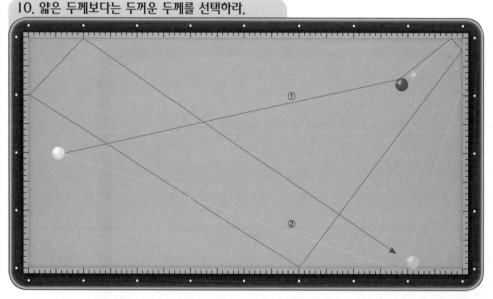

• 특히 1적구의 위치가 멀리 있을 때에는 아주 얇은 두께 선택은 가급적 피하는 것이 좋다.

도형 ① : 대회전 공략법인데 수구와 1적구의 거리가 멀고 지나치게 얇은 두께로 1적구를 맞추어야 하기 때문에 쉽지 않다.

② : 편안한 두께(4/8) 로 걸어 치면 쉽게 득점할 수 있다.

11. 자연스러운 결을 찾아라.

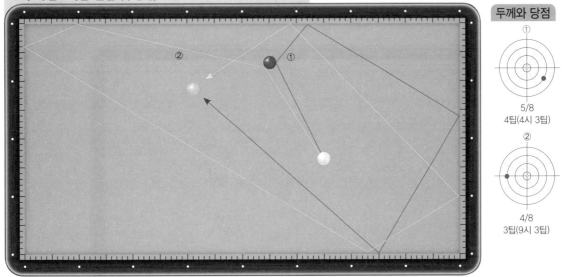

두께와 당점

①
5/8
4팁(4시 3팁)

②
4/8
3팁(9시 3팁)

• 끌어치는 옆돌리기 공략법(도형①) 보다는 자연스러운 결로 치는 옆돌리기 대회전 공략법이
 더 바람직하다.(도형②)

12. 가급적 3뱅크샷보다 Ball first 공략법을 선택하라.

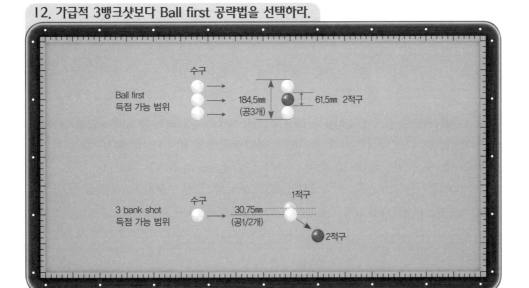

• 공 한 개의 지름은 61.5mm이다.
• Ball first의 경우에는 공 3개(약185mm)가 득점 가능 범위가 되지만, 3뱅크샷은 대부분의
 경우 공 1/2개(약 30mm)가 득점에 성공할 수 있는 범위가 된다.
• 따라서 가능하면 3뱅크샷보다는 ball 1st로 공략하는 것이 득점 성공 확률이 더 높다.

뱅킹과 초구의 중요성 / 테이블 상태에 따른 적응 방법

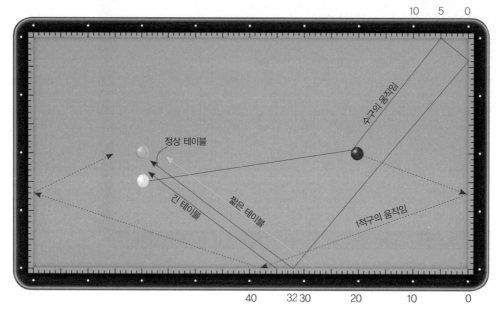

두께와 당점

4/8 ~ 5/8
2팁(1시 30분 3팁)

두 께	4/8 ~ 5/8	당 점	2팁 (1시 30분 3팁)
속 도	3rail speed		
스트로크	부드러운 follow shot		

요점 · 설명

1. 뱅킹

 • 뱅킹을 이겨서 초구를 잡으면 쉽게 1~2점을 득점할 수 있고 빠지더라도 테이블 상태가 길어지는지 짧아지는지 빨리 확인할 수가 있다. 실전에서는 테이블 파악을 빠르게 잘하는 사람이 승리한다.

 • 뱅킹이 승부를 좌우할 수 있다는 생각으로 평상시에 뱅킹 연습을 꾸준히 하여야 한다.

 • 뱅킹 시 open bridge를 사용하는 경우 : 익숙해지면 속도 control이 일반 브릿지보다 쉬워질 수 있다.

2. 초구 / 테이블 상태에 따른 적응 방법

 • **초구** : 2팁 (1시 30분 3팁) 당점을 주고 4/8~5/8두께로 부드럽게 밀어 친다.

 • **길어지는 테이블**

  ① 당점 높여주기 : 상단 당점을 주면(1시 30분 3팁) 수구가 3쿠션을 맞고 2적구쪽으로 갈 때 수구의
   진행 경로가 짧아진다.

  ② 속도 줄여주기

  ③ 큐 놓아주기 : 몸의 힘을 빼고 큐를 잡지 않고 놓아주면 수구의 회전력을 당점 그대로 전달할 수 있다.

  ④ 또한 오픈 브릿지를 사용하면 수구와 1적구의 임팩트량이 줄어서 수구의 진행 경로를 짧게 만들 수 있다.

 • **짧아지는 테이블**

  ① 당점 내려주기 : 상단 당점 대신 당점을 내려주면 수구의 진행 경로를 길게 만들 수 있다.

$5\frac{1}{2}$ 시스템

- $5\frac{1}{2}$ 시스템은 당구인이 반드시 알아야 하는 필수 시스템으로써, 3뱅크 샷, 바깥돌리기, 옆돌리기 등 3쿠션 모든 분야에 전반적으로 적용된다.

- $5\frac{1}{2}$ 시스템을 정확하게 구사하기 위해서는 3 rail speed 정도의 일정한 속도를 유지하고 부드럽게 똑바로 밀어치는 follow shot을 하여야 한다. 실전에서 3뱅크 샷이 잘 안 맞을 때는 평상시와 다르게 지나치게 빠른 속도로 칠때 주로 많이 발생한다.

- 수구수(출발값)에 따른 긴 각 및 짧은 각 보정값을 정확히 이해하고 있어야 한다(4쿠션 이상으로 공략시).

- 수구출발값 70 이상의 긴 각 출발 시 3쿠션 50 이상의 경우에는 원래의 5½ 시스템상의 3쿠션 지점보다 길게 들어가기 때문에 주의를 요한다.

- 또한 3쿠션 35~45의 경우에는 원래의 5½ 시스템상의 3쿠션 지점보다 짧게 들어가기 때문에 보정이 필요하다.

- 한편, 수구 출발 위치와 3쿠션 위치에 따라 당점이 달라져야 하므로 정확한 당점에 대한 이해가 필수적이다.

- 가능하다면 경기에 임하기 전에 몇 차례 시타를 통하여 테이블 상태가 미끄러지는 테이블인지 딱딱한 테이블인지 세밀하게 파악한 후에, 실전에서 적절하게 보정하여 사용하는 것이 좋다.

$5\frac{1}{2}$ 시스템의 핵심

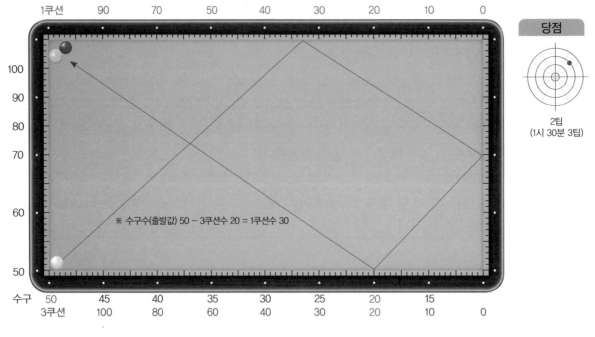

당점

2팁
(1시 30분 3팁)

※ 수구수(출발값) 50 – 3쿠션수 20 = 1쿠션수 30

속 도	3rail speed	당 점	2팁(1시 30분 3팁)
스트로크	부드러운 follow shot	Point	1쿠션 frame point, 3쿠션 rail point
계산식	수구수(출발값) – 3쿠션수 = 1쿠션수		

요점 · 설명

- $5\frac{1}{2}$ 시스템에서 사용하는 수식은 수구수(출발값)–3쿠션수=1쿠션수이다.

- 수구수(출발값) : 장쿠션 출발의 경우 (수구출발값50 이하)에는 1칸당 5씩 증가하고 단쿠션 출발 시에는 (수구수 50 이상) 1칸당 10씩 증가한다. 단, 수구출발값 70이상에서는 0.5칸당 10씩 증가한다.

- 1쿠션수 : 1칸당 10씩 증가한다. 단 50초과 시에는 0.5칸당 10씩 증가한다.

- 3쿠션수 : 40까지는 1칸당 10씩 증가하지만, 40초과시에는 0.5칸당 10씩 증가한다.

- 수구수(출발값)과 1쿠션수는 frame point를 적용하고, 3쿠션수는 rail point를 적용한다.

- 당점 : 2팁 (1시 30분 3팁, 일명 대각선팁)을 기본으로 하지만 세부적으로는 수구 출발값과 3쿠션수에 따라서 다르게 적용한다.

- 속도 : 수구가 1쿠션에 가까울수록 약하게 치고 멀수록 약간 강하게 친다.

☑ 스트로크 : 큐를 비틀지 않고 follow shot으로 똑바로 부드럽게 밀어 친다.

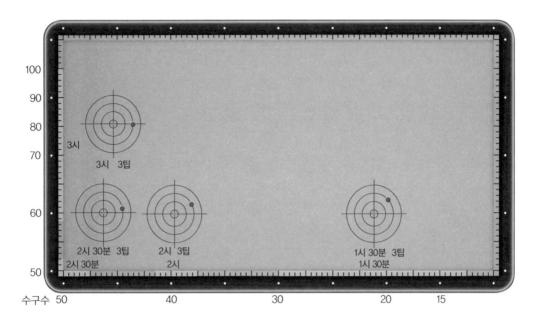

속 도	2 ~3 rail speed	당 점	0팁 ~ 3팁(3시 3팁)
스트로크	부드러운 follow shot	Point	3쿠션 : rail point
계산식	수구수(출발값) − 3쿠션수 = 1쿠션수		

요점 • 설명

- $5\frac{1}{2}$ system에서 사용하는 상세한 당점은 다음과 같다.

수구수(출발값)	기준당점	예외(3쿠션값 기준)
30미만	1시30분 3팁	없음
40전·후	2시 3팁	• 3쿠션값 〈 20 : 1시30분3팁
50전·후	2시30분 3팁	• 3쿠션값 = 30 : 2시3팁
60이상	3시 3팁	• 40≦3쿠션값≦50 : 2시30분3팁
		• 3쿠션값 = 60 : 3시3팁

예외

- 수구 출발 30 미만 : 예외 없이 1시 30분 3팁 당점을 사용한다.
- 수구 출발 40이상 :

  3쿠션 값 20미만인 경우 1시 30분 3팁 당점을 사용한다.

  3쿠션 값 20이상부터는 당점이 조금씩 내려가야 한다.

  예를 들면, 수구 60출발 시 3쿠션 값이 19라면 1시 30분 3팁, 3쿠션 값이 30이라면 2시 3팁, 3쿠션 값이 40~50이라면 2시 30분 3팁, 3쿠션 값이 60이라면 3시 3팁 당점을 준다.

긴각(수구출발값 70 이상) 출발 시 3쿠션 50 이상의 값

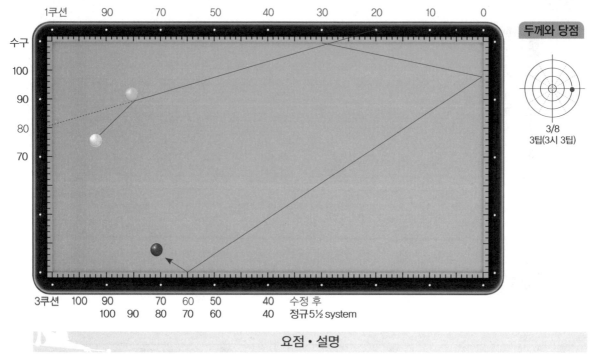

두께와 당점

3/8
3팁(3시 3팁)

요점 · 설명

- 필자의 의견으로는 수구수(출발값) 70이상의 긴각 출발의 경우에는 위 도형상의 수정 후 3쿠션수와 같이 3쿠션 수 50이상의 값이 정규 5½ 시스템과 다르게 적용되어야 한다고 본다. 왜냐하면 실제로는 정규 시스템상의 3쿠션 지점보다 0.5point 더 길게 들어가기 때문이다.
- 결국 1쿠션수 = 3쿠션수로 기억하면 된다.
- 당점 : 수구 출발 70이상의 기준 당점인 3팁 (3시 3팁)을 사용한다.
- 어느 시스템이 본인에게 더 잘 맞는지 파악한 후에 적용하는 것을 권고한다.

도형 : 수구수(출발값) 80-3쿠션수 60=1쿠션수 20 : 정규 5½ 시스템상의
3쿠션 지점보다 0.5point 더 길게 들어간다.

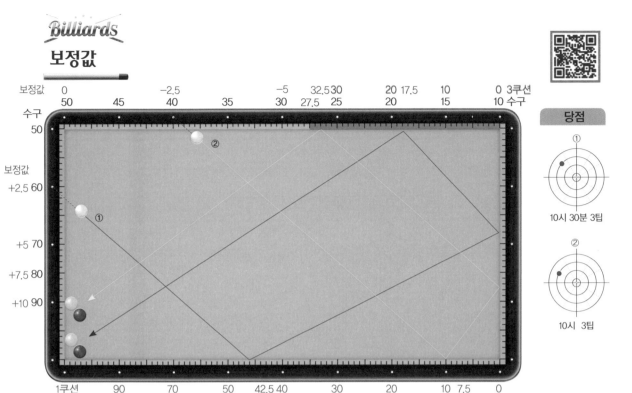

요점 · 설명

• 수구출발 60이상의 경우 3쿠션에서 4쿠션 line은 계산상의 경로보다 길게 들어가고, 수구출발 45이하의 경우에는 짧게 진행하기 때문에 보정이 필요하다.

• 보정값 : 수구 출발값에 따른 보정값은 아래표와 같다.

수구수	30	40	50	60	70	80	90
보정값	−5	−2.5	0	+2.5	+5	+7.5	+10

*2적구가 당구테이블 중앙 부분에 있을때에는 위 보정값의 1/2를 적용한다.

• 보정값 적용은 2적구가 3쿠션 부근에 있을때에는 적용하지 아니하며 4쿠션 이상에만 적용한다.

• 미끄러지는 테이블에서는 위 표상의 보정값을 적용한 1쿠션지점보다 0.2point정도 더 짧게, 짧아지는 테이블에서는 0.2point정도 더 길게 겨냥한다.

• 수구출발 27.5 이하의 경우에는 (███ 구간) 5½ 시스템보다 3팁(3시 또는 9시 3팁)을 사용하는 35½시스템(page 102참조)을 사용하는 것이 득점 확률이 더 높다. (보정값을 적용할 필요도 없다.)

도형 ① : 수구수(출발값)60−3쿠션수 20 + 보정값 2.5=1쿠션수 42.5 ; 3쿠션 17.5를 지나 코너로 들어간다.

② : 수구수(출발값)40−3쿠션수 30 − 보정값 2.5=1쿠션수 7.5 ; 3쿠션 32.5를 지나간다.

코너각 보정값

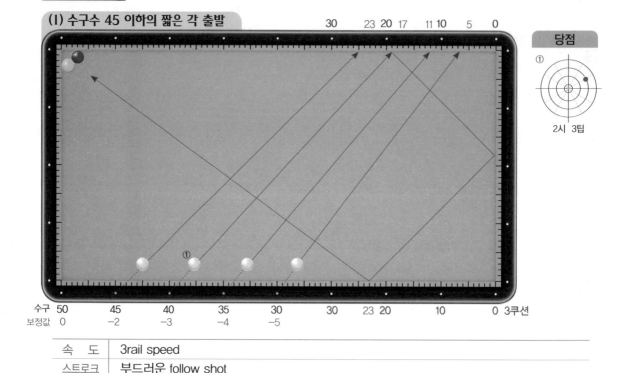

(1) 수구수 45 이하의 짧은 각 출발

속 도	3rail speed
스트로크	부드러운 follow shot
계산식	수구수(출발값) − 3쿠션수20 − 보정값 = 1쿠션수

요점 · 설명

- 수구수 45 이하에서는 4쿠션은 짧게 진행되기 때문에 4쿠션 코너로 정확히 보내기 위해서는 보정이 필요하다. (수구 50출발시 4쿠션 코너로 보내기 위한 3쿠션 지점은 20이다.)
- 구체적으로는 2칸당 − 2.5씩 보정이 필요하다.
- 빠른 실전 적용을 위한 보정값은 다음과 같다.

수구출발값	−3쿠션수	=보정 전 1쿠션수	보정값	보정 후 1쿠션수
45	−20	25	약 −2(−1.5)	23
40	−20	20	약 −3(−2.5)	17
35	−20	15	약 −4(−3.75)	11
30	−20	10	−5	5

- 수구출발 27.5 이하에서는 5½ 시스템 보다 3팁(3시, 9시 3팁)을 주고 치는 35½시스템을 적용하는 것이 득점 확률이 더 높기 때문에 35½ 시스템 이용을 권장한다.

도형   ① : 출발값 40−3쿠션 수 20−보정값 3=1쿠션수 17: 3쿠션 23을 지나 4쿠션 코너로 들어간다.

(2) 수구수 60 이상의 긴 각 출발

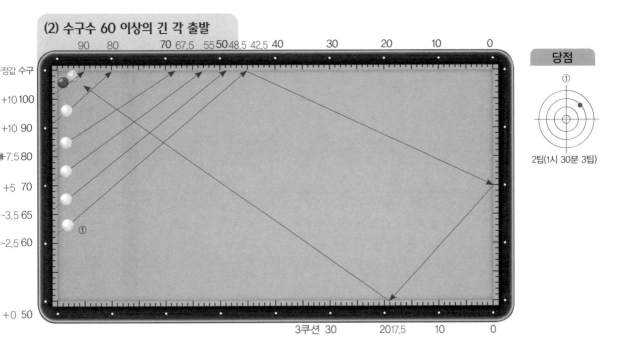

속 도	3rail speed	당 점	2팁(1시 30분 3팁)
스트로크	부드러운 follow shot	Point	1쿠션: frame point, 3쿠션: rail point
계산식	수구수(출발값) − 3쿠션수 20 +보정값 = 1쿠션수		

요점 · 설명

- 수구수(출발값) 60이상의 경우에는 길게 진행되기 때문에 4쿠션 코너로 보내기 위해서는 아래와 같이 보정이 필요하다.

수구수(출발값)	−3쿠션수	= 보정전 1쿠션수	보정값	보정후 1쿠션수
60	−20	40	+2.5	42.5
65	−20	45	+3.5	48.5
70	−20	50	+5	55
80	−20	60	+7.5	67.5
90	−20	70	+10	80
100	−20	80	+10	90

- 주의할 점은 보정은 4쿠션이상의 경우에만 적용하며 2적구가 3쿠션 부근에 있는 3쿠션에는 적용하지 않는다는 사실이다.
- 당점 : 3쿠션수 20이므로 2팁(1시 30분 3팁)이다.

도형 ① : 수구수(출발값) 60−3쿠션수 20 + 보정값 2.5=1쿠션수 42.5 : 3쿠션 17.5를 지나 4쿠션 코너로 들어간다.

Billiards
특수 구간(3쿠션 수 35~45)의 보정

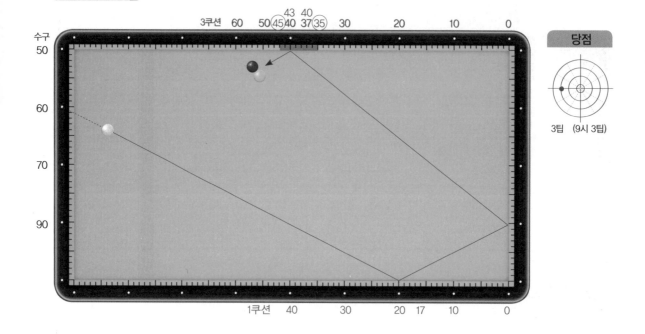

요점·설명

- 3쿠션수 35~45구간은 보정을 요하는 특수 구간으로서 5½ 시스템상의 3쿠션 지점보다 짧게 들어간다. 구체적으로는 rail point 37을 40으로 계산하고, rail point 40을 43으로 계산하여야 한다.

- 실전에서 신속한 적용을 하려면 3쿠션 지점이 특수 구간(35~45)에 해당되면 3쿠션수 + 3보정을 하여 5½ 시스템을 적용한다.

도형 수구수(출발값) 60-3쿠션 40=1쿠션 20이지만 3쿠션 지점이 특수 구간에 해당되므로 +3을 보정하여야 한다. 즉 수구수(출발값) 60-(3쿠션수 40+3)=1쿠션수 17을 겨냥하여야 3쿠션 40(rail point)으로 들어간다.

대회전을 위한 4~6쿠션수

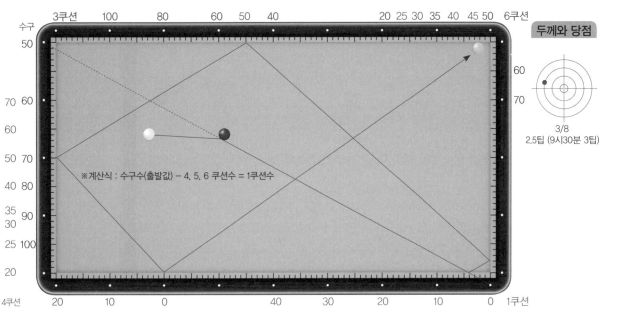

두께와 당점

3/8
2.5팁 (9시30분 3팁)

요점 · 설명

- 실전에서는 3쿠션뿐 아니라 4쿠션, 5쿠션 및 6쿠션 대회전으로 득점하는 경우가 많다.
  이때 4, 5, 6쿠션 값을 기억하고 있으면 신속하게 1쿠션 지점을 결정할 수 있다.
- 4쿠션 수 : 단쿠션 코너가 20, 1point가 32.5, 1.5point가 40, 2point가 50, 3point가 70이다.
- 5쿠션 수 : 4쿠션에서 5쿠션으로의 진행은 대략 45도로 진행이 되기 때문에 4쿠션수를 그대로 적용하여도 무방하다.
- 6쿠션 20~50 구간에서는 1point를 3등분 하여 해당 쿠션 값을 기억하면 편리하다.
- 보정 : 4~6쿠션 값에 표준 보정값을 적용한다.
- 4, 5, 6쿠션수 20~45 : 수구 출발 위치에 따라서 위 도형의 기준값보다 2.5~5씩 짧아지거나 길어진다.

수구출발	30	40	50	60	70
4,5,6쿠션수의 증감	5 짧아진다	2.5 짧아진다	0	2.5 길어진다	5 길어진다

- 6쿠션수 50 이상 : 테이블 상태에 영향을 많이 받는다.

도형 : 수구수(출발값) 50에서 1쿠션 0을 겨냥했을 때의 대회전 진행 경로이다.

수구수(출발값) 50-6쿠션 수 50=1쿠션 수 0

대회전 7쿠션으로 짧게 보내는 시스템

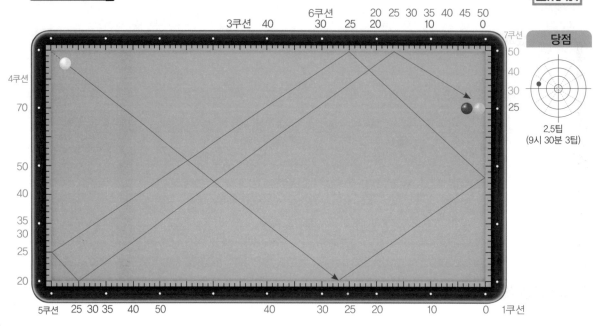

당 점	5½시스템상의 표준 당점을 사용한다.
계산식	수구수(출발값)−7쿠션수=1쿠션수

요점·설명

- 6쿠션 20~50, 7쿠션 25~50 구간에서는 1point를 3등분 하여 해당 쿠션 값을 기억하면 편리하다.
- 7쿠션 값을 바로 기억하여 두면 7쿠션 대회전으로 짧게 보낼 때 편리하다. 단쿠션 1point를 3등분하여 각각 50(코너) 40, 30, 25(1point)로 기억한다.
- 보정값 : 5½시스템상의 표준 보정값을 사용한다.
  예 : 수구 출발 60에서는 +2.5, 70에서는 +5를 보정한다.
- 당점 : 5½시스템상의 표준 당점을 적용한다.
- 뱅크샷, 옆돌리기, 바깥돌리기 형태의 짧은 대회전에 적용할 수 있다.

도형 : 수구수(출발값) 50−7쿠션수 25=1쿠션수 25 : 수구 출발 50이므로 표준 당점인 2.5팁(9시 30분 3팁) 당점을 사용한다.

Billiards
3쿠션에서 4쿠션 진행 경로

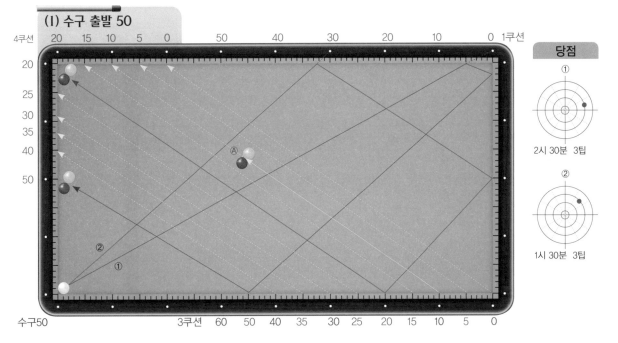

(1) 수구 출발 50

당점

① 2시 30분 3팁

② 1시 30분 3팁

속 도	2 ~2.5 rail speed	당 점	2시 30분 3팁
스트로크	부드러운 follow shot		
계산식	수구수(출발값)−3쿠션수=1쿠션 수		

요점 · 설명

• 수구 출발 50의 경우에 3쿠션에서 4쿠션으로의 진행 경로이다.(----- 선)

• 이 line을 알아 두고 있으면 Ⓐ와 같이 당구테이블 중간지점에 있는 2적구를 맞추는 것이 용이해진다.

• 3 뱅크샷 뿐만 아니라 앞돌리기, 바깥돌리기 등 모든 샷에 적용가능하다.

도형 ① : 수구 출발값 50에서 1쿠션 코너를 겨냥하면 3쿠션 50을 거쳐 4쿠션 50으로 들어간다.

② : 수구 출발값 50에서 1쿠션 30을 겨냥하면 3쿠션 20을 거쳐 4쿠션 코너(20)으로 들어간다.

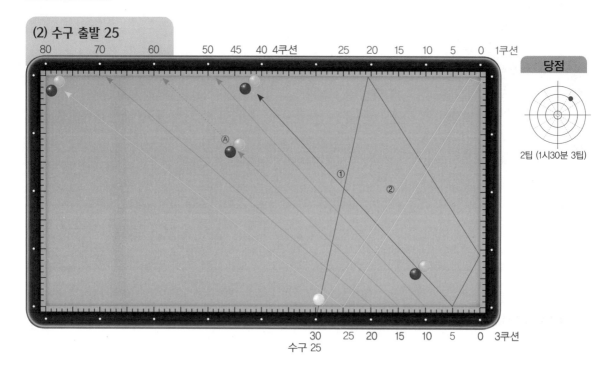

속 도	2 ~2.5 rail speed	당 점	2팁(1시 30분 3팁)
스트로크	부드러운 follow shot	Point	3쿠션 : rail point, 4쿠션: frame point
계산식	수구출발값 25-3쿠션수=1쿠션수		

요점 · 설명

• 당구테이블 ½이내인 수구 출발 25인 경우의 3쿠션과 4쿠션 지점을 보여준다.

※수구 출발 35~25 구간인 경우에도 대체적으로 수구 출발 25와 유사하게 진행된다.

• 3쿠션에서 4쿠션 line을 기억하고 있으면 2적구가 장쿠션 부근에 있을 때뿐만 아니라 Ⓐ와 같이 테이블 중간 지점에 있을 때에도 쉽게 득점에 성공할 수 있다.

• 앞돌리기, 옆돌리기, 바깥 돌리기, 3뱅크등 모든 샷에 이용할 수 있다.

• 당점은 수구출발 25인 경우의 표준 당점인 2팁(1시 30분 3팁)을 준다.

도형　① : 수구 출발값 25에서 1쿠션 20을 겨냥하면 3쿠션 5(수구출발값 25-1쿠션수 20=3쿠션수 5)를 경유하여 4쿠션 40~45로 들어간다.

② : 수구 출발값 25에서 1쿠션 0을 겨냥하면 3쿠션 25(수구출발값 25-1쿠션수 0=3쿠션수 25)를 경유하여 4쿠션 80(코너)으로 들어간다.

4팁 5½ 시스템

(1) 수구수 50미만

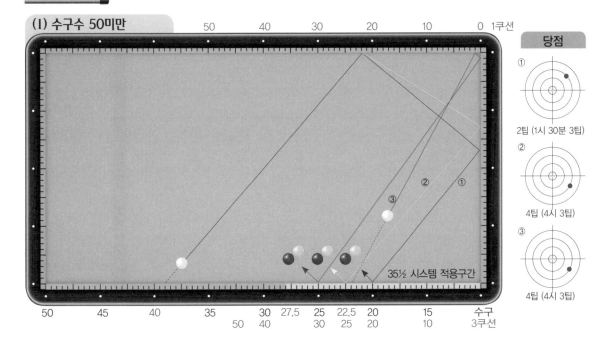

속 도	2 rail speed	당 점	맥시멈 4팁(4시 3팁)
스트로크	부드러운 follow shot	Point	3쿠션 : rail point
계산식	5½시스템상의 3쿠션수 +5(7.5) = 4팁 3쿠션수		

요점 · 설명

- 수구수(출발값) 30~50에서 2팁(1시 30분 3팁)대신 맥시멈 회전인 4팁(4시 3팁)을 주면 5½시스템 상의 3쿠션 지점보다 +5 길어진다.

- 35½시스템이 적용되는 구간인 수구 27.5 이하인 경우 4팁(4시3팁)을 주면 3쿠션은 원래의 3쿠션 지점보다 +7.5 길어진다.

 ※이 구간에서도 개인에 따라서는 길어질 수 있다.

도형 ① : 수구출발 40에서 5½시스템의 기준 당점인 2팁(1시 30분 3팁)을 주고 1쿠션 20을 겨냥하면 3쿠션 20으로 들어간다. 수구출발값 40-1쿠션 수 20=3쿠션 수 20

② : 2팁 대신 4팁 (4시 3팁)을 주면 3쿠션은 +5 길어진 25로 들어간다. 20+5=25

③ : 35½ 시스템 적용구간인 수구 출발 22.5에서 4팁을 주고 코너를 겨냥하면 +7.5길어진 3쿠션으로 30으로 들어간다 : 수구출발값 22.5 +7.5=3쿠션 수 30

Billiards
4팁 5½ 시스템

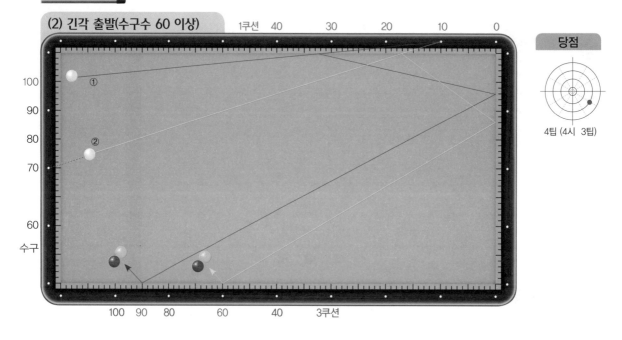

(2) 긴각 출발(수구수 60 이상)

당점

4팁 (4시 3팁)

속 도	2.5 rail speed	당 점	맥시멈 4팁(4시 3팁)
스트로크	부드러운 follow shot	Point	3쿠션 : rail point
계산식	수구수(출발값)−3쿠션수=1쿠션수		

요점 · 설명

- 3쿠션수 40이상의 경우에는 1point 당 20씩 증가하는 민감 구간으로 주의를 요하는 구간이다.
- 수구수(출발값) 60 이상에서 늘어지는 각(기울기 6칸 이상)으로 입사시키는 경우에는 회전의 효과가 반대로 작용하기 때문에 3팁(3시 3팁)을 주면 정상궤도보다 길게 들어간다.
- 3팁 대신 맥시멈 회전인 4팁(4시 3팁)당점을 주면 정상궤도로 들어간다.

도형   ① : 수구 출발값 100−3쿠션수 90=1쿠션수 10: 4팁(4시 3팁)당점을 준다.

           ② : 수구 출발값 70−3쿠션수 60=1쿠션수 10: 4팁(4시 3팁)당점을 준다.

Billiards
3팁 5½시스템 : ½테이블

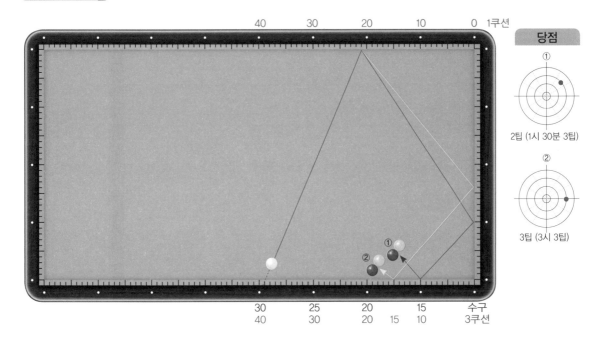

속 도	2 rail speed	당 점	3시 (3시 3팁)
스트로크	부드럽게 밀어치기	Point	3쿠션 : rail point
계산식	5½시스템에 의한 3쿠션 수 +5 = 3팁 3쿠션수		

요점 · 설명

- ½테이블에서 정규 5½시스템 상의 2팁(1시 30분 3팁)당점 대신 3팁(3시 3팁)당점을 주면 3쿠션 지점은 0.5point(5) 길어진다.
- 35½시스템과는 미세한 차이가 있지만 실전에서 신속하게 이용할 수 있는 간편법이다.

도형
① : 2팁(1시 30분 3팁)당점을 주는 정상적인 5½시스템 상의 진행 경로이다.
　　수구출발값 30 − 1쿠션 수 20= 3쿠션 수 10
② : 3팁(3시 3팁)당점을 주는 경우의 진행 경로이다.
　　3쿠션 지점은 0.5point(5) 길게 들어간다.
　　10+5=3쿠션 수 15

1팁 5½ 시스템

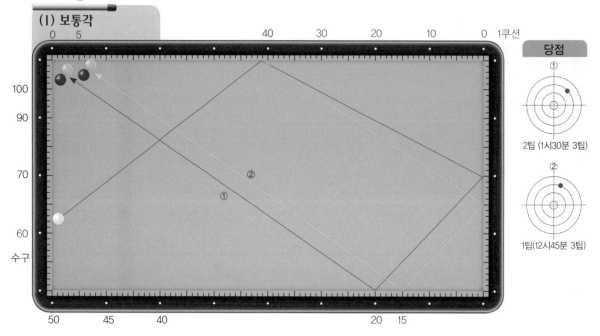

속 도	3 rail speed	당 점	1팁(12시 45분 3팁)
스트로크	부드럽게 밀어치기	Point	3쿠션수 : rail point
계산식	수구수(출발값) – 3쿠션수 – 5 = 1쿠션수		

요점 · 설명

- 늘어지는 각 (기울기 6칸 이상)을 제외하고 보통각이나 짧은 각으로 입사시키는 경우에는
  1팁(12시 45분 3팁)을 주면 3쿠션 지점은 정규 5½시스템보다 5정도 짧아진다.
  (개인에 따라서는 3정도 짧아질 수 있다)

- 아주 얇게 맞추어야 하는 배치에서는 회전을 줄여서 1팁을 주면 1적구를 약간 두껍게
  맞추면서 편하게 공략할 수 있다.

- 1팁 5½시스템은 키스 뺄 때와 포지션 플레이(position play)에 유용하기 때문에 고점자들이
  많이 사용하는 시스템이다.

도형 ① 정규 5½시스템상의 진행 경로이다.(2팁 : 1시 30분 3팁)
　　　　수구 출발값 60-1쿠션수 40=3쿠션수 20
　　　※3쿠션 수 20이하의 경우에는 3팁 대신 2팁 당점을 사용한다.

　　　② 2팁 대신 1팁 (12시 45분 3팁)을 주면 3쿠션은 5정도 짧게 들어간다.
　　　　수구 출발값 60-1쿠션수 40-5=3쿠션 수 15

(2) 늘어지는 각

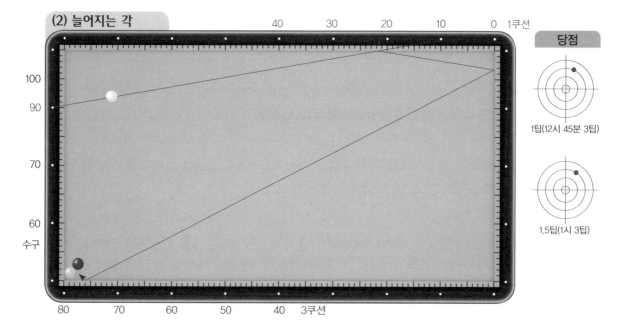

속 도	3 rail speed	당 점	1팁(12시 45분 3팁) 또는 1.5팁(1시 3팁)
스트로크	부드럽게 밀어치기	Point	3쿠션 : frame point
계산식	수구수(출발값) − 3쿠션수 = 1쿠션수 : 3쿠션수는 1칸당 10씩 증가		

요점 • 설명

- 수구가 60이상의 긴각에서 출발하고 3쿠션 60이상에 도착시키는 경우에 적용하는 시스템이다.
- 3쿠션수 : 1칸당 10씩 증가한다.

당점		기준	길어지는 테이블	짧아지는 테이블
	당점	1팁(12시45분 3팁)	2팁(1시30분 3팁)	0.5팁(12시30분 3팁)

* 개인에 따라 1.5팁(1시3팁)을 기준으로 삼아도 된다.

** 수구 100이상에서 출발하는 경우(극도로 늘어지는 각)에서는 기준보다 조금 길게 들어가므로
1팁 대신 2팁(1시 30분 3팁) 당점을 주면 득점 확률이 더 높아질 수 있다.

- 3 뱅크샷, 긴 옆돌리기와 긴 바깥돌리기에 적용할 수 있다.
- 긴 옆돌리기 : 수구와 1적구가 부딪치면서 발생하는 자연회전으로 인하여 짧아지므로
1팁 대신 0.5팁(12시 30분 3팁) 당점을 주는 것이 좋다.

도형 : 수구 출발값 90−3쿠션수 80=1쿠션 수 10

- $35\frac{1}{2}$ 시스템은 일명 '조이의 짧은 각'으로서 테이블 절반(정확하게는 수구 출발값 27.5이하)에서 사용하는 시스템이다.

- 테이블 절반에서는 $35\frac{1}{2}$시스템이 $5\frac{1}{2}$ 시스템보다 정확도가 더 높다.

- $35\frac{1}{2}$ 시스템의 어원은 수구 출발점에서 3팁(3시, 9시 3 팁) 주고 장쿠션 코너(0)를 겨냥하면 3쿠션 지점은 수구 출발점과 35의 1/2지점이 된다는 것이다.

- 1/2테이블에서 2팁 당점(1시 30분, 10시 30분 3팁)을 기본으로 하는 $5\frac{1}{2}$ 시스템에 비하여, $35\frac{1}{2}$ 시스템에서는 최대 당점인 3팁(3시, 9시 3팁)을 사용하기 때문에 실수로 당점을 잘못 줄 가능성이 낮다는 장점이 있다.

- 3쿠션에서 4쿠션으로 진행하는 라인을 기억하고 있으면 특히 2적구가 테이블 중앙이나 4쿠션 코너 부근에 있을 때 쉽게 득점할 수 있다.

- 요약하면, $35\frac{1}{2}$ 시스템은 수구 출발기준으로 테이블 절반에서만 사용할 수 있다는 제약이 있지만, 득점성공 확률이 매우 높아서 반드시 익혀두어야 하는 시스템이다.

$35\frac{1}{2}$ 시스템 : 기본 원리

(1) 기본 원리

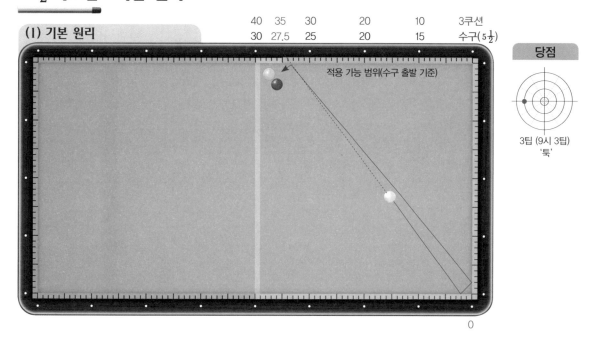

40	35	30	20	10	3쿠션
30	27.5	25	20	15	수구(5½)

적용 가능 범위(수구 출발 기준)

당점

3팁 (9시 3팁)
'툭'

0

속 도	2 ~3 rail speed	당 점	3팁(9시 3팁)
스트로크	부드러운 follow shot, '툭'스트로크	Point	3쿠션 : frame point
계산식	수구수(출발값) + 7.5 = 3쿠션수		

요점 · 설명

- $35\frac{1}{2}$시스템은 2팁(1시 30분, 10시 30분 3팁)을 기본으로 하는 5½시스템에 비하여 당점을 3팁 (3시, 9시 3팁)으로 고정하여 적용한다. 또한 테이블 절반 이내에서만 적용한다.
- 코너를 겨냥할 때 3쿠션 지점은 5½시스템보다 7.5만큼 길게 진행된다.
- 수구수(출발값) 27.5에서 장쿠션 코너(0)를 겨냥하면 3쿠션은 제자리(35)로 돌아온다.
- $35\frac{1}{2}$시스템의 어원은 수구 출발 지점에서 3팁을 주고 코너를 겨냥하면, 3쿠션 지점은 수구 출발점과 35의 1/2지점이 된다는 것이다.
- $35\frac{1}{2}$시스템을 적용하여 보낼 수 있는 3쿠션수의 최대치는 35이다.
- 테이블 절반 이내에서는 $35\frac{1}{2}$시스템이 5½시스템보다 정확도가 더 높다.

　■스트로크: 큐를 비틀어서는 안되며 똑바로 수평샷으로 밀어 쳐서 회전력을 최대한 살려 주어야 한다. 또한 브릿지를 단단히 잡고 임팩트 직후 큐를 잡아채지 않고 follow shot으로 부드럽게 친다.

도형 : 수구수(출발값) 27.5 +7.5 = 3쿠션수 35 : 제자리로 돌아온다. 즉 5½시스템상의 3쿠션 지 점(수구출발값 27.5 − 1쿠션수 0 = 3쿠션수 27.5)보다 7.5만큼 길어진다.

(2) 적용 예 – 옆돌리기

40	32.5	30	20	10	3쿠션
30		25	20	15	수구(5½)

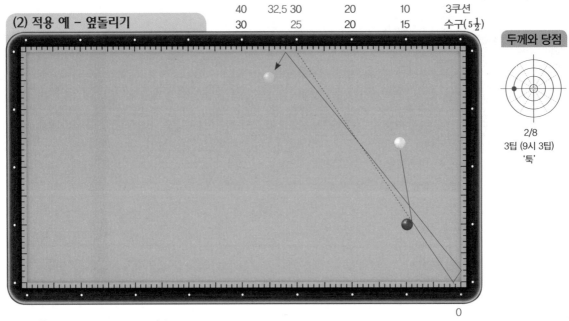

두께와 당점

2/8
3팁 (9시 3팁)
'툭'

0

- 출발값 25+7.5=3쿠션수 32.5

  출발값 25에서 3팁(9시 3팁)주고 코너(0)를 겨냥하면 7.5만큼 길어진 3쿠션 32.5로 들어간다.

(2) 적용 예 – 바깥 돌리기

40	30	22.5	20	10	3쿠션
30	25		20	15	수구(5½)

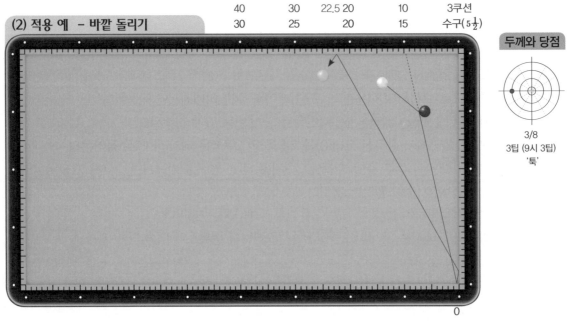

두께와 당점

3/8
3팁 (9시 3팁)
'툭'

0

- 출발값 15+7.5=3쿠션수 22.5

  출발값 15에서 3팁(9시 3팁) 주고 코너를 겨냥하면 7.5만큼 길어진 3쿠션 22.5로 들어간다.

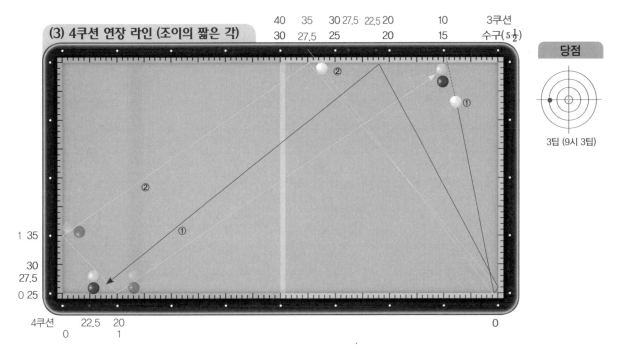

(3) 4쿠션 연장 라인 (조이의 짧은 각)

속 도	2 ~3 rail speed	당 점	3팁(9시 3팁)
스트로크	부드러운 follow shot, '툭'스트로크	Point	4쿠션 : rail point
계산식	수구수(출발값) + 7.5 = 3쿠션수		

요점 · 설명

- 수구 출발값 15에서 코너(0)를 겨냥하면 3쿠션 22.5를 거쳐 4쿠션은 장쿠션 0.5point로 들어간다.(도형①)
- 수구 출발값 20에서 코너(0)를 겨냥하면 3쿠션 27.5를 거쳐 4쿠션은 단쿠션 0.3point로 들어간다.
- 수구 출발값 25에서 코너(0)를 겨냥하면 3쿠션 32.5를 거쳐 4쿠션은 단쿠션 0.7point로 들어간다.
- 수구 출발값 27.5에서 코너(0)를 겨냥하면 3쿠션 35를 거쳐 4쿠션은 단쿠션 1point로 들어간다. (도형②) 또한 5쿠션 1point(아랫쪽 장쿠션)와 6쿠션 1point(윗쪽 장쿠션)로 들어간다.
- 4쿠션 코너로 보내기 위해서는 3쿠션 25(=4쿠션 25)로 보내야 한다.

도형   ① : 수구수(출발값) 15+7.5=3쿠션수 22.5.(4쿠션은 장쿠션 0.5point로 들어간다.)

② : 수구수(출발값) 27.5+7.5=3쿠션수 35.(4쿠션은 단쿠션 1point로 들어간다.)

Billiards
$35\frac{1}{2}$ 시스템 : 확장

(1) 기본원리

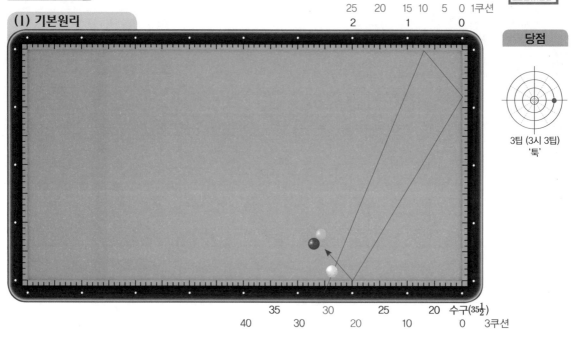

속 도	2 ~3 rail speed	당 점	3팁(3시 3팁)
스트로크	부드러운 follow shot ('툭' 스트로크)	Point	3쿠션 : frame point
계산식	수구수(출발값)−3쿠션수=1쿠션수, 수구수=5½시스템상의 수구수(출발값)+7.5		

요점 · 설명

- 위 도형은 코너를 겨냥하지 않고 1쿠션지점을 변화시켜 적용할 수 있는 시스템이다.
- 수구 출발값 : 35½시스템상의 수구수이다. 즉 5½시스템상의 수구수(출발값)+7.50이다.
- 1쿠션수 : 1point가 15이고 2point가 25이다.

  세부적으로는 ⅓point가 5, ⅔point가 10, 1point가 15가 되고, 1.5point가 20, 2point가 25이다.

Point	1/3	2/3	1	1.5	2
1쿠션수	5	10	15	20	25

- 3쿠션수 : 1point당 10씩 증가한다.

도형 : 수구 출발값 30−3쿠션수 20=1쿠션수 10

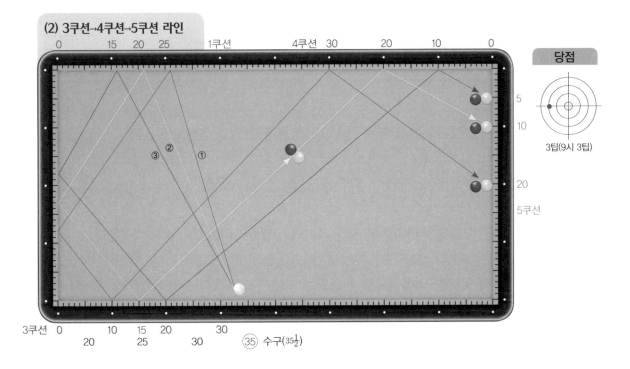

요점·설명

- 위 도형은 수구 출발 35(35½ 시스템 기준)의 경우 3쿠션 → 4쿠션 → 5쿠션 진행경로이다.

수구(35½)	도형	1쿠션	3쿠션	4쿠션	5쿠션
35	①	25	10	30	20
	②	20	15	20	10
	③	15	20	10	5

*수구 출발값(35½)−1쿠션수=3쿠션수

- 이 라인을 알아두고 있으면 당구 테이블 중간 지점에 있는 2적구를 맞추는 것이 용이해진다.
- 뱅크샷뿐만 아니라 옆돌리기와 바깥돌리기에도 적용 가능하다.

30 대칭 시스템과 35 대칭시스템

- 30 대칭 시스템은 3쿠션 지점을 설정하지 아니하고, 수구를 바로 4구션 지점으로 보낼 수 있는 매우 편리하고 유용한 system이다.

- 30 대칭 시스템은 실전 게임에서 매우 신속하게 적용할 수 있고 정확도도 높다.

- 30 대칭system의 경우 당점은 2팁(1시 30분, 10시 30분 3팁)을 사용한다.

- 30 대칭 시스템은 뱅크샷 뿐만 아니라 옆돌리기와 바깥돌리기에서도 많이 사용된다.

- 4쿠션으로 수구의 맞은편 대칭점으로 진행되는 기본 원리와 2적구가 대칭점의 위치에 있지 아니한 경우의 비율 이동법 적용 방법을 이해하고 있어야한다.

- 2팁 대신 3팁(3시, 9시 3팁) 당점을 주는 35 대칭 시스템을 함께 알고 있으면 실전 게임에서 매우 유용하게 이용할 수 있다.

- 또한, 상단 3point(30)와 하단 3point(50) 겨냥 시의 2쿠션 지점을 알고 있으면 1뱅크 걸어치기나 2뱅크 넣어치기에 유용하게 사용할 수 있다.

Billiards
30 대칭 시스템(3point의 비밀) : 상단 3point(30) 겨냥

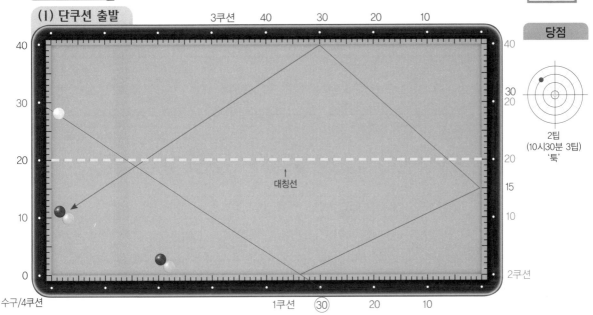

(1) 단쿠션 출발

당점

2팁
(10시30분 3팁)
'툭'

- 2팁(10시 30분 3팁)을 주고 상단 3point(30)을 겨냥하면 대칭선의 맞은편 대칭점으로 들어간다.
- 2쿠션 지점은 수구수(출발값)×1/2이다.
  ◼ 스트로크 : 3rail speed로 타격감 없이 부드럽게 '툭' 밀어 친다.

도형 : 수구 출발 30에서 2팁(10시 30분 3팁) 주고 상단 3point(30)를 겨냥하면 4쿠션은 대칭점 10으로 들어간다. 2쿠션 지점은 수구수(출발값) 30×1/2=15이다.

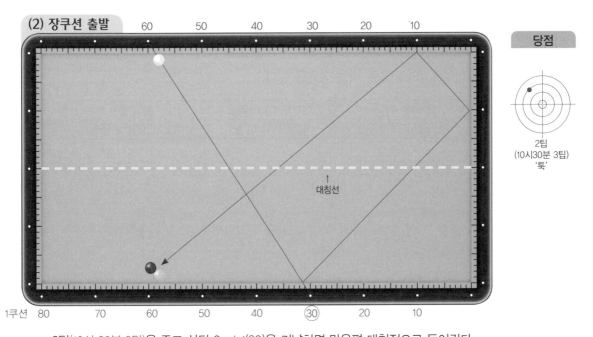

(2) 장쿠션 출발

당점

2팁
(10시30분 3팁)
'툭'

- 2팁(10시 30분 3팁)을 주고 상단 3point(30)을 겨냥하면 맞은편 대칭점으로 들어간다.

30 대칭 시스템(3point의 비밀) 상단 3point(30) 겨냥

(2) 확장 : 비율 이동

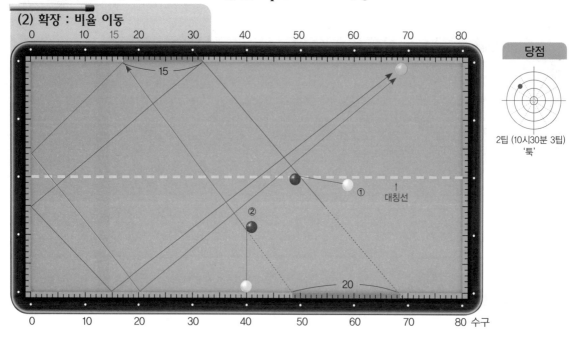

당점

2팁 (10시30분 3팁)
'툭'

속 도	3 rail speed	당 점	2팁(10시 30분 3팁)
스트로크	부드러운 follow shot, '툭'샷		

요점·설명

· 출발값이 2적구의 대칭점 위치에 아니할 때에는 아래표와 같이
  수구10(4) : 1쿠션 7.5(3)의 비율로 비율 이동을 한다.

출발값	1칸(10) 이동	2칸(20) 이동	3칸(30)
1쿠션	0.75칸(7.5) 이동	1.5칸(15) 이동	2.25칸(22.5) 이동

도형 ① : 수구출발 70에서 2팁(10시 30분 3팁)을 주고 1쿠션 30을 겨냥하면 4쿠션은 맞은편
대칭점 70으로 들어간다.
② : 수구 출발값 70과 1쿠션 30지점을 연결한 라인을 기준으로 수구 출발 라인이 2칸
(20)이동하면 1쿠션 지점을 1.5칸(15) 이동시켜 겨냥하여야 동일한 4쿠션 지점인 70으로
들어간다.

Billiards
30 대칭 시스템 : 하단 3point(50) 겨냥

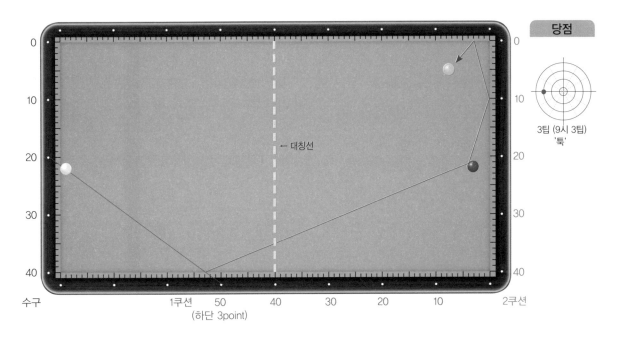

당점

3팁 (9시 3팁)
'툭'

속 도	3 rail speed		당 점	3팁(9시 3팁)
스트로크	부드러운 follow shot, '툭'샷			
계산식	2쿠션 지점=수구의 대칭점			

요점·설명

• 3팁(9시 3팁)을 주고 하단 3point(50)을 겨냥하면 수구는 맞은편 단쿠션의 대칭점으로 들어간다.

• 수구 출발 30인 경우에는 맥시멈 회전인 4팁(8시 3팁)을 준다.

• 특히, 위의 도형처럼 1쿠션 걸어치기(2쿠션 넣어치기도 가능)에 유용하게 이용할 수 있다.

◾ 스트로크 : 타격감 없이 부드럽게 밀어 친다. : '툭'샷

도형 : 1뱅크 걸어치기(3팁 : 9시 3팁)

수구 출발 20에서 1쿠션 50(하단 3point)을 겨냥하면 맞은편 대칭점 20으로 들어간다.

Billiards

30 대칭 시스템 : 상단 30과 하단 30(50) 시스템의 2쿠션 지점 비교

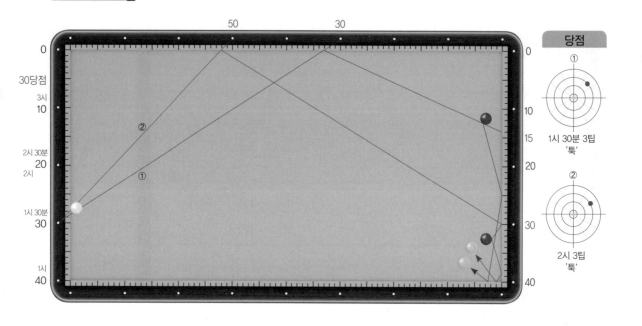

속 도	3 rail speed
스트로크	부드러운 follow shot, '툭'샷
계산식	1쿠션 30겨냥 시 2쿠션 지점=수구수(출발값)×1/2, 1쿠션 50겨냥 시 2쿠션 지점=수구의 맞은편 대칭점

요점・설명

· 상단 3point(30)을 겨냥하면 2쿠션 지점은 수구수(출발값)×½이다.

· 반면에 하단 3point(50)을 겨냥하면 2쿠션 지점은 수구수(출발값)의 맞은편 대칭점이다.

· 2쿠션 지점을 알면 1뱅크 걸어치기와 2뱅크 넣어치기에 유용하게 이용할 수 있다.

· 당점 : 수구 출발 위치에 따라 당점이 달라진다. 단쿠션 4point(40)에서 1point(10)로 가면서
당점이 점점 내려가야 정확성이 높아진다.

수구출발	40	30	20	10
상단 30의 당점	1시3팁	1시30분3팁	2시~2시30분3팁	3시 3팁
하단 30(50)의 당점	1시 30분 3팁	2시 3팁	3시 3팁	4시 3팁

*하단 30(50)의 당점은 상단 30의 당점 기준에서 +0.5팁~1팁을 적용한다.

도형 ① : 30(상단 3point 겨냥) : 수구수(출발값) 30×½=2쿠션 15, 1시 30분 3팁 당점을 사용한다.

② : 50(하단 3point 겨냥) : 수구수(출발값) 30×1(대칭점)=2쿠션 30, 2시 3팁 당점을 준다

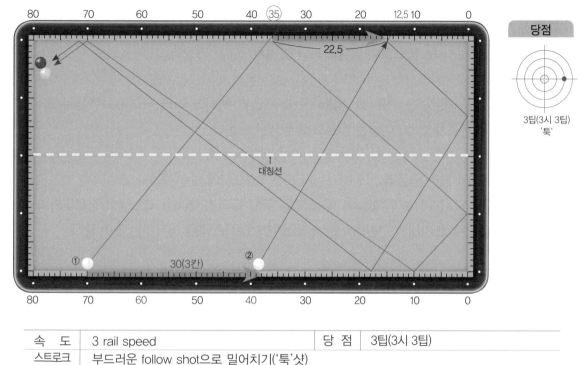

속　　도	3 rail speed	당　점	3팁(3시 3팁)
스트로크	부드러운 follow shot으로 밀어치기('툭'샷)		

요점·설명

- 2팁 대신 3팁(3시 3팁) 당점을 주고 1쿠션 35를 겨냥하면 4쿠션은 맞은편 대칭점으로 들어간다.
- 수구출발위치와 2적구가 대칭점 위치에 있지 아니할 때에는 수구 1칸(10)당 1쿠션 0.75칸 (7.5)의 비율로 이동하면 된다. (즉 수구 4 : 1쿠션 3, 또는 수구 1 : 1쿠션 0.75의 비율)
- 출발 위치 1칸(10) 이동 시 1쿠션 7.5이동, 2칸(20) 이동 시 1쿠션 15이동으로 기억한다.
- 3뱅크 샷, 바깥돌리기와 옆돌리기에 이용할 수 있다.
- 35 대칭 시스템을 사용하면 안 되는 경우는 다음과 같다.
  1) 단쿠션에서 출발하는 경우
  2) 목적구가 쿠션에서 많이 떨어진 경우
  3) 보정이 3칸 초과 하는 경우

도형　① : 출발 70에서 3팁 (3시 3팁)회전을 주고 1쿠션 35를 겨냥하면 4쿠션은 맞은편 대칭점 70으로 들어간다.

② : 출발 40에서 4쿠션 70으로 보내기 위해서는 대칭점 70지점으로부터 3칸(30)이동 하였으므로 3칸×7.5=22.5만큼 1쿠션 지점을 이동하면 된다.

35-22.5=1쿠션수 12.5

플러스 시스템 (Plus system)

• 플러스 시스템은 장쿠션을 1쿠션지점으로 겨냥하는 $5\frac{1}{2}$ 시스템과는 다르게, 단쿠션을 1쿠션 지점으로 겨냥하는 시스템으로써 앞돌리기와 빗겨치기에서 가장 많이 이용되는 시스템이다.

• 단쿠션 코너(0)를 겨냥하는 경우 코너값(α)은 수구 출발 위치에 따라 다르며, 1쿠션 수도 수구 출발 15미만과 수구 출발 60 이상은 다르므로 주의를 요한다.

• 3쿠션수 45이내의 짧은 앞돌리기와 빗겨치기 또는 3뱅크샷에서는 2팁(1시 30분, 10시 30분 3팁)을 주는 정규 플러스 시스템보다 3팁(3시, 9시 3팁)을 주는 플러스 15(3팁) 시스템이 정확도가 더 높다. 따라서 3쿠션수 45이내의 구간에서는 플러스 15(3팁) 시스템을 이용하는 것이 좋다.

• 수구 출발 5point 이상의 긴 각이면, 제자리 되돌아오기 플러스 시스템을 이용하는 것이 득점 확률이 높다.

• 플러스 시스템은 3쿠션뿐만 아니라 4쿠션, 5쿠션에도 아주 유용하므로, 3쿠션→4쿠션→5쿠션 라인을 숙지하고 있어야 한다.

• 또한 정상적인 3쿠션 지점보다 0.5~1point 짧게 보낼 수 있는 맥시멈(4팁) 플러스 시스템을 함께 알고 있으면 실전 게임에서 유용하게 이용할 수 있다.

• 추가적으로, 무회전 플러스(3의 배수) 시스템도 실전에서 유용하게 적용할 수 있다.

플러스 시스템 (Plus system) : 기본원리

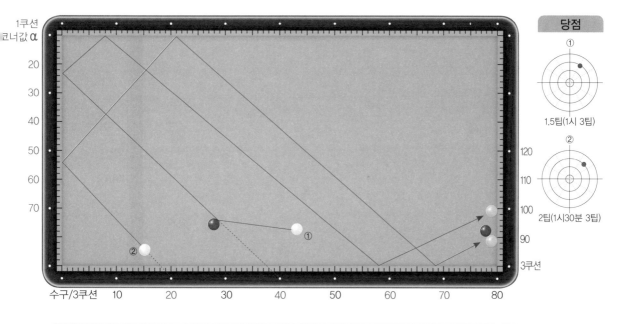

속 도	2 ~2.5 rail speed	당 점	2팁(1시 30분 3팁)
스트로크	부드러운 middle follow shot	Point	1, 3쿠션 : frame point
계산식	수구수(출발값)+1쿠션수 =3쿠션수		

요점·설명

- 수구수(출발값)에 1쿠션수를 더하면 3쿠션수이다.
- 수구수(출발값) : 1point당 10씩 증가한다.
- 3쿠션수 : 장쿠션에서는 1point당 10씩 증가, 단쿠션에서는 1point당 20씩 증가한다.
- 1쿠션수 : 1point를 30으로 시작하여 1point당 20씩 증가 또는 감소한다.
  α는 코너값으로서 수구 출발 위치에 따라 값이 변화한다.
- 당점 : 2팁(1시 30분 3팁)을 사용한다.(기준)
  앞돌리기 : 자연 회전 증가로 인하여 시스템보다 약간 짧아질 수 있으므로 2팁대신
  1.5팁(1시 3팁)을 사용하는 것을 권장한다.(도형①)
  빗겨치기, 3뱅크샷 : 기준 당점인 2팁(1시30분 3팁)을 주면 정상적으로 시스템대로 진행한다.
  ※ 속도에 아주 민감하므로 자신에 맞는 적절한 속도 파악이 중요하다.
  ▣ 스트로크 : 타격없이 부드럽게 밀어친다.

도형
① : 수구 출발값 40+1쿠션수 20=3쿠션수 60 : 3쿠션은 frame point로 들어간다.
② : 수구 출발값 20+1쿠션수 50=3쿠션수 70 : 3쿠션은 frame point로 들어간다.

Billiards

플러스 시스템(Plus system) : 코너값 (α)

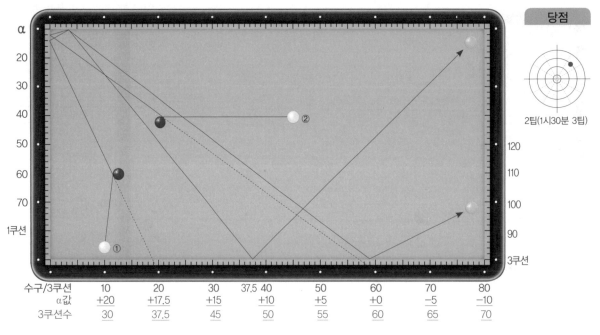

당점
2팁(1시30분 3팁)

수구/3쿠션	10	20	30	37.5	40	50	60	70	80
α값	+20	+17.5	+15		+10	+5	+0	−5	−10
3쿠션수	30	37.5	45		50	55	60	65	70

속 도	2 ~3 rail speed	당 점	2팁(1시 30분 3팁)
스트로크	부드러운 middle follow shot	Point	3쿠션 : frame point
계산식	수구수(출발값)+α값 = 3쿠션수		

요점·설명

- 코너값(α) : 단쿠션 코너를 겨냥하는 경우 수구 출발점에 따라 α값의 수치가 달라진다.
- 당점 : 2팁(1시 30분 3팁)을 사용한다.
- 3쿠션 : frame point로 들어간다.
- 출발값 60에서 단쿠션 코너(α)를 겨냥하면 출발점으로 되돌아오는 기본 라인(α값 0)을 기준으로 α값은 좌우 1칸당 ±5씩 변한다.(단 수구수 20이하는 예외)

수구수 (A)	10	20	30	40	50	60	70	80
α값 (B)	20	17.5	15	10	5	0	−5	−10
3쿠션수 (A+B)	30	37.5	45	50	55	60	65	70

도형
① : 출발값20+α값 17.5=3쿠션수 37.5 : 4쿠션은 코너로 들어간다.

② : 출발값60+α값 0=3쿠션수 60 : 3쿠션은 제자리로 돌아온다.

플러스 시스템(Plus system) : 수구 출발 60 이상(60~80)

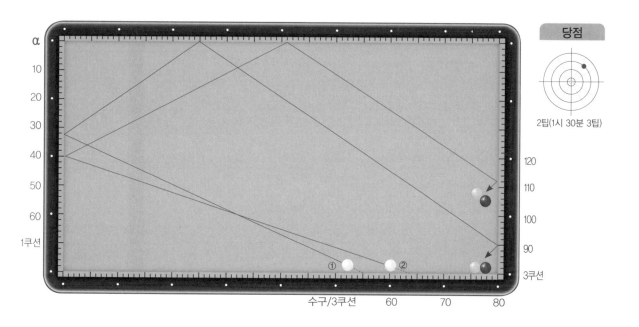

속 도	2 ~2.5 rail speed	당 점	2팁(1시30분 3팁)
스트로크	부드러운 middle follow shot	Point	1, 3쿠션 : frame point
계산식	수구수(출발값)+1쿠션수 = 3쿠션수		

요점·설명

- 수구 출발 60~80에서는 기본 원리(page 115참조)상의 1쿠션수에서 −10을 보정한 값을 적용한다.
- 1쿠션 50까지 적용 가능하다. 50초과 시에는 (예 :1쿠션 60)정확도가 떨어진다.
- 당점 : 2팁 (1시 30분 3팁)을 사용한다.

도형   ① : 수구 출발값 60+1쿠션수 30=3쿠션수 90

② : 수구 출발값 70+1쿠션수 40=3쿠션수 110

플러스 시스템(Plus system) : 수구 출발 15미만

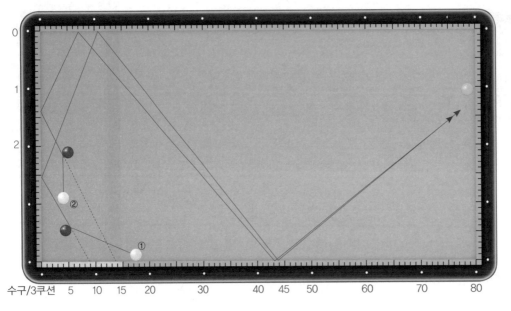

당점

2팁 (1시30분 3팁)

요점·설명

• 수구출발 15미만의 경우에는 1쿠션수는 수구 출발 20~50의 경우는 아래와 같이 차이가 있다.

수구출발	1쿠션수		
	코너(0)	1point	2point
5	20	25	30
10(도형①)	20	27.5	35
15(도형②)	20	30	40
20(표준)	17.5	30	50

• 위 시스템은 3 뱅크샷, 앞돌리기와 빗겨치기에 이용할 수 있다.

• 위 테이블상의 수치를 기억하기는 쉽지 않으므로 3쿠션수 45이하의 경우에는 3팁(3시 3팁)을 주는 플러스 15 시스템 사용을 권장한다.

▣ 스트로크 : 타격 없이 부드럽게 밀어친다.

도형 ① : 수구 출발값 10+1쿠션수 35=3쿠션수 45.
　　　　수구 출발 10인 경우 1쿠션 2point 값은 35이다.

　　　② : 수구 출발값 15+1쿠션수 30=3쿠션수 45.
　　　　수구 출발 15인 경우 1쿠션 1point 값은 30이다.

Billiards
플러스 시스템 (Plus system) : 4쿠션 라인

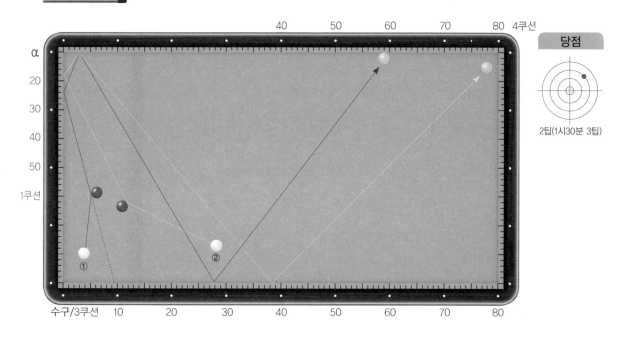

속 도	2 ~2.5 rail speed	당 점	2팁(1시 30분 3팁)
스트로크	부드러운 follow shot	Point	3쿠션 : frame point
계산식	3쿠션수×2=4쿠션수		

요점·설명

• 앞돌리기와 빗겨치기에서 4쿠션으로 득점하는 경우가 많기 때문에 3쿠션에서 4쿠션으로 진행하는 라인을 필히 알고 있어야 한다.

• 4쿠션수는 3쿠션수×2 이다.

▣ 스트로크 : 부드러운 follow shot으로 밀어친다.

도형 ① : 3쿠션수 30×2=4쿠션수 60

② : 3쿠션수 40×2=4쿠션수 80

플러스 시스템(Plus system) : 칸 수 계산법(간편법)

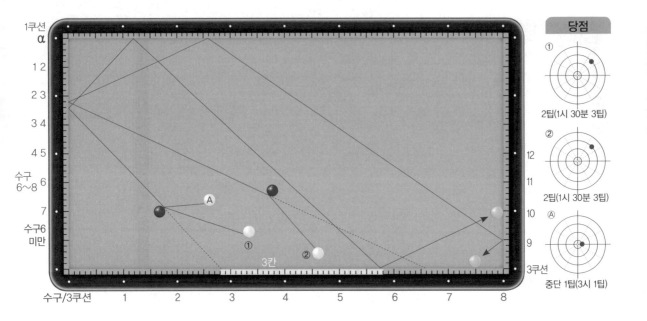

속 도	2~2.5 rail speed	당 점	2팁(1시 30분 3팁)
스트로크	부드러운 middle follow shot	Point	3쿠션 : frame point
계산식	3쿠션수−수구수(출발값)=1쿠션수		

요점 · 설명

- 플러스 시스템을 실전 게임에서 신속하게 적용할 수 있는 간편시스템이다.
- 3쿠션수 : 장쿠션은 1칸당 1씩 증가하지만, 단쿠션은 1칸당 2씩 증가한다.
- 1쿠션 수는 3쿠션수 − 수구수(출발값)이다.
- 6~8출발의 경우에는 통상의 1쿠션수에서 −1을 보정한다.
- A처럼 두껍게(5/8이상) 맞추어야 하는 경우에는 상단 2팁(1시 30분 3팁) 대신 중단 1팁(3시 1팁)을 준다.

도형
- ① : 3쿠션수 6−출발값 3=1쿠션수 3
- ② : 3쿠션수 9−출발값 7=1쿠션수 2, 출발값 6이상이므로 1쿠션수는 단쿠션 1point가 2이다.

플러스 15(3팁) 시스템

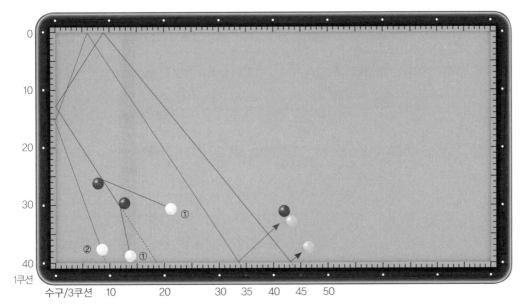

당점

3팁(3시 3팁)

속 도	2 rail speed	당 점	3팁(3시 3팁)
스트로크	부드러운 follow shot	Point	3쿠션 : frame point
계산식	(수구출발값 + 1쿠션수) +15 = 3쿠션수		

요점 · 설명

- 3쿠션수 45이내에서 적용한다. 45초과 시에는 정규 플러스 시스템을 적용한다.
- 3쿠션수 45이내에서는 정규 플러스 시스템(2팁 기준)보다 플러스 15 시스템(3팁 기준)이 더 정확하다.
- 수구 출발 10이하의 경우 : 코너 겨냥 시에는 코너 워크(corner work)효과로 인하여 길어지므로 코너 모서리 부분까지 깊숙이 겨냥한다.
- 앞돌리기의 경우 1적구를 두껍게 맞추면 1적구와 2적구의 키스가 있으므로 얇은 두께로 약하게 1적구를 맞춘다.
- 앞돌리기, 빗겨치기와 3뱅크샷에 적용할 수 있다.

※스트로크: 타격 없이 부드럽게 밀어친다. 강하게 치면 시스템 보다 짧게 들어간다.

도형
①：(수구출발값 20 + 1쿠션수 10) +15 = 3쿠션수 45
②：(수구출발값 10 + 1쿠션수 10) +15 = 3쿠션수 35

제자리 되돌아오기 시스템 : 장쿠션 출발

(1) 기본 원리

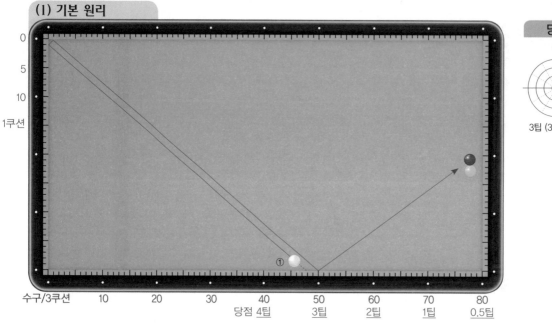

당점
①
3팁 (3시 3팁)

속 도	2.5 rail speed	당 점	0.5팁~4팁
스트로크	부드러운 follow shot	Point	3쿠션 : frame point
계산식	수구 출발 포인트의 당점을 주고 코너를 겨냥하면 제자리로 돌아온다.		

요점 · 설명

- 수구 출발 40에서 4팁(4시 3팁)을 주고 단쿠션 코너(0)를 겨냥하면 출발점인 40으로 되돌아온다.
  단 초중급자의 경우에는 수구 출발 40대신 45에서 4팁을 주고 단쿠션 코너를 겨냥하면, 출발점인 45로 되돌아온다.

- 수구 출발 50에서 3팁(3시 3팁)을 주고 단쿠션 코너(0)를 겨냥하면, 출발점인 50으로 되돌아 온다.(도형①)

- 수구 출발 60에서 2팁(1시 30분 3팁)을 주고 단쿠션 코너(0)를 겨냥하면, 출발점인 60으로 되돌아온다.

- 수구 출발 70에서 1팁(12시 45분 3팁)을 주고 단쿠션 코너(0)를 겨냥하면, 출발점인 70으로 되돌아온다.

- 수구 출발 80에서 0.5팁(12시 30분 3팁)을 주고 단쿠션 코너(0)를 겨냥하면 출발점인 80으로 되돌아온다.

- 1쿠션 코너 대신 5를 겨냥하면, 3쿠션은 1칸 길어지고, 10을 겨냥하면 3쿠션은 2칸 길어진다.

▣ 스트로크 : 타격 없이 부드럽게 밀어친다.

(2) 당점의 변화

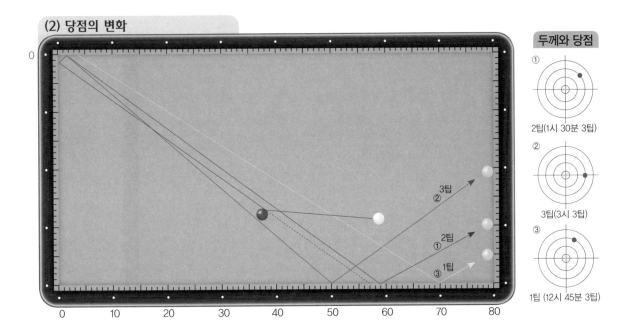

두께와 당점

① 2팁(1시 30분 3팁)

② 3팁(3시 3팁)

③ 1팁 (12시 45분 3팁)

속 도	2.5 rail speed	당 점	1팁~3팁
스트로크	부드러운 follow shot	Point	3쿠션 : frame point
계산식	±1팁당 3쿠션은 1칸씩 이동한다.		

요점·설명

• 기준팁보다 +1팁을 하면 제자리 보다 1칸 짧게 들어온다.

• 기준팁보다 −1팁을 하면 제자리 보다 1칸 길게 들어온다.

도형　① : 수구 출발 60에서 2팁(1시 30분 3팁)주고 코너를 겨냥하면,
　　　　　 3쿠션은 제자리인 60으로 들어온다.

　　　　② : 수구 출발 60에서 3팁(3시 3팁)주고 코너를 겨냥하면,
　　　　　 3쿠션은 제자리보다 1칸 짧아진 50으로 들어온다.

　　　　③ : 수구 출발 60에서 1팁(12시 45분 3팁)주고 코너를 겨냥하면,
　　　　　 3쿠션은 제자리보다 1칸 길어진 70으로 들어온다.

Billiards

맥시멈 4팁 플러스 시스템

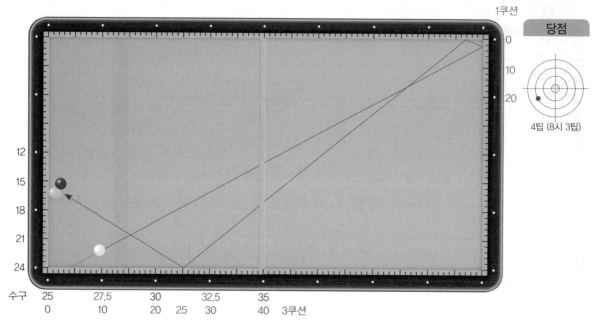

속 도	2.5 rail speed	당 점	4팁(8시 3팁)
스트로크	부드러운 follow shot	Point	3쿠션 : rail point
계산식	수구수(출발값)−3쿠션수=1쿠션수		

요점 · 설명

- 맥시멈 회전(4팁, 8시 3팁)을 주는 플러스 시스템이다.

- 수구수(출발값) : 장쿠션 출발 : 장쿠션 코너 25를 기준으로 1칸당 2.5씩 증가한다.(즉 2칸당 5씩 증가)

  단쿠션 출발 : 단쿠션 코너 24를 기준으로 1칸당 6씩 감소한다.

- 당점 : 4팁 대신 3팁(9시 3팁)도 가능하다. 이때는 속도를 올려서 4rail speed로 친다.

- 수구와 2적구가 테이블 ½하단에 위치할 때 적용한다.

  ■ 스트로크 : 2.5rail speed로 부드럽게 middle follow로 밀어친다.

    또는 4팁 대신 3팁을 주고 4rail speed로 빠르게 쳐도 결과는 비슷하다.

도형 : 수구 출발값 25−1쿠션수 0=3쿠션수 25

무회전 플러스(3의 배수) 시스템

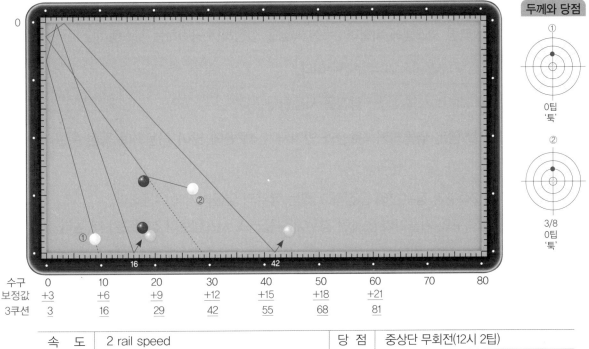

두께와 당점

① 0팁 '툭'

② 3/8 0팁 '툭'

수구	0	10	20	30	40	50	60	70	80
보정값	+3	+6	+9	+12	+15	+18	+21		
3쿠션	3	16	29	42	55	68	81		

속 도	2 rail speed	당 점	중상단 무회전(12시 2팁)
스트로크	부드러운 follow shot, '툭'샷		
계산식	수구수(출발값)+보정값 =3쿠션수		

요점·설명

- 당점 : 중상단 무회전(12시 2팁)
- 무회전 주고 단쿠션 코너(0)를 겨냥하면, 3쿠션수 = 수구수(출발값)+보정값이다.
- 보정값은 수구 출발 위치에 따라서 1point당 3씩 증가한다.

수구출발값	0	10	20	30	40	50	60
보정값	+3	+6	+9	+12	+15	+18	+21

▣ 스트로크 : 가볍게 '툭'친다.

도형
① : 수구 출발값 10+보정값 6=3쿠션수 16
② : 수구 출발값 30+보정값 12=3쿠션수 42

로드리게즈 (Rodriguez) 시스템

- 로드리게즈 시스템은 일명 '로드리게즈(Rodriguez)의 유산'이라고도 하며 1쿠션 지점을 설정하여 공략하는 다른 시스템에 비하여 2쿠션 지점을 설정하여 공략하는 시스템이다.

- 계산식은 (4쿠션수–1쿠션수)×1/2=2쿠션수이다.

- 당점은 2팁(1시 30분, 10시 30분 3팁) 당점을 사용한다.

- 로드리게즈 시스템은 옆돌리기 4쿠션과 빗겨치기 4쿠션에 많이 이용되며 득점 확률이 매우 높다.

- 특히 1적구와 2적구가 장쿠션에 근접하고 있는 경우의 옆돌리기에 유용하다.
  또한 수구와 1적구의 기울기가 엇각인 경우에는 플러스 시스템보다 정확도가 더 높다.

- 1쿠션과 4쿠션 사이의 거리가 6칸 이내의 경우에 득점 확률이 매우 높다. 거리가 6칸 이상의 경우에는 성공 확률이 낮아지므로 사용하지 않는 것이 좋다.

로드리게즈 시스템 : 기본 원리

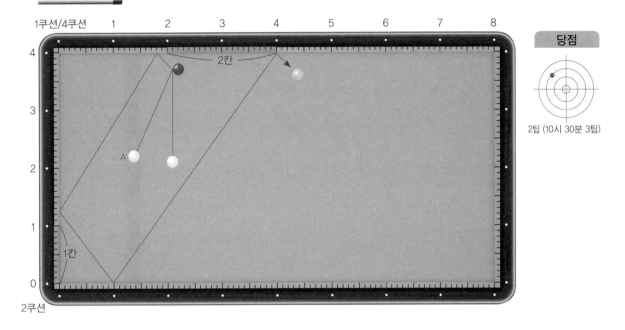

속 도	2rail speed	당 점	2팁(10시30분 3팁)
스트로크	부드러운 follow shot	Point	2쿠션수, 4쿠션수 : frame point
계산식	(4쿠션수−1쿠션수)×½ = 2쿠션수		

요점 · 설명

- 로드리게즈 시스템은 2쿠션 지점을 설정한 후에 1쿠션 대신 2쿠션을 겨냥하는 시스템이다.
- 1쿠션과 4쿠션 칸수 차이의 ½칸수만큼 수구를 2쿠션 지점으로 보낸다.
- 1쿠션과 4쿠션의 거리가 6칸 이내인 경우에 적용한다.
- 특히 1적구와 2적구가 장쿠션에 근접하고 있는 경우의 옆돌리기에 정확도가 높다.
- A처럼 엇각이 심한 경우에는, 플러스 시스템보다 정확도가 더 높다.

  이때에는 중단~중하단 당점을 준다.

도형 : (4쿠션수 4−1쿠션수 2)×½=2쿠션수 1

로드리게즈 시스템 : 2쿠션지점으로 보내는 방법(간편법)

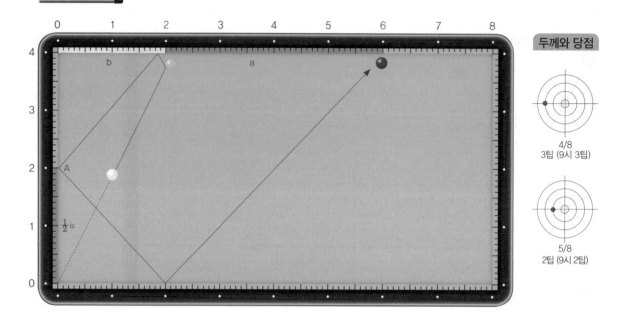

속 도	2.5 rail speed
스트로크	부드럽게 밀어치기(long follow, '스∼윽')
계산식	½a+b+기울기값=볼값, 기울기값 : 1칸당 1.5 ; ball system 적용

요점 · 설명

- 로드리게즈 시스템을 적용하여 파악된 2쿠션 지점(A)으로 보내기 위한 간편법이다.
- 1적구와 2적구의 차이 칸수(a) ×½에 1적구의 위치 칸수(b)를 더한 후 기울기 값을 가산하여 나온 볼값에 ball system을 적용하면 된다. 기울기 값은 엇각 기울기 1칸당 1.50이다.
- 예를 들어, 볼값이 6이라면 4/8두께에 2팁, 또는 5/8두께에 1팁을 주면 된다.

> **당점** 엇각 배치인 경우에는 상단 당점을 주면 곡구 현상으로 인하여 짧아지므로 중단∼중하단 당점을 주어야 한다. 특히 1적구가 장쿠션에 근접한 경우에는 중하단 당점을 사용하는 것이 좋다.

> **도형** : 1적구와 2적구의 칸수 차이(a) 4×½+1적구 칸수(b) 2+기울기 2칸값 3=볼값 7이다. 4/8두께 3팁(9시 3팁) 또는 5/8두께에 2팁(9시 2팁)을 주면 된다.

로드리게즈 시스템 : 끌어치기를 잘하기 위한 요령

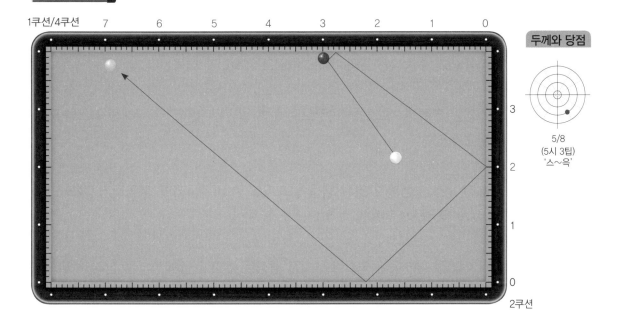

두 께	5/8		당 점	5시 3팁
속 도	2.5 rail speed			
스트로크	부드럽게 끌어치기, long follow, '스~윽'			
계산식	(4쿠션수−1쿠션수)×1/2=2쿠션수			

요점 · 설명

• 위 도형과 같이 분리각이 45°이상인 엇각배치에서 끌어 치기를 잘하기 위한 요령은
  다음과 같다.

  1. 수구가 1적구를 이기면 안 된다. 이를 위해서는 힘이 약해야 한다.
  2. 팔과 몸의 힘을 뺀다.
  3. 브릿지를 단단히 잡으면 안 된다. 브릿지 구멍을 크게 하고 브릿지 팔을 자연스럽게 구부린다.
  4. 체중을 뒤에 둔다. 하체의 무게 중심이 앞으로 가면 전진의 힘이 강하기 때문에 안 된다.
  5. 끌릴 시간을 주어야 한다. 즉 수구의 속도가 느려야 한다.
  6. 큐를 가볍게 잡고 '부드러운 long follow 스트로크를 사용한다.
  7. 루즈 그립을 사용하고 큐를 던진다는 느낌으로 샷을 한다.

도형 : (4쿠션수 7−1쿠션수 3)×1/2=2쿠션수 2

무회전 시스템

- 당구 테이블은 정사각형 두 개를 합쳐놓은 직사각형 구조이다. 무회전을 줄 때는 입사각 = 반사각의 원리가 적용되고, 수학적인 원리(기하, 도형 등)가 정확하게 적용된다.

- 당구의 모든 시스템은 무회전 시스템을 근간으로 하여 발전된 것이므로 무회전 시스템을 완벽하게 숙지할 필요가 있다.

- 특히 다양한 무회전 1/2시스템과 2/3시스템을 알고 있으면 바깥돌리기, 옆돌리기, 뱅크샷 등 3쿠션 전반에 걸쳐서 유용하게 적용할 수 있다.

- 무회전 시스템의 가장 큰 어려움은 정확한 무회전 당점을 주기가 쉽지 않다는 점이다. 무회전 당점을 주고 단쿠션에 수직으로 입사시켰을 때 큐선 제자리로 정확하게 돌아올 수 있도록 연습하여 정확한 무회전 당점을 줄 수 있도록 하는 것이 중요하다.

- 무회전 시스템대로 진행이 되지 않는다는 사람이 의외로 많다. 이는 주안시(page 40참조) 문제일 가능성이 크므로, 배치를 좌·우로 바꾸어 놓고 연습해 보길 권한다.

- 한편, 정확한 무회전 당점을 주어도 쿠션에 수직입사가 아니고 비스듬하게 입사하거나 공을 먼저 맞추는 ball first의 경우에는 자연 회전이 발생하여 수구의 진로에 변화가 생길 수 있다는 점에 유의하여야 한다.

Billiards
무회전 5½ 시스템: 5½ 시스템의 어원

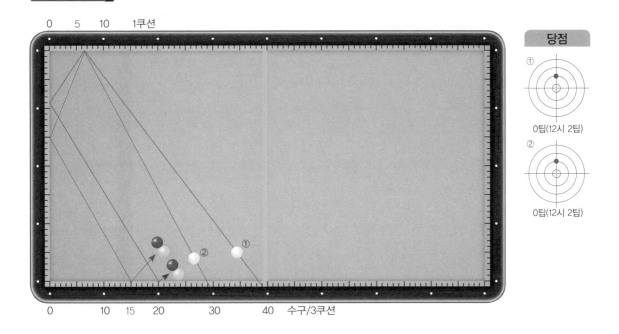

속 도	2 rail speed	당 점	중상단 무회전(12시 2팁)
스트로크	부드러운 follow shot	Point	1쿠션(5) : frame point
계산식	수구수(출발값)×½=3쿠션수		

요점 • 설명

• 무회전 주고 1쿠션 5를 겨냥하면, 3쿠션은 수구수(출발값)×½지점으로 들어간다.

• 무회전 5½시스템을 회전을 주는 시스템으로 발전시킨 것이 오늘날의 5½시스템이다.

• 무회전 5½시스템은 당구 테이블 절반(1/2) 이내에서만 적용한다.

▣ 스트로크 : 약한 속도로 큐를 똑바로 부드럽게 밀어친다.

도형 ① : 수구 출발값 40×½=3쿠션 수 20 : 수구 출발 40에서 무회전 주고 1쿠션 5를 겨냥하면 3쿠션 20으로 들어간다.

② : 수구 출발값 30×½=3쿠션 수 15 : 수구 출발 30에서 무회전 주고 1쿠션 5를 겨냥하면 3쿠션 15로 들어간다.

무회전 2/3 시스템 A형(장쿠션 출발)

(1) 기본원리

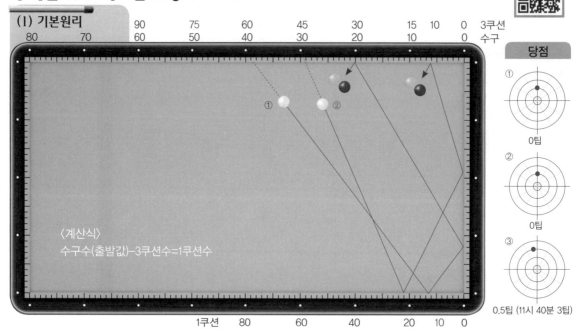

		90		75		60		45		30		15	10	0	3쿠션
80		70		60		50		40		30		20		10	0	수구

〈계산식〉
수구수(출발값)-3쿠션수=1쿠션수

| 1쿠션 | 80 | | 60 | | 40 | | 20 | 10 | 0 |

당점

① 0팁

② 0팁

③ 0.5팁 (11시 40분 3팁)

요점 • 설명

- 무회전을 주고 5½시스템과 동일한 계산 방법으로 1쿠션수를 계산하는 시스템으로서, 회전을 주는 경우 지나치게 얇은 두께로 1적구를 맞추어야 하는 배치에서 유용하게 적용할 수 있다.

- 수구수(출발값)은 1칸당 10씩 증가하지만, 1쿠션수는 1칸당 20씩 증가하고, 3쿠션수는 1칸당 15씩 증가한다. 5½시스템과 비교하면 수구출발값, 1쿠션수 및 3쿠션수 모두 다른 값을 사용한다.

- 수구 출발 60이상의 경우: 임계 기울기를 초과하여 무회전을 주면 계산상의 3쿠션 지점보다 더 길어지므로, 무회전 대신 0.5팁(11시 40분 3팁, 도형③)을 주는 것을 권고한다. (이 구간에서는 회전을 주면 짧아진다.)또는 1쿠션 지점을 +2~+3 보정한다.

- 무회전 2/3 시스템은 수구수(출발값)>1쿠션수(= 수구출발값×1/2)인 범위 내에서만 적용할 수 있다. 왜냐하면 1쿠션수가 수구출발값을 초과하면 코너를 돌지 못하기 때문이다.

▣ 스트로크 : 타격 없이 부드럽게 밀어 친다.

도형 ① : 수구 출발값 40-3쿠션수 30=1쿠션수 10: 무회전주고 1쿠션 0.5point(10)을 겨냥하면, 수구 위치의 1/2지점으로 되돌아온다.(5½시스템의 어원)

② : 수구 출발값 30-3쿠션수 10=1쿠션수 20:무회전을 주고 1쿠션 20을 겨냥하면, 3쿠션 10으로 들어간다.

(2) 응용 : 당점의 변화

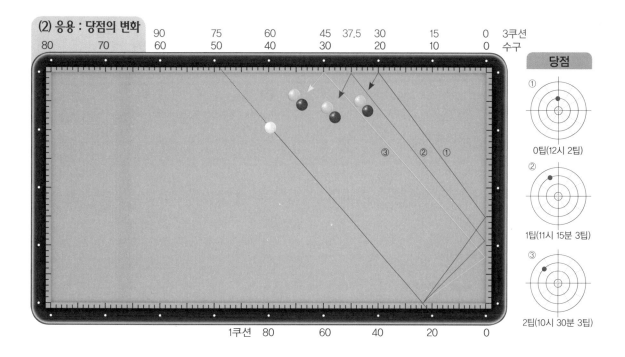

속 도	2rail speed		당 점	0팁(12시 2팁)
스트로크	부드러운 follow shot			
계산식	수구수(출발값)−3쿠션수=1쿠션수(무회전 기준)			

요점 · 설명

• 무회전 대신 회전을 주면 3쿠션은 1팁당 0.5point씩 길어진다.

도형 ① : 수구 출발값 50−3쿠션수 30=1쿠션수 20(무회전) : 수구 출발 50에서 무회전 주고
　　　1쿠션 20을 겨냥하면 3쿠션 30으로 들어간다.
　　② : 무회전 대신 1팁(11시 15분 3팁)을 주면 3쿠션은 도형 ①의 3쿠션 지점 30보다
　　　0.5point 길어진 37.5로 들어간다.
　　③ : 무회전 대신 2팁(10시 30분 3팁)을 주면 3쿠션은 도형 ①의 3쿠션 지점 30보다
　　　1point 길어진 45로 들어간다.

(3) 적용 : 옆돌리기

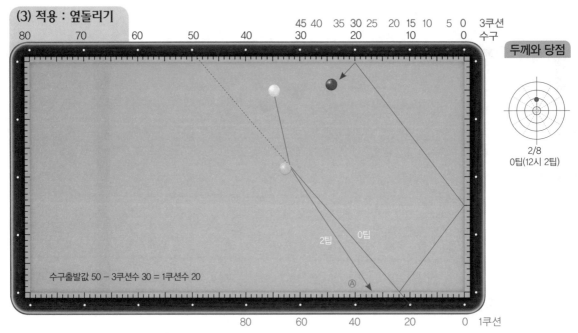

두께와 당점

2/8
0팁(12시 2팁)

수구출발값 50 − 3쿠션수 30 = 1쿠션수 20

- 5½시스템(2팁 기준)으로는 지나치게 얇게 맞추어야 하는 경우 (도형Ⓐ)에는 무회전을 주고 조금 더 두껍게 맞출 수 있는 무회전 2/3시스템이 아주 유용하다.

(4) 적용 : 바깥돌리기

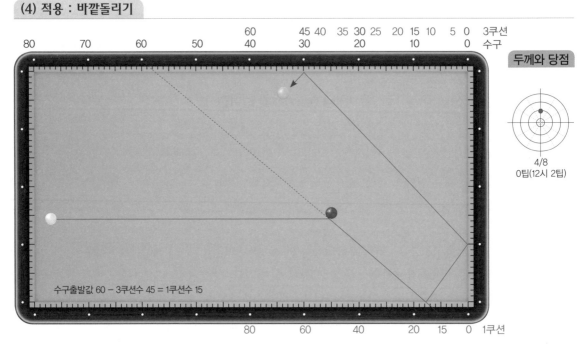

두께와 당점

4/8
0팁(12시 2팁)

수구출발값 60 − 3쿠션수 45 = 1쿠션수 15

- 수구와 1적구의 거리가 멀고 1적구를 두껍게 맞추어야 하는 경우에는, 회전을 줄여서 무회전으로 치는 무회전 2/3시스템이 유용하다.

무회전 2/3 시스템 B형(단쿠션 출발)

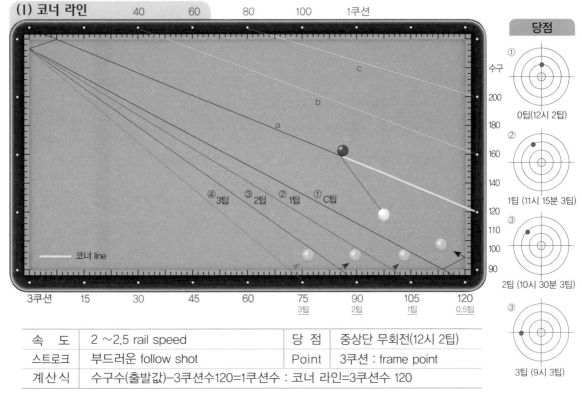

속 도	2 ~2.5 rail speed	당 점	중상단 무회전(12시 2팁)
스트로크	부드러운 follow shot	Point	3쿠션 : frame point
계 산 식	수구수(출발값)−3쿠션수120=1쿠션수 : 코너 라인=3쿠션수 120		

요점·설명

• 수구 출발 90이상의 긴각(단쿠션)출발의 경우 적용하는 무회전 2/3시스템이다.

• 수구수(출발값) : 단쿠션 코너가 90, 1point가 120 ,2point가 160, 3point가 200이다.

• 코너 라인 : 3쿠션 코너값은 120이다. 따라서 수구 출발위치별로 코너로 들어오는 1쿠션수는 다음과 같다.

도형
a : 수구(출발값) 120−3쿠션수 120=1쿠션수 0
b : 수구(출발값) 160−3쿠션수 120=1쿠션수 40
c : 수구(출발값) 200−3쿠션수 120=1쿠션수 80

수구수(출발값)	120	160	200
1쿠션수	0	40	80
도형	a	b	c

당점
중상단 무회전(12시 2팁) : 코너로 들어간다.(도형①)
1팁(11시 15분 3팁)을 주면 3쿠션은 1point 짧아진다.(도형②)
2팁(10시 30분 3팁)을 주면 3쿠션은 2point 짧아진다.(도형③)
3팁(9시 3팁)을 주면 3쿠션은 3point 짧아진다.(도형④)

• 긴각 바깥돌리기와 옆돌리기에 이용할 수 있다.

(2) 적용 : 옆돌리기/바깥돌리기

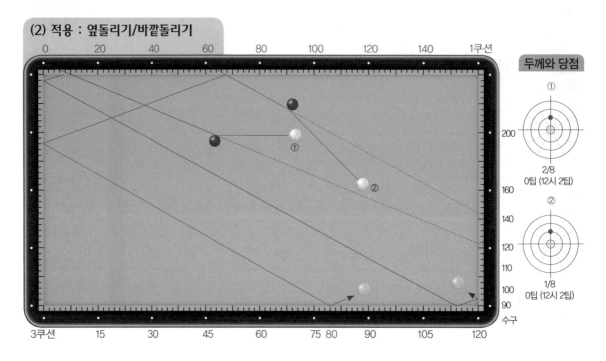

속 도	2 rail speed	당 점	중상단 무회전(12시 2팁)
스트로크	부드러운 follow shot	Point	3쿠션 : frame point
계산식	수구수(출발값)−3쿠션수=1쿠션수		

요점·설명

· 옆돌리기에서는 자연 발생 회전으로 인하여 짧아질 수 있으므로 무회전 대신
 – 느낌팁을 주는 것이 좋다.
· 긴각 옆돌리기에서는 의외로 키스가 많이 발생한다. 키스를 빼기 위해서는
 1) 얇게, 약하게 1적구를 맞추어서 수구를 먼저 보낸다. 또는
 2) 두껍게, 1적구에 약간의 타격을 가하여 1적구를 먼저 보내는 방법이 있다.

도형 ① 바깥돌리기 : 수구 출발값 120−3쿠션수 120=1쿠션수 0 ; 수구 출발 120에서 장쿠션
 코너를 겨냥하면 3쿠션 코너를 돌아 나온다.
 ② 옆돌리기 : 수구 출발값 140−3쿠션수 80=1쿠션수 60 ; 수구 출발 140에서 1쿠션 60
 을 겨냥하면 3쿠션 80을 향하여 들어간다.

(3) 코너 라인을 이용한 더블 쿠션(double cushion)

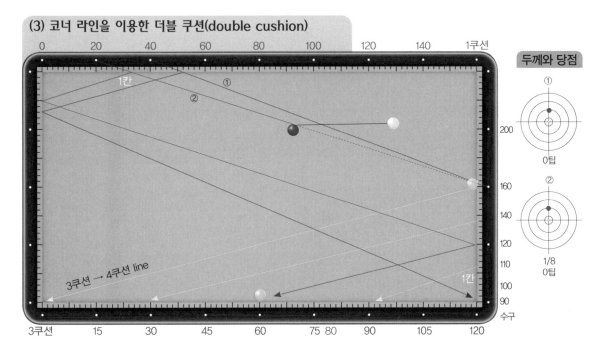

두 께	1/8	당 점	중상단 무회전(12시 2팁)
속 도	3.5~4rail speed	Point	3쿠션 : frame point
스트로크	부드러운 follow shot		
계산식	3쿠션 이동 칸수=1쿠션 이동 칸수		

요점 · 설명

- 코너 라인을 이용하여 더블 쿠션에 적용할 수 있다.
- 3쿠션 이동 칸수 만큼 1쿠션 지점을 코너쪽으로 이동한다.
- 계산 순서
  1) 코너 라인을 본다.
  2) 3쿠션 지점을 파악한다.
  3) 코너와의 차이만큼 1쿠션 지점을 보정한다.
- 지나치게 얇은 두께로 1적구를 맞추어야 하는 배치 : 바깥돌리기의 경우에는 −1팁을 주고
  1칸 뒤쪽을 겨냥하거나, −0.5팁을 주고 0.5칸 뒤쪽을 겨냥한다.(즉 −1팁당 1칸 뒤쪽 겨냥)
  반면에 옆돌리기의 경우에는 −1팁을 주고 1칸 앞쪽을 겨냥한다.
- 3뱅크샷, 옆돌리기, 빗겨치기 형태의 더블 쿠션에 적용 가능하다.

도형 ① : 코너 라인 : 수구 출발값 160−3쿠션수 120=1쿠션수 40

② : 코너 라인으로부터 1point 이동한 1쿠션 20을 겨냥하면, 3쿠션은 1칸 짧게 들어가서
더블 쿠션으로 득점할 수 있다.

Billiards

무회전 2/3 시스템 C형 (단·장·단)

(1) 기본 원리

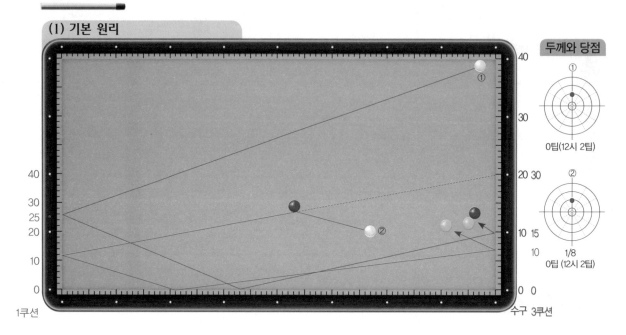

두 께	2/8	당 점	중상단 무회전(12시 2팁)
속 도	2 ~3 rail speed	Point	3쿠션 : frame point
스트로크	부드러운 follow shot		
계산식	수구수(출발값)−3쿠션수=1쿠션수		

요점 · 설명

- 수구의 맞은편 단쿠션을 1쿠션으로 겨냥하는 무회전 2/3(단·장·단)시스템이다.
- 1쿠션수는 1point를 2등분하여 10씩 증가하고 (즉 1칸당 20씩 증가),
  3쿠션수는 1point를 3등분하여 5씩 증가한다. (즉 1칸당 15씩 증가)
- 빗겨치기, 세워치기, 3뱅크샷에 사용할 수 있다.

  ▣ 스트로크 : 타격감 없이 부드럽게 밀어친다.

도형 ① : 수구 출발값 40−3쿠션수 15=1쿠션수 25 ; 수구 출발 40에서 1쿠션 25를 겨냥하
면 3쿠션 15로 들어간다.

② : 수구 출발값 20−3쿠션수 10=1쿠션수 10 ; 수구 출발 20에서 1쿠션 10을 겨냥하면
3쿠션 10으로 들어간다.

(2) 당점의 변화

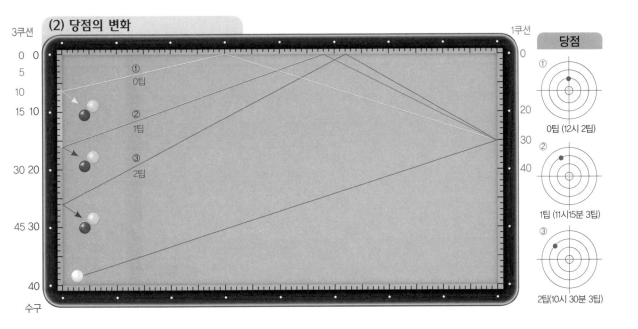

요점 · 설명

- 무회전 대신 회전을 주면 3쿠션 지점은 1팁당 1칸씩 길어진다.
- 3뱅크샷, 세워치기와 빗겨치기에 적용할 수 있다.

도형 ① : 수구 출발값 40-3쿠션수 10=1쿠션수 30 : 무회전을 주면, 3쿠션 10으로 들어간다.

② : 1팁(11시 15분 3팁)을 주면, 3쿠션은 무회전보다 1칸 길게 들어간다.

③ : 2팁(10시 30분 3팁)을 주면, 3쿠션은 무회전보다 2칸 길게 들어간다.

Billiards
무회전 2/3 시스템 D형(장쿠션 코너 겨냥)

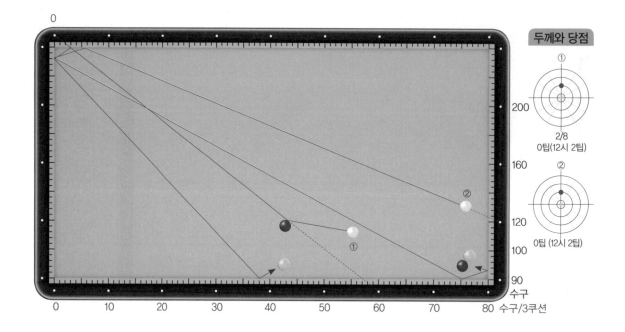

속 도	2~3 rail speed	당 점	중상단 무회전(12시 2팁)
스트로크	부드러운 follow shot	Point	3쿠션 : frame point
계산식	수구수(출발값) x 2/3 = 3쿠션수		

요점 · 설명

- 중상단 무회전 주고 장쿠션 코너를 겨냥하면 3쿠션은 수구수(출발값) × 2/3 지점으로 들어간다.
- 정상적인 5½ 시스템으로는 칠 수 없는 배치에서 유용하게 이용할 수 있다.
- 3뱅크샷, 바깥돌리기와 옆돌리기에 적용할 수 있다.

도형 ① : 바깥돌리기 : 수구 출발값 60×2/3=3쿠션수 40 ; 수구 출발 60에서 장쿠션 코너를 겨냥하면 3쿠션 40으로 들어간다.

② : 뱅크샷 : 수구 출발값 120×2/3=3쿠션수 80 ; 수구 출발 120에서 장쿠션 코너를 겨냥하면, 3쿠션 코너로 들어온다.

무회전 2/3 시스템 E형(단쿠션 코너 겨냥)

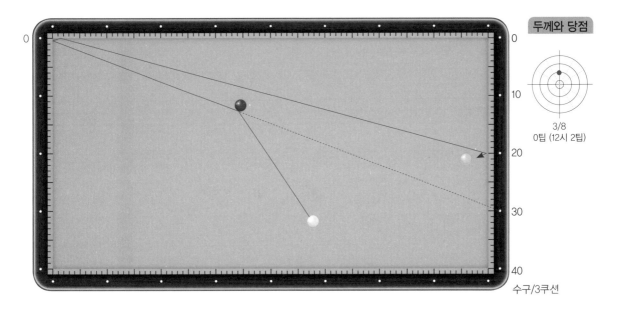

두께와 당점

3/8
0팁 (12시 2팁)

수구/3쿠션

두　께	3/8	당　점	중상단 무회전(12시 2팁)
속　도	2 ~3 rail speed	Point	3쿠션 : frame point
스트로크	부드러운 밀어치기		
계산식	수구수(출발값) x 2/3 = 3쿠션수		

요점 · 설명

• 단쿠션에서 맞은편 단쿠션 코너(0)를 겨냥하면, 3쿠션은 수구수(출발값)×2/3 지점으로 들어간다.

◼ 스트로크: 부드럽게 밀어친다.

도형　: 수구 출발값 30×2/3=3쿠션수 20 ; 수구 출발 30에서 단쿠션 코너를 겨냥하면
3쿠션 20으로 들어간다.

무회전 1/2 시스템(단쿠션출발 : 단·장·단)

(1) 기본 원리

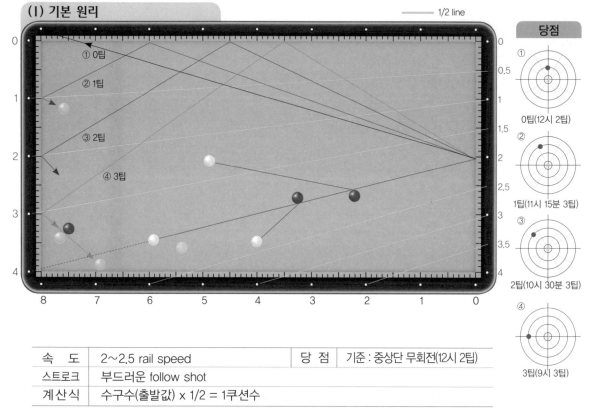

속 도	2~2.5 rail speed	당 점	기준 : 중상단 무회전(12시 2팁)
스트로크	부드러운 follow shot		
계산식	수구수(출발값) x 1/2 = 1쿠션수		

요점 · 설명

- 무회전을 주고 1쿠션 1/2지점을 겨냥하면 2쿠션 코너로 들어간다.(도형①)
- 1팁당 3쿠션은 1칸씩 이동한다.

    1팁(11시 15분 3팁) 주고 1쿠션 1/2지점을 겨냥하면, 코너보다 1칸 길게 들어간다.(도형②)

    2팁(10시 30분 3팁) 주고 1쿠션 1/2지점을 겨냥하면, 코너보다 2칸 길게 들어간다.(도형③)

    3팁(9시 3팁) 주고 1쿠션 1/2지점을 겨냥하면, 코너보다 3칸 길게 들어간다.(도형④)

    *대부분 초중급자의 경우에는 3팁당점을 주면 3칸 대신 2.5칸으로 들어간다.

    이때 3칸 길게 보내기 위해서는 맥시멈 회전인 4팁(8시 3팁)을 주면 된다.

    또는 3팁(9시 3팁) 주고 1/2지점보다 0.1point앞을 겨냥한다.

- 앞돌리기와 빗겨치기 형태에도 적용이 가능하다.

(2) 확장 : 두께의 변화 (1쿠션 지점의 변화)

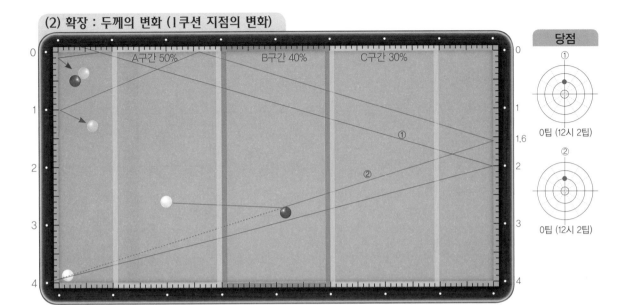

요점·설명

- 무회전을 주고 1쿠션 1/2 지점 보다 0.5point 앞을 겨냥하면, 3쿠션은 1칸 이동한다.

  즉 무회전을 주고 0.5칸 앞을 겨냥하는 것과 +1팁을 주고 1/2지점을 겨냥하는 것은 그 효과가 같다.

- 실전에서 무회전을 주고 1적구의 위치별로 3쿠션 이동 칸수×보정율을 적용하면, 정확하게 1쿠션 지점을 정할 수 있다. 즉 1적구가 A구간에 있을 때에는 50%, B구간에 있으면 40%, C구간에 있으면 30%를 적용한다.

- 지나치게 얇게 1적구를 맞추어야 하는 경우에는, +1/8두께(편한 두께)와 기준팁에서 -1팁을 한 당점을 사용한다.

- 엇각이 심한 경우에는 0.5point 뒤쪽을 겨냥하고 당점을 기준팁+1팁을 해준다.

- 두께 조절과 회전량 조절을 복합적으로 조합하여 적용한다.

- 1적구 두께를 얇게 겨냥하는 것이 어려운 경우에는, 0.5point 앞을 겨냥하고 (즉 두껍게)
  -1팁을 보정한다.

도형　① : 수구 출발 4에서 무회전주고 1쿠션 1/2지점인 2를 겨냥하면 코너로 들어간다.

　　　　② : 무회전 주고 1쿠션 1/2지점보다 0.4 point 앞인 1.6을 겨냥하면 1칸 길게 들어간다.
　　　　　　 B구간 출발이기 때문에 보정률 40%를 적용한다.

무회전 1/4 시스템(장쿠션 출발 : 단·장·단)

(1) 기본 원리

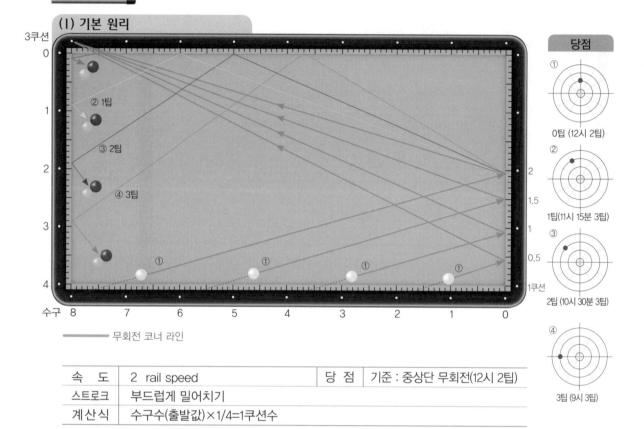

▬▬ 무회전 코너 라인

속 도	2 rail speed	당 점	기준 : 중상단 무회전(12시 2팁)
스트로크	부드럽게 밀어치기		
계산식	수구수(출발값)×1/4=1쿠션수		

요점·설명

- 무회전을 주고 수구 출발 point의 1/4지점을 겨냥하면, 수구는 코너를 돌아 나온다.(도형①)
  도형①의 line을 외워두는 것이 중요하다.

- 1팁(11시 15분 3팁)을 주고 수구 출발 point의 1/4지점을 겨냥하면, 수구는 3쿠션 1point로
  들어간다.(도형②)

- 2팁(10시 30분 3팁)을 주고 수구 출발 point의 1/4지점을 겨냥하면, 수구는 3쿠션 2point로
  들어간다.(도형③)

- 3팁(9시 3팁)을 주고 수구 출발 point의 1/4지점을 겨냥하면, 수구는 3쿠션 3point로 들어간다.(도형④)

  *회전력이 부족한 초중급자의 경우에는 3팁 대신 4팁(8시 3팁)을 주는 것을 권장한다.

- 2팁(10시 30분 3팁)을 주고 1쿠션 1/4지점을 겨냥하면, 3쿠션 2point를 거쳐 5쿠션(대회전)코너로
  들어간다.

  ▣ 스트로크 : 부드럽게 똑바로 밀어친다.

(2) 응용 : 1쿠션 지점의 이동(두께의 변화)

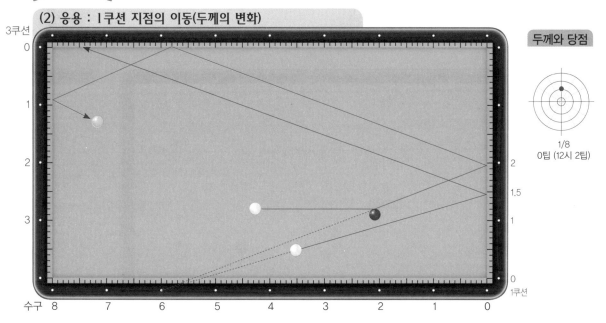

두께와 당점

1/8
0팁 (12시 2팁)

• 1쿠션 1/4지점보다 0.3∼0.5point(위 도형의 경우 30% 보정 위치이므로 0.3point) 앞을 겨냥하면
1팁(11시15분 3팁)을 주는 경우와 동일하게 3쿠션은 1point 길어진다.

(3) 응용 : 회전과 두께의 변화(복합법) – 대회전

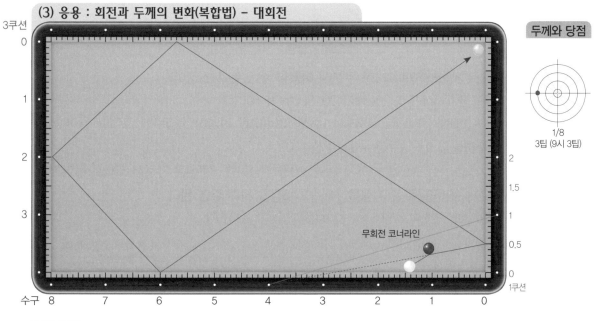

두께와 당점

1/8
3팁 (9시 3팁)

무회전 코너라인

도형 : 3팁 (9시 3팁)주고 1/4지점보다 0.5point 뒤쪽(0.5)을 겨냥하면,
3쿠션 2point를 경유하여 5쿠션 코너로 들어간다.

Billiards
뉴욕 바비(New York Bobby) 시스템

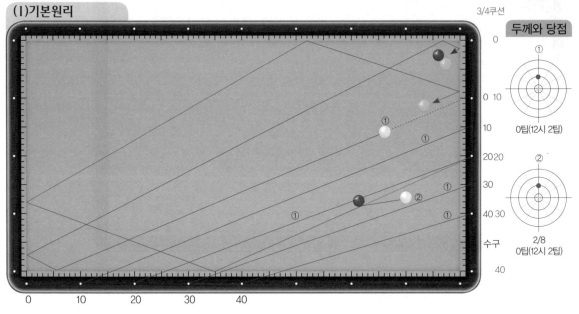

(1)기본원리

두 께	2/8	당 점	중상단 무회전(12시 2팁)
속 도	2 ~2.5 rail speed	Point	frame point
스트로크	부드러운 middle follow shot		
계산식	수구수(출발값)+4쿠션수=1쿠션수		

요점 · 설명

- 장 · 단 · 단 · 장으로 3뱅크샷이나 더블 쿠션에 이용할 수 있는 시스템이다.
- 수구출발값은 단쿠션 1point가 0, 2point가 20, 3point가 40이다.
- 수구 출발 0 (5½시스템상 수구출발값 60)에서 1쿠션 코너(0)를 겨냥하면, 3쿠션 코너를 돌아 나온다. (도형①)즉 수구출발값 0 − 3쿠션수 0=1쿠션수 0
- 수구출발 30 (5½시스템상 수구출발값 80)에서 1쿠션 30을 겨냥하면, 3쿠션은 단쿠션 코너로 들어간다. 코너를 돌아 나오게 하려면 1쿠션 지점을 +1~+2 보정을 하여 주면 된다.

  ▣ 스트로크 : 1쿠션 지점을 향하여 2~2.5 rail speed로 부드럽게 밀어친다.

도형
① : 모두 3,4쿠션 코너
부근으로 들어가는 라인이다.

② : 수구 출발값
20+4쿠션수10=1쿠션수30

수구수(출발값)	4쿠션수	1쿠션수	5½ 수구수(출발값)
0	+ 0	= 0	60
10	0	= 10	65
20	0	= 20	70
30	0	= 30	80
40	0	= 40	90

(2) 더블 쿠션(double cushion)

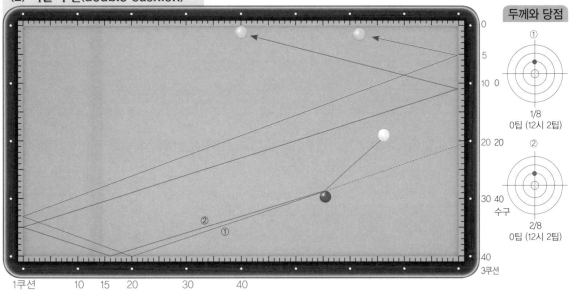

두께와 당점

두 께	① 1/8, ② 2/8	당 점	중상단 무회전(12시 2팁)
속 도	2.5 rail speed	Point	frame point
스트로크	부드러운 middle follow		
계산식	수구수(출발값)−3쿠션수=1쿠션수		

요점 · 설명

• 뉴욕 바비 시스템은 더블 쿠션(double cushion)에도 이용할 수 있다.

　이때 계산식은 수구수(출발값)−3쿠션수=1쿠션수이다.

• 3쿠션에서 4쿠션으로 진행 라인(입사각=반사각)을 감안하여 3쿠션 값을 정한다.

도형　① : 수구 출발값 20−3쿠션수 5=1쿠션수 15 ; 수구 출발 20에서 1쿠션 15를 겨냥하면 3쿠션 5로 들어간다.

　　　② : 수구 출발값 20−3쿠션수 10=1쿠션수 10 ; 수구 출발 20에서 1쿠션 10을 겨냥하면 3쿠션 10으로 들어간다.

무회전 코너각 1/2 시스템

(1) 무회전 코너각(1/2지점)

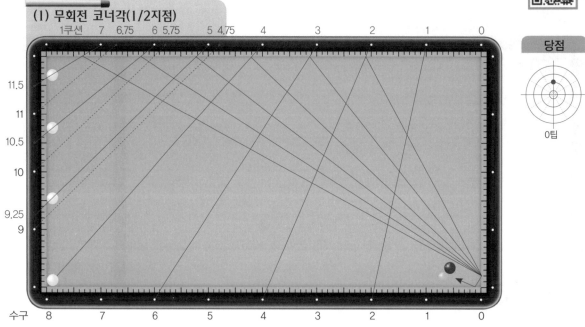

당점

0팁

속 도	2 ~3 rail speed	당 점	중상단 무회전(12시 2팁)
스트로크	부드러운 follow shot	Point	1쿠션 : frame point, 3쿠션 : rail point
계산식	수구수(출발값)×1/2=1쿠션수		

요점 · 설명

• 무회전을 주는 경우 코너를 돌아 나오는 1/2지점은 다음과 같다.

장쿠션 출발시

수구출발	1	2	3	4	5	6	7	8
1/2지점	0.5	1	1.5	2	2.5	3	3.5	4

단쿠션 출발시

수구출발	9	9.25	10	10.5	11	11.5
1/2지점	4.75	5	5.75	6	6.75	7

도형 : 무회전 주고 1쿠션 1/2지점을 겨냥하면 코너로 돌아 나온다.

수구 출발값 8×1/2 = 1쿠션수 4

(2) 당점의 변화

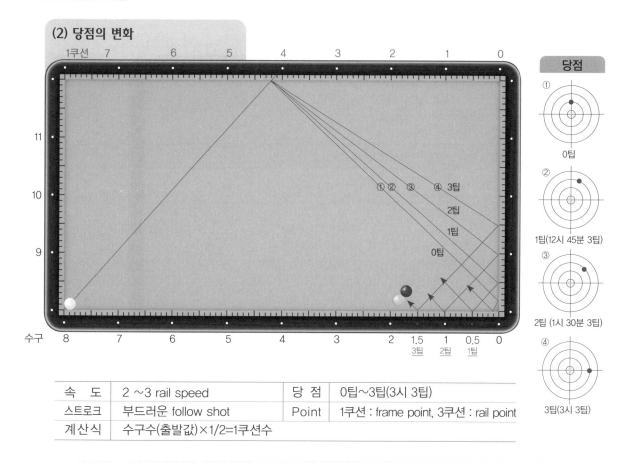

속 도	2 ~3 rail speed	당 점	0팁~3팁(3시 3팁)
스트로크	부드러운 follow shot	Point	1쿠션 : frame point, 3쿠션 : rail point
계산식	수구수(출발값)×1/2=1쿠션수		

요점 · 설명

- 무회전 주고 1쿠션 1/2지점을 겨냥하면, 수구는 코너를 돌아 나온다.
- 회전을 주고 1쿠션 1/2지점을 겨냥하면, 3쿠션은 1팁당 0.5칸씩 이동한다.
- 3뱅크 샷, 옆돌리기와 바깥돌리기에 적용할 수 있다.
- 5½시스템을 적용하면, 극도로 얇게 1적구를 맞추어야 하는 배치에서 무회전 1/2시스템을 이용하면 약간 두껍게 맞추면서도 득점에 성공할 수 있다.
- 코너각보다 약간 뒤쪽을 겨냥하면 3쿠션 지점은 코너보다 뒤쪽으로 들어가서 reverse end로 더블 쿠션에 적용할 수 있다.
- 2적구가 2point이내에 있을 때 아주 유용하다.

도형
① : 무회전 주고 1쿠션 1/2지점을 겨냥하면 코너로 들어간다.
② : 1팁(12시 45분 3팁)주고 1/2지점을 겨냥하면, 3쿠션 0.5 point로 들어간다.
③ : 2팁(1시 30분 3팁)주고 1/2지점을 겨냥하면, 3쿠션 1 point로 들어간다.
④ : 3팁(3시 3팁)주고 1/2지점을 겨냥하면, 3쿠션 1.5 point로 들어간다.

(3) 적용 : 바깥돌리기

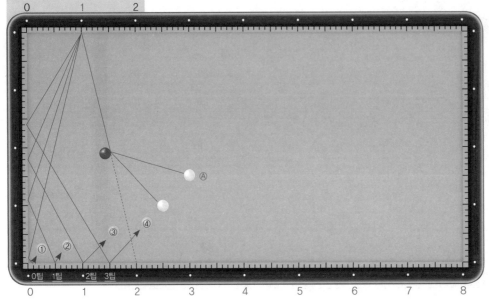

당점

① 느낌팁

② 1팁(11시 15분 3팁)

③ 2팁(10시 30분 3팁)

④ 3팁 (9시 3팁)

- 무회전 주고 코너를 돌아 나오게 하기 위해서는 무회전 대신 느낌팁을 준다.
- ④처럼 두껍게 1적구를 맞추어야 하는 경우에는 밀림현상으로 인해 길어지므로
  -1팁을 보정하거나 중단당점을 준다.

(4) 적용 : 옆돌리기

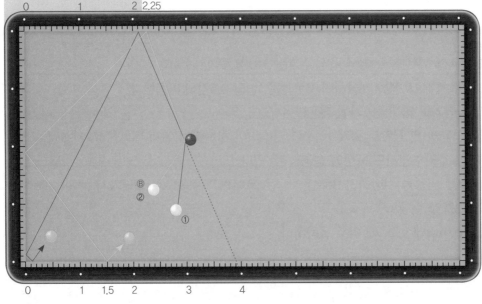

당점

① 느낌팁

② 4팁(8시 3팁)

도형 ① : 느낌팁 주고 1/2지점을 겨냥하면 코너를 돌아 나온다.

② : ⑧처럼 엇각인 경우에는 0.25point 뒤쪽을 겨냥하면서 +1팁 당점을 준다.

무회전 ×6 시스템

(I) 긴 옆돌리기 / 긴 바깥돌리기 – 정규 테이블

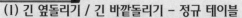

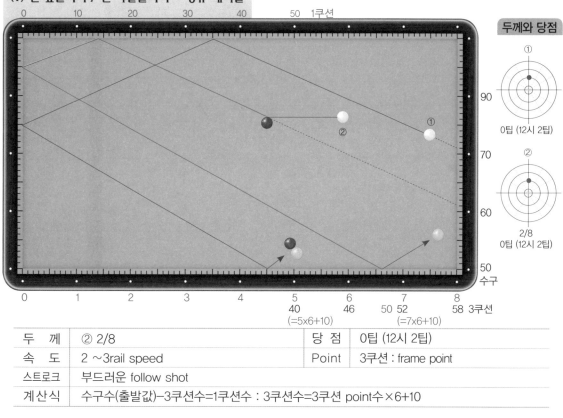

두 께	② 2/8	당 점	0팁 (12시 2팁)
속 도	2 ~3rail speed	Point	3쿠션 : frame point
스트로크	부드러운 follow shot		
계산식	수구수(출발값)−3쿠션수=1쿠션수 : 3쿠션수=3쿠션 point수×6+10		

요점 · 설명

- 정상적인 회전을 주고는 없는 배치에서 무회전을 주고 치는 시스템이다.
- 3뱅크샷, 긴 옆돌리기와 긴 바깥돌리기에 이용할 수 있다.
- 5½ 시스템에서 3쿠션수만 다르게 적용한다.
- 3쿠션수 : point수×6+10=3쿠션수이다. 3쿠션수를 바로 기억하여 두면, 실전 게임에서 빠르게 적용할 수 있다. 이 수식에서 point 수에 6배수를 적용하기 때문에 무회전×6 시스템이라 한다.

point	5	6	7	8
3쿠션수	40	46	52	58

- 주의할 점은 3쿠션수는 frame point라는 사실이다.

  ▣ 스트로크 : 부드럽게 밀어친다.

도형   ① : 수구 출발값 70−3쿠션수 40=1쿠션수 30

② : 수구 출발값 60−3쿠션수 50=1쿠션수 10

(2) 좁은 옆돌리기 / 바깥돌리기 – 1/2테이블

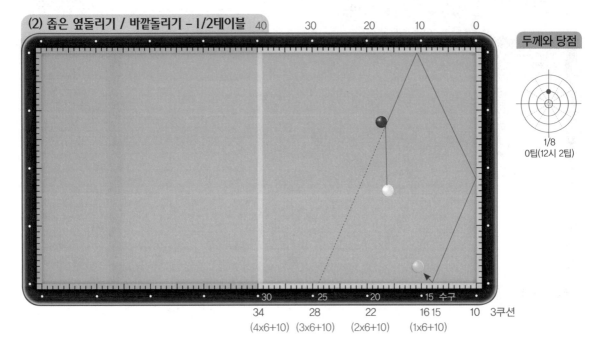

속 도	2 rail speed	당 점	0팁 (12시 2팁)
스트로크	부드러운 follow shot	Point	3쿠션 : frame point
계산식	수구수(출발값)−3쿠션수=1쿠션수 : 3쿠션수=3쿠션 point수 ×6+10		

요점 · 설명

• 무회전 ×6 시스템을 1/2 테이블에 적용한 것이다.

• 수구수(출발값)와 1쿠션수는 5½시스템과 동일하지만 3쿠션값만 다르게 적용한다.

• 3쿠션수는 3쿠션 point수×6+10이다.

point	0	1	2	3	4
3쿠션수	10	16	22	28	34

※ point별 3쿠션수를 바로 기억하고 있으면 실전에서 신속하게 적용할 수 있다.

• 옆돌리기와 바깥돌리기에 적용할 수 있다.

도형 : 수구 출발값 25−3쿠션수 15=1쿠션수 10

무회전 1/2 4쿠션 대칭 시스템(단쿠션 출발)

(1) 기본 원리

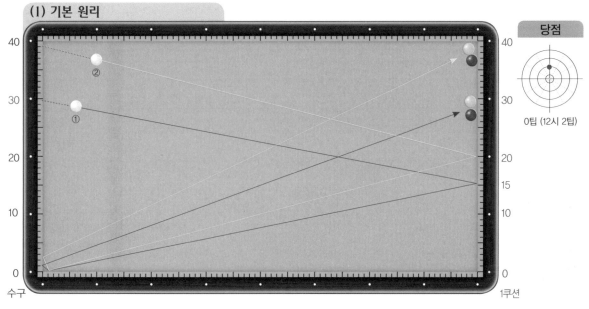

속 도	3 rail speed	당 점	중상단 무회전(12시 2팁)
스트로크	부드럽게 밀어치기		
계산식	수구수(출발값)×½=1쿠션수		

요점·설명

• 중상단 무회전을 주고 1쿠션 1/2지점을 겨냥하면, 수구는 코너를 돌아서 수구 출발점의
  맞은편 대칭점으로 들어간다.

도형 ① : 수구 출발 30에서 1쿠션 1/2지점인 15를 겨냥하면, 3쿠션은 코너, 4쿠션은 맞은편
대칭점 30으로 들어간다.

② : 수구 출발 40에서 1쿠션 1/2지점인 20을 겨냥하면, 3쿠션은 코너, 4쿠션은 맞은편
대칭점 40으로 들어간다.

(2) 적용 : 세워치기

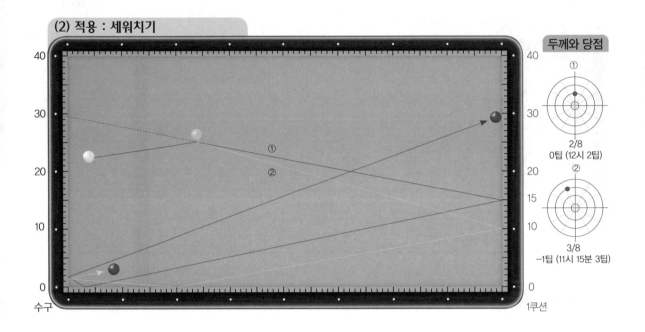

두께와 당점

①
2/8
0팁 (12시 2팁)

②
3/8
−1팁 (11시 15분 3팁)

수구   1쿠션

속 도	2 rail speed	당 점	중상단 무회전(12시 2팁)
스트로크	부드러운 follow shot		
계산식	수구수(출발값)×½=1쿠션수		

요점·설명

• 1/2지점보다 0.5point 앞쪽을 겨냥하면서 −1팁을 주면, 수구의 진행 경로를 가파르게 만들 수 있다.

• 세워치기의 이점은 득점 실패 시 자연적으로 수비가 된다는 점이다.(2적구를 빨간 공으로 선택할 때)

　▣ 스트로크 : 타격감 없이 부드럽게 밀어친다.

도형　① : 수구 출발 30에서 무회전 주고 1/2지점인 1쿠션 15를 겨냥하면 코너를 돌아나온다.
　　　② : 수구 출발 30에서 −1팁(11시 15분 3팁) 주고 1/2지점인 15보다 0.5point(5) 앞쪽을 겨냥하면 코너를 돌아 가파르게 올라온다.

(3) 적용 : 빗겨치기

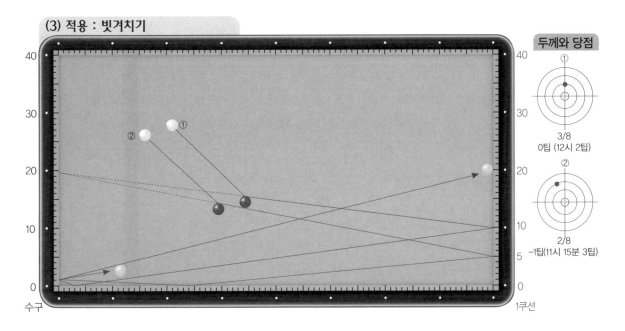

두 께	① 3/8, ② 2/8	당 점	중상단 무회전(12시 2팁)
속 도	2~3 rail speed		
스트로크	부드러운 follow shot		
계산식	수구수(출발값)×½=1쿠션수		

요점 · 설명

도형 ① : 수구 출발 20에서 무회전을 주고 1/2지점인 10을 겨냥하면, 코너를 돌아나와
수구 출발점의 맞은편 20으로 들어간다.

② : −1팁(11시 15분 3팁) 주고 1/2지점보다 0.5point 앞쪽인 5를 겨냥하면, 역회전 효과
로 인하여 수구는 3쿠션 이후 가파르게 진행한다.

무회전 1/2 4쿠션 대칭 시스템(장쿠션 출발)

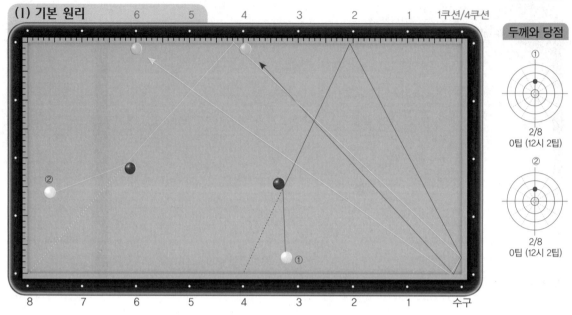

두 께	① 2/8, ② 2/8	당 점	0팁(12시 2팁)
속 도	2rail speed	Point	1쿠션 frame point
스트로크	부드러운 follow shot		
계산식	수구수(출발값)×½=1쿠션수, 4쿠션수=수구수		

요점 · 설명

- 무회전을 주고 1쿠션 1/2지점을 겨냥하면, 수구는 코너를 돌아서 4쿠션 수구 맞은편 대칭점으로 들어간다.(도형①)
- 수구출발 4이내에서는 4쿠션이 대칭점과 일치하지만, 수구출발 5부터는 조금씩 짧아져서 4쿠션은 수구 대칭점과 4쿠션 4point의 중간 지점으로 들어간다.
- 예를들면 수구출발 8에서 1쿠션 1/2지점인 4를 겨냥하면 4쿠션수=(8-4)×½=2만큼 짧아진 6으로 들어간다.(도형②)

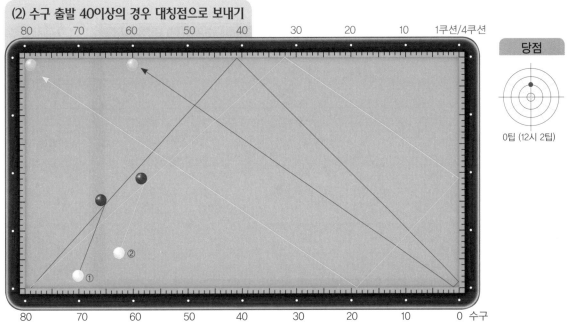

(2) 수구 출발 40이상의 경우 대칭점으로 보내기

요점·설명

• 수구 출발 40초과의 경우에는 1쿠션 1/2지점 겨냥 시, 4쿠션은 대칭점보다 짧게 들어간다.
세부적으로는 4쿠션은 아래표와 같이 수구 대칭점과 40의 중간 지점으로 들어간다.

수구	50	60	70	80
4쿠션	45	50	55	60
차이(a)	5	10	15	20

• 수구의 대칭점으로 보내기 위해서는 차이(a)×½만큼 앞쪽을 겨냥한다.

수구	50	60	70	80
1/2지점	25	30	35	40
1쿠션 겨냥점	22.5	25	27.5	30

※ 편의상 모든 수치를 10단위로 표시했음.

도형 ① : 수구 출발 80에서 1쿠션 1/2지점인 40을 겨냥하면, 4쿠션은 대칭점 80보다 2칸
짧아져서 60으로 들어간다.
② : 수구 출발 80에서 1쿠션 30(=40-10)을 겨냥하면, 4쿠션은 대칭점 80으로 들어간다.

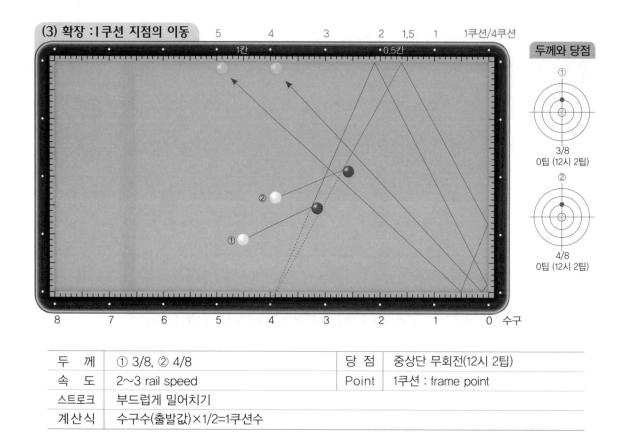

(3) 확장 : 1쿠션 지점의 이동

두께와 당점

①
3/8
0팁 (12시 2팁)

②
4/8
0팁 (12시 2팁)

두 께	① 3/8, ② 4/8	당 점	중상단 무회전(12시 2팁)
속 도	2~3 rail speed	Point	1쿠션 : frame point
스트로크	부드럽게 밀어치기		
계산식	수구수(출발값)×1/2=1쿠션수		

요점 · 설명

• 1쿠션 지점을 1/2지점으로부터 0.5 point 이동하면, 4쿠션은 1칸 길어진다.
  (짧게는 코너를 돌수 없으므로 불가능하다.)

• 1쿠션 지점을 1/2지점으로부터 1 point 이동하면, 4쿠션은 2칸 길어진다.

도형
① : 수구 출발 4에서 1쿠션 1/2지점인 2를 겨냥하면, 코너를 돌아나와 4쿠션은 수구의 맞은편 대칭점인 4로 들어간다.

② : 수구 출발 4에서 1쿠션 1/2지점인 2보다 0.5칸 앞인 1.5를 겨냥하면, 4쿠션은 수구의 맞은편 대칭점보다 1칸 길어진 5로 들어간다.

(4) 확장 : 당점의 변화

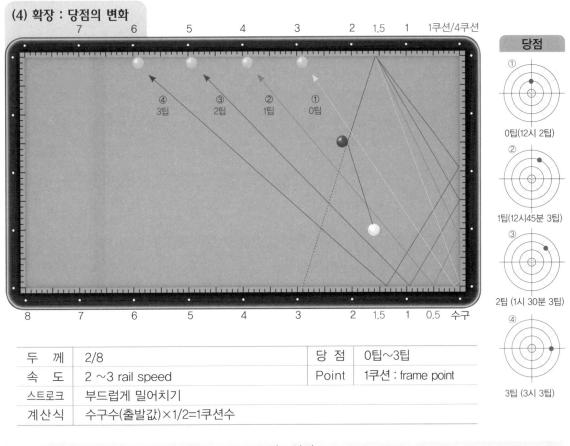

두 께	2/8	당 점	0팁~3팁
속 도	2 ~3 rail speed	Point	1쿠션 : frame point
스트로크	부드럽게 밀어치기		
계산식	수구수(출발값)×1/2=1쿠션수		

요점 · 설명

• 무회전 대신 회전을 주면 1팁당 4쿠션은 대체적으로 1point 길어진다.

도형

① : 수구출발 3에서 무회전 주고 1쿠션 1/2지점을 겨냥하면, 4쿠션은 수구의 맞은편 대칭점 3으로 들어간다.

② : 무회전 대신 1팁(12시45분 3팁)을 주면, 3쿠션은 0.5point 길어지고, 4쿠션은 1point 길어진다.

③ : 2팁 (1시 30분 3팁)을 주면, 3쿠션은 1point 길어지고, 4쿠션은 2point 길어진다.

④ : 3팁 (3시 3팁)을 주면, 3쿠션은 1.5point 길어지고, 4쿠션은 3point 길어진다.

Billiards

무회전 4쿠션 991 시스템

(1) 원리

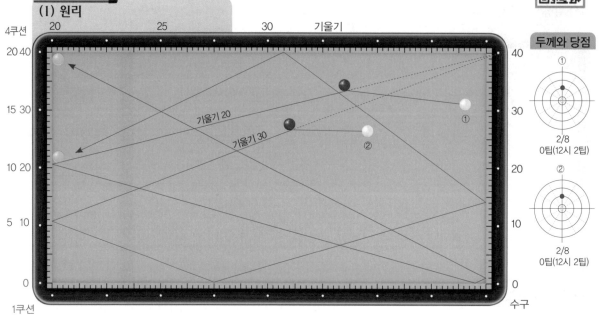

두 께	① 2/8, ② 2/8	당 점	중상단 무회전(12시 2팁)
속 도	3 rail speed	Point	1쿠션, 4쿠션 : frame point
스트로크	부드러운 follow shot		
계산식	수구수(출발값)-4쿠션 수 = 1쿠션수, 4쿠션수=기울기		

요점 · 설명

- 수구 출발 40에서 맞은편 1/2지점인 20을 겨냥하면(이때의 기울기는 20), 4쿠션 20(코너)으로 들어간다.(도형①)

- 수구수(출발값)와 1쿠션수는 1칸당 10씩 증가한다. 4쿠션수는 장쿠션 1/2지점이 30이고 코너가 20이다.(위 도형 참조) 4쿠션수는 기울기를 의미하며 이 기울기로 1쿠션을 겨냥하면 된다.
  즉 수구출발 30에서 1쿠션 10을 겨냥해도 4쿠션 코너(20)으로 들어간다.

- 수구 출발 40에서 1쿠션 10을 겨냥하면 (도형②), 기울기 값은 30이 되며, 4쿠션 30을 거쳐 5쿠션은 단쿠션 중앙 지점으로 들어간다.

※ 앞돌리기 세워치기에서 무회전 대신 역회전 1팁을 주는 경우에는 두께를 1/8 증가시킨다.

도형 　①: 수구 출발값 40-4쿠션수 20= 1쿠션수 20
　　　　　②: 수구 출발값 40-4쿠션수 30=1쿠션수 10

(2) 응용

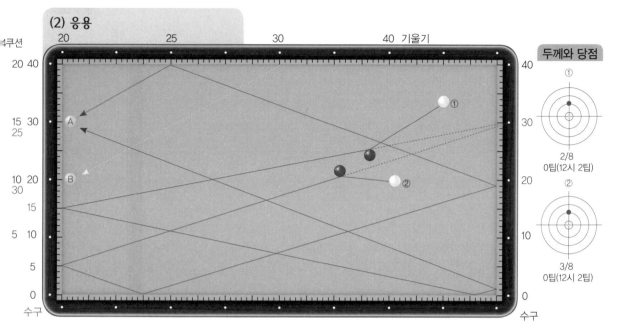

두　　께	① 2/8, ② 3/8	당　점	중상단 무회전(12시 2팁)
속　　도	3 rail speed	Point	4쿠션 : frame point
스트로크	부드러운 follow shot		
계산식	수구수(출발값)-4쿠션 수 = 1쿠션수, 4쿠션수=기울기		

요점 · 설명

· ⒜에 있는 2적구를 맞추는 방법에는 2가지가 있다.

　1) 기울기 15(=4쿠션값)로 1쿠션을 겨냥하여, 4쿠션으로 득점하는 방법(도형①)

　2) 기울기 25(=4쿠션값)로 1쿠션을 겨냥하여, 5쿠션으로 득점하는 방법(도형②)

· ⒝에 있는 2적구를 맞추는 방법도 동일하게 2가지 방법을 적용할 수 있다.

　1) 기울기 10(=4쿠션값)으로 1쿠션을 겨냥하여, 4쿠션으로 득점하는 방법

　2) 기울기 30(=4쿠션값)으로 1쿠션을 겨냥하여, 5쿠션으로 득점하는 방법

도형　① (4쿠션) : 수구 출발값 30-4쿠션수 15=1쿠션수 15 (Page153의 무회전 1/2 4쿠션
　　　　　대칭 시스템과 동일한 결과이다.)

　　　　② (5쿠션) : 수구 출발값 30-4쿠션수 25=1쿠션수 5

무회전 세워치기 / 빗겨치기 시스템

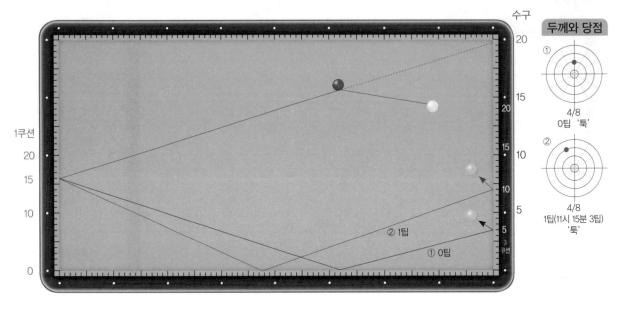

두 께	4/8		당 점	중상단 무회전(12시 2팁)
속 도	2 ~3 rail speed			
스트로크	가볍게 '툭'친다.			
계산식	1쿠션수=수구수(출발값)-3쿠션수			

요점 · 설명

• 2적구가 3쿠션 코너로부터 떨어져 있을 때에 적용할 수 있는 시스템이다.

• 계산식은 1쿠션수=수구수(출발값)-3쿠션수이다. 3쿠션수는 0.7point당 5씩 증가한다.

Point	0.7	1.4	2.1	2.8
3쿠션수	5	10	15	20

• 당점의 변화 : 무회전 대신 1팁(11시 15분 3팁)을 줄 때에는 1쿠션수+5보정을 한다.

  (또는 1팁을 주면 3쿠션 지점은 무회전 지점보다 0.7point 짧아지는 것으로 이해하여도 된다.)

  ■ 스트로크 : 가볍게 '툭'친다.

도형 ① : 수구 출발값 20-3쿠션수 5=1쿠션수 15: 무회전

     ② : 도형①에서 무회전 대신 1팁(11시 15분 3팁)을 주면, 3쿠션 10으로 들어간다.

       (즉 0.7point 짧아진다.) 그러나 개인에 따라서는 1팁에 1칸 이동이 될 수도 있다.

Billiards
무회전 3쿠션 코너 라인 시스템

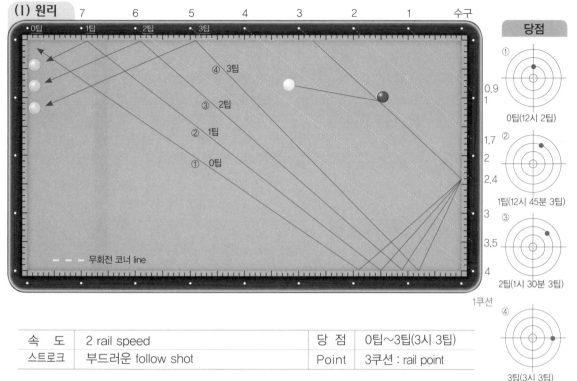

속 도	2 rail speed	당 점	0팁~3팁(3시 3팁)
스트로크	부드러운 follow shot	Point	3쿠션 : rail point

요점 · 설명

• 무회전 주고 코너 line을 겨냥하면 3쿠션 코너로 들어간다.
• 주의할 점 : 수구출발 2에서 1쿠션 2를 겨냥하면, 코너보다 짧게 들어간다. 코너로 보내기 위해서는
  1쿠션 1.7을 겨냥하여야 한다. 대체적으로 3뱅크의 경우에는 1쿠션 지점을 0.1~0.2point 짧게 겨냥
  하는 것이 득점 확률을 높일 수 있다. 구체적으로 1쿠션 겨냥점은 다음과 같다.

수구수(출발값)	1	2	3	4	5	6
겨냥값	0.9	1.7	2.4	3.0	3.5	4.0

• 1팁(12시 45분 3팁)을 주고 코너 라인을 겨냥하면 1칸 짧게 들어간다.
  2팁(1시 30분 3팁)을 주고 코너 라인을 겨냥하면 2칸 짧게 들어간다.
  3팁(3시 3팁)을 주고 코너 라인을 겨냥하면 3칸 짧게 들어간다.

도형
① : 무회전 주고 코너 라인(수구 출발값 3→1쿠션 2.4)을 겨냥하면, 3쿠션 코너로 들어간다.
② : 1팁(12시45분 3팁) 주고 코너 라인(수구 출발값 3→1쿠션 2.4)을 겨냥하면, 코너보다 1칸 짧게 들어간다.
③ : 2팁(1시30분 3팁) 주고 코너 라인(수구 출발값 3→1쿠션 2.4)을 겨냥하면, 코너보다 2칸 짧게 들어간다.
④ : 3팁(3시 3팁) 주고 코너 라인(수구 출발값 3→1쿠션 2.4)을 겨냥하면, 코너보다 3칸 짧게 들어간다.
*초중급자의 경우에는 3팁을 주면 대부분 2.5칸 짧게 들어간다.

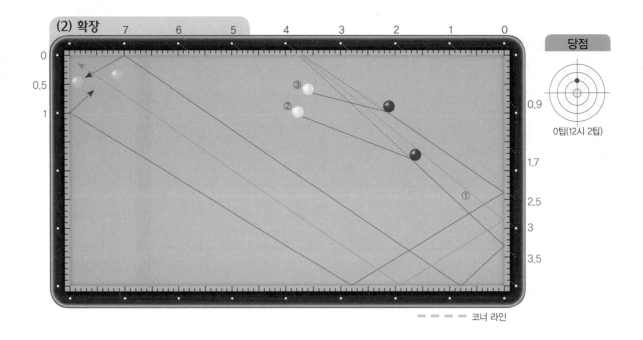

속 도	2 ~2.5 rail speed	당 점	무회전(12시 2팁)
스트로크	부드러운 follow shot	Point	3쿠션 : rail point

요점·설명

· 무회전 코너 라인보다 0.5 point 앞쪽을 겨냥하면, 3쿠션은 코너보다 1칸 짧게 들어간다.

· 무회전 코너 라인보다 0.5 point 뒤쪽을 겨냥하면, 3쿠션은 코너보다 1칸 길게 들어간다.

  ※ 정확한 겨냥 point는 출발 위치에 따라 0.3~0.5point 보정이다.

도형 ① : 무회전 주고 코너 라인(수구출발값 4→1쿠션 3)을 겨냥하면, 3쿠션 코너로 들어간다.

② : 무회전 주고 코너 라인(수구출발값 4→1쿠션 3)보다 0.5point 앞인 1쿠션 3.5를 겨냥하면,
      1칸 짧아진 7point로 들어간다.

③ : 무회전 주고 코너 라인(수구출발값 4→1쿠션 3)보다 0.5point 뒤인 1쿠션 2.5를 겨냥하면,
      코너보다 1칸 길어져서 단쿠션 1point로 들어간다.

무회전 4쿠션 시스템 : 수구출발값 40이하

(1) 기본 원리

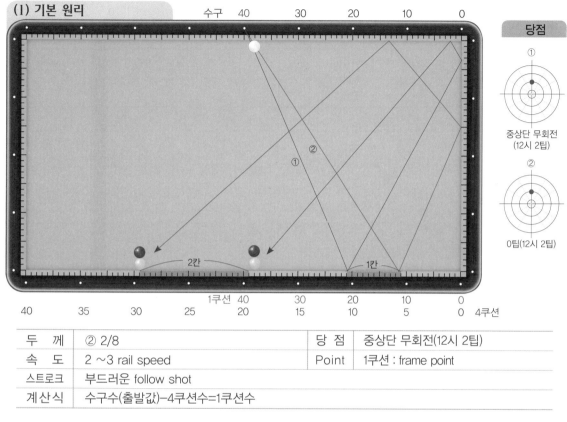

두 께	② 2/8	당 점	중상단 무회전(12시 2팁)
속 도	2 ~3 rail speed	Point	1쿠션 : frame point
스트로크	부드러운 follow shot		
계산식	수구수(출발값)−4쿠션수=1쿠션수		

요점 · 설명

• 옆돌리기, 바깥돌리기와 3뱅크샷에 적용할 수 있는 무회전 4쿠션 시스템이다.

• 수구수(출발값)와 1쿠션수는 1point당 10씩 증가하지만 4쿠션수는 1칸에 5씩 증가한다.

• 수구수(출발값)에서 목표로 하는 4쿠션수를 차감하면 1쿠션수가 나온다.

• 수구 출발 30이하의 경우 4쿠션이 조금 길어지는 경향이 있으므로 무회전 대신 − 느낌팁을 주는 것이 좋다.(특히 옆돌리기의 경우)

　　■ 스트로크 : 2 ~2.5 rail speed로 부드럽게 밀어친다.

도형　① : 수구 출발값 40−4쿠션수 20=1쿠션수 20 : 1쿠션 1/2지점인 20을 겨냥하면 수구 맞은편 대칭점인 4쿠션 20으로 들어간다.

　　　　② : 수구 출발값 40−4쿠션수 30=1쿠션수 10 : 1쿠션 1/2지점인 20으로부터 1point 이동하면, 4쿠션은 수구의 대칭점인40보다 2point길어진다.

(2)당점의 변화

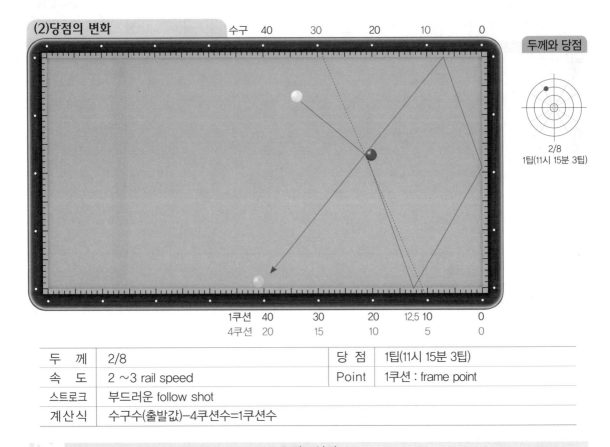

두께와 당점
2/8 1팁(11시 15분 3팁)

두 께	2/8	당 점	1팁(11시 15분 3팁)
속 도	2 ~3 rail speed	Point	1쿠션 : frame point
스트로크	부드러운 follow shot		
계산식	수구수(출발값)−4쿠션수=1쿠션수		

요점 · 설명

- 1쿠션 지점을 겨냥하기 어려운 경우에는(예: 지나치게 얇은 두께), 1쿠션 지점을 +2.5 보정하고 무회전 대신 1팁(11시 15분 3팁) 당점을 준다.

도형 : 수구 출발값 30−4쿠션수 20=1쿠션수 10(무회전 기준)

1쿠션수 10+보정 2.5=1쿠션수 12.5(1팁 기준)

무회전 평행이동법

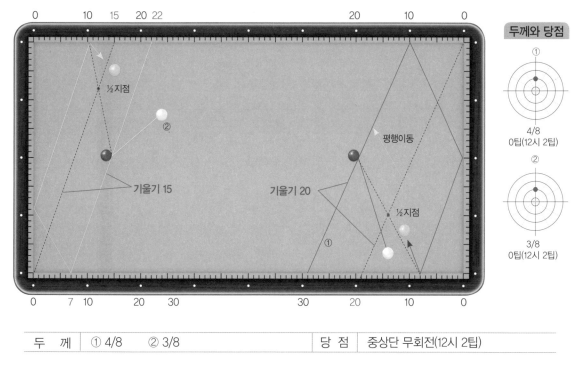

두 께	① 4/8 ② 3/8	당 점	중상단 무회전(12시 2팁)

요점 • 설명

- 실전 게임에서 신속하게 적용할 수 있는 무회전 시스템이다.
- 적용 순서 1) 3쿠션 지점을 정한다.
  2) 3쿠션 지점과 1적구의 중간 지점을 찾는다.
  3) 중간 지점과 코너를 연결한다.
  4) 연결선을 1적구 맞는 지점까지 평행이동한다. 평행이동 대신 기울기법을 적용하는 것이 더 간편하고 정확하다.
- 3뱅크, 2뱅크 뿐만 아니라 앞돌리기, 세워치기, 옆돌리기와 바깥 돌리기에 적용할 수 있다.
- Ball 1st의 경우 2/8두께 이하로 1적구를 맞추어야 하는 경우에는 짧아지는 경향이 있으므로 무회전 대신 0.5팁 정도 정회전을 주는 것이 좋다.

도형 ① (옆돌리기) : 1 적구와 3쿠션 지점을 연결한 선의 1/2지점과 코너를 연결한 선의 기울기는 20이다. 1적구를 지나면서 기울기 20인 선을 찾으면, 수구 출발값 30-기울기 20=1쿠션수 10이다.
② (바깥돌리기) : 1/2지점과 코너를 연결한 선의 기울기는 15이다.
수구 출발값 22-기울기 15=1쿠션수 7이다.

무회전 장·장·단(장쿠션 출발) 더블 쿠션 시스템–2쿠션 지점 설정법

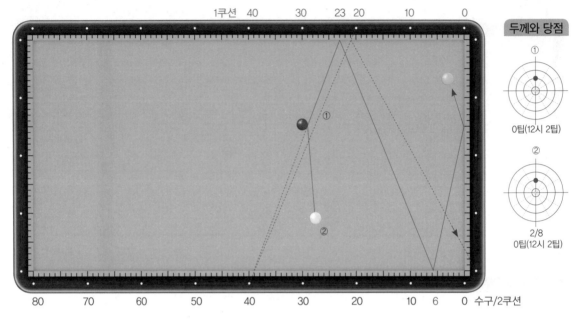

두께	② 2/8	당점	중상단 무회전(12시 2팁)
속도	2 rail speed	Point	2쿠션 : rail point
스트로크	부드러운 follow shot		
계산식	(수구 출발값+2쿠션수)÷2=1쿠션수		

요점·설명

- 2쿠션→3쿠션으로 진행되는 입사각＝반사각 원리를 적용하여, 2쿠션 지점을 정한 후에
(수구 출발값+2쿠션수)÷2＝1쿠션수 계산식을 이용하여 1쿠션 지점을 결정하는 시스템이다.

- ◫ 스트로크 : 타격 없이 부드럽게 밀어친다.

도형　① : 무회전 주고, 수구 출발값 40에서 1쿠션 1/2지점인 20을 겨냥하면, 2쿠션 코너로
들어간다.
② : (수구 출발값 40+2쿠션수 6)÷2=23
무회전 주고 1쿠션 23을 향하여 부드럽게 밀어 치면 더블 쿠션으로 득점에 성공할 수 있다.

Billiards

무회전 단 · 단 · 장 (단쿠션 출발) 더블 쿠션 시스템 – 2쿠션 지점 설정법

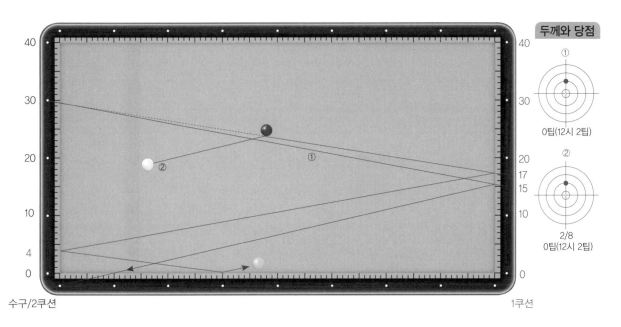

두께와 당점

① 0팁(12시 2팁)

② 2/8 0팁(12시 2팁)

수구/2쿠션

1쿠션

두 께	② 2/8	당 점	중상단 무회전(12시 2팁)
속 도	2 ~2.5 rail speed	Point	2쿠션 : rail point
스트로크	부드러운 follow shot		
계산식	(수구출발값+2쿠션수)÷2=1쿠션수		

요점 · 설명

• 2쿠션수→3쿠션으로 진행되는 입사각 =반사각 원리를 적용하여 2쿠션 지점을 정한 후에
(수구 출발값+ 2쿠션수)÷2=1쿠션수 계산식을 이용하여 1쿠션 지점을 결정하는 시스템이다.

   ■ 스트로크 : 타격 없이 부드럽게 밀어친다.

도형 ① : 수구 출발값 30에서 무회전을 주고 1쿠션 1/2지점인 15를 겨냥하면 2쿠션 코너로
들어간다.

② : (수구 출발값 30+2쿠션수 4)÷2=17. 무회전을 주고 1쿠션 17을 향하여 부드럽게
밀어치면 더블 쿠션으로 득점에 성공할 수 있다.

무회전 더블 쿠션 2·4·6·8 시스템 - 1적구가 쿠션으로부터 떨어져 있는 경우

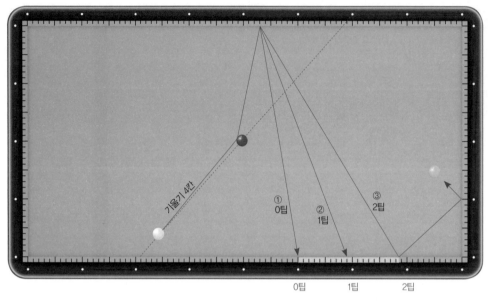

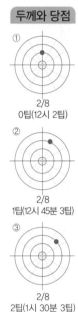

두께와 당점

① 2/8 0팁(12시 2팁)

② 2/8 1팁(12시 45분 3팁)

③ 2/8 2팁(1시 30분 3팁)

요점·설명

• 1적구가 장쿠션으로부터 떨어져 있을 때 적용할 수 있는 더블 쿠션 시스템이다.

※ 1적구가 쿠션에 붙어 있을 때에는 일출 일몰 시스템을 적용한다.

• 기울기 : 수구의 중심과 1적구의 옆면을 연결한 선의 연장선을 기준으로 결정한다.

• 두께 : 두께는 1적구를 장쿠션과 나란하게 보내는 두께이다.

  다음의 표는 수구와 1적구의 기울기별로 장쿠션과 나란히 보내는 두께를 보여준다.

기울기(칸)	2	3	4	5	6	7~
두께	1/8	2/8	3/8	3.5/8	4/8	4/8

※기울기가 7이상인 경우에는 두껍게 맞추면 곡구가 발생하므로 4/8 두께를 사용한다.

• 기울기에 따라 수구가 내려가는 칸수는 다음과 같다.(무회전 기준)

기울기(칸)	2	3	4	5	6	7	8
이동(칸)	0	0.5	1	1.5	2	2.5	3

당점 무회전이 기준이지만 회전을 주면서 수구에 탄력을 주면 1팁당 1칸씩 내려간다.
(부드럽게 칠 경우에는 1팁당 0.5~0.7칸씩 내려간다.)

도형 ① : 기울기 4칸이므로 3/8두께를 적용한다. 무회전을 주면 1칸 전진하고(도형①), 1팁(12시 45분 3팁)을 주면 1칸 더 전진하고(도형②), 2팁(1시 30분 3팁)을 주면 2칸 더 전진(총 3칸)한다(도형③).

무회전 N자형 횡단 / 더블 시스템

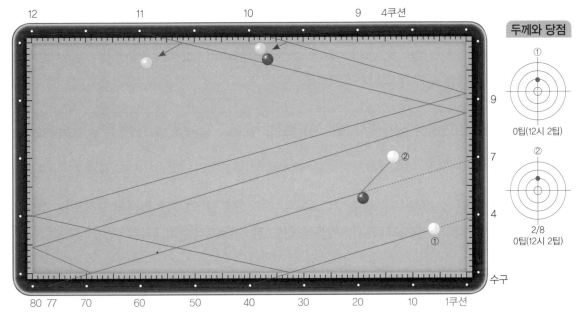

스트로크	가볍게 '툭'	당 점	중상단 무회전(12시 2팁)
계산식	4쿠션수×수구수(출발값)=1쿠션수	Point	수구, 1쿠션, 4쿠션 : frame point

요점 • 설명

- 무회전을 주고 치는 N자형 횡단 / 더블 시스템이다.
- 계산식은 4쿠션수×수구수(출발값)=1쿠션수이다.

  수구수(출발값)는 단쿠션1point가 4, 2point가 7이고, 3point가 9이다. 1쿠션수는 1point당 10씩
  증가한다. 4쿠션수는 장쿠션 중앙이 10이고 좌우 2칸당 1씩 증감한다.
- 빠르게 계산하려면 먼저 4쿠션수를 정하고 수구수(출발값)에 맞는 1쿠션수를 결정한다.
- 옆돌리기 / 바깥돌리기 : 2/8 두께 이상으로 1적구를 맞추면 수구와 1적구의 키스가 자주 발생한다.
  키스를 피하기 위해서는 1적구에 살짝 충격을 주는 '땅' 스트로크로 바꿔주고 1적구를 먼저 보낸다.

  ▣ 스트로크 : 가볍게 '툭'친다.

도형 ① (3뱅크) : 4쿠션수 10×수구 출발값 4=1쿠션수 40
② (옆돌리기) : 4쿠션수 11×수구 출발값 7=1쿠션수 77

맥시멈 4팁 시스템

- 맥시멈(4팁) 시스템의 가장 큰 장점은 1~2팁의 경우 넘치거나 모자란 회전을 줄 가능성이 있지만, 맥시멈(4팁) 시스템의 경우에는 최대 회전을 사용하기 때문에 부족하거나 넘칠 염려가 없어서 정확한 당점 주기가 쉽다는 점이다.

- 이러한 장점으로 인하여 실전에서 많이 이용되고 있으며 성공 확률 또한 매우 높은 시스템이다.

- 많은 사람이 옆단 3팁(3시, 9시 3팁)과 4팁(4시. 8시 3팁) 모두를 맥시멈 회전에 포함되는 것으로 이해하고 있다. 따라서 본 교재에서는 옆단 3팁도 본 단원에서 함께 다룬다.

- 맥시멈 당점은 사람에 따라서는 3시 30분(8시 30분) 3팁으로 적용하기도 하고, 4시(8시) 3팁으로 적용하기도 한다. 어느 당점이 자신에게 맞는지 파악할 필요가 있다.

- 1/4 당구 테이블에서는 맥시멈 4팁 당점을 사용하는 40 시스템, 18 시스템과 제자리 15 시스템을 실전에서 유용하게 적용할 수 있다.

- 또한 정규 테이블에서는 맥시멈 40(4칸) 시스템이 많이 사용된다.

Billiards
맥시멈 40 시스템 : 1/4 테이블

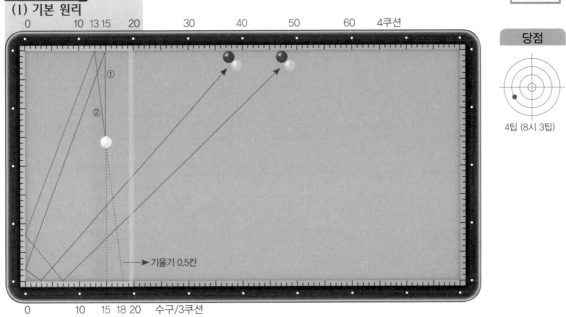

속 도	2~2.5 rail speed	당 점	4팁(8시 3팁)
스트로크	부드러운 follow shot	Point	4쿠션 : frame point

요점 • 설명

- 수구 출발 20 이내에서 4팁(8시 3팁) 주고 수직으로 입사시키면, 수구는 코너를 돌아서 4쿠션 40으로 진행한다.
- 수직 입사 : 수구와 1적구가 만나는 지점을 기준으로 수직 입사 시킨다.
- 수구 출발 5 이내에서는 cornerwork 효과로 인하여 4쿠션 40보다 조금 더 길게 진행된다.
  4쿠션 40으로 보내려면, 4팁 대신 3팁 (9시 3팁)을 주거나 4팁 주고 수직 입사선보다 0.1 point 윗쪽을 겨냥하면 된다.
- 수직 입사 대신 기울기 0.5칸으로 입사시키면, 4쿠션은 1칸 길어져서 50으로 들어가며, 기울기 1칸으로 입사시키면 2칸 길어진 4쿠션 60으로 진행된다.

▣ 스트로크 : 부드럽게 밀어친다.

도형 ① : 수구 출발 15에서 4팁(8시 3팁) 주고 수직으로 입사시키면, 4쿠션 40으로 진행한다.
      ② : 기울기 0.5(18-13=5)칸으로 입사시키면, 1칸 길어져서 4쿠션 50으로 진행한다.

(2) 2 · 3쿠션 지점

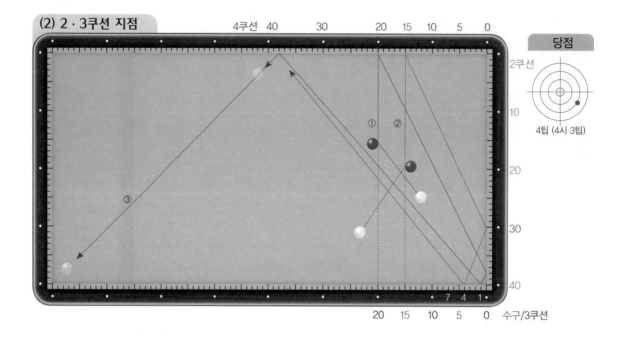

두 께	2.5~3 rail speed	당 점	4팁(4시 3팁)
속 도	빠른 long follow	Point	2, 3쿠션 : rail point, 4쿠션 : frame point

요점 · 설명

• 4팁 (4시 3팁) 주고 수직으로 입사시키면 아래와 같이 2, 3쿠션을 거쳐서 4쿠션 40으로 들어간다.

도형	수구 출발값	2쿠션수	3쿠션수	수구 출발값 + 3쿠션수
①	20	40	1	21
②	15	30	4	19
N/A	10	20	7	17
N/A	5	10	10	15

• 4쿠션 40으로 진행된 수구는 5쿠션 코너로 들어간다.(도형③)

• 2쿠션과 3쿠션은 rail point로 들어가고, 4쿠션은 frame point로 들어간다.

도형　①: 수구 출발 20에서 4팁(4시 3팁) 주고 수직으로 입사시키면 2쿠션 40과 3쿠션
1을 거쳐 4쿠션 40을 향하여 들어간다.　※5쿠션은 코너로 들어간다(도형③).

②: 수구 출발 15에서 4팁(4시 3팁) 주고 수직으로 입사시키면 2쿠션 30과 3쿠션
4를 거쳐 4쿠션 40을 향하여 들어간다.

(3) 적용예

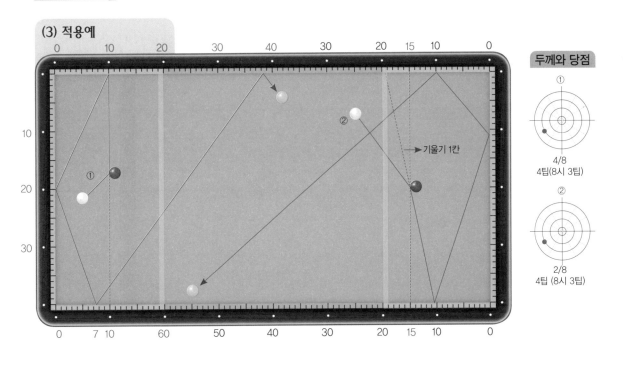

두께와 당점

① 4/8 4팁(8시 3팁)

② 2/8 4팁 (8시 3팁)

속 도	2.5~3 rail speed	당 점	4팁(8시 3팁)
스트로크	빠른 long follow	Point	4쿠션 : frame point

요점·설명

도형 ① 옆돌리기 : 수구 출발 10에서 4팁(8시 3팁) 주고 수직으로 입사시키면, 수구는
2쿠션 20과 3쿠션 7을 거쳐 4쿠션 40으로 진행한다.

② 빗겨치기 : 수구 출발 15에서 4팁(8시 3팁) 주고 기울기 1칸(20-10=10)으로 입사
시키면, 수구는 4쿠션 40보다(수직 입사 기준) 2칸 길어진 4쿠션 60으로 진행한다.

맥시멈 18 시스템 : 1/4 테이블

(1) 기본 원리(수직 입사)

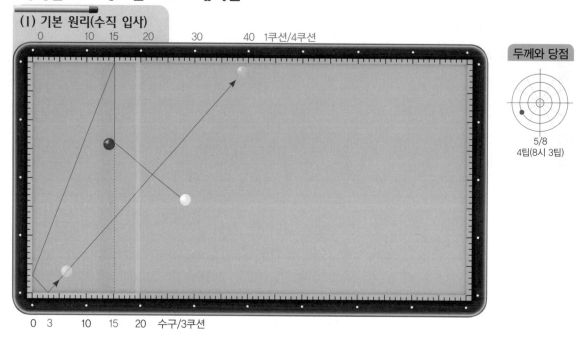

두께와 당점

5/8
4팁(8시 3팁)

속 도	3 rail speed	당 점	4팁(8시 3팁)
계산식	18-1쿠션수=3쿠션수	Point	4쿠션 : frame point

요점 · 설명

- 1/4 테이블에서 적용하는 시스템으로서 앞서 설명한 맥시멈 40 시스템을 실전에서 신속하게 적용할 수 있는 간편법이다.
- 1쿠션 수 : 수구를 1쿠션에 수직으로 입사시키는 선을 기준으로 적용한다.
- 1적구가 1쿠션 18 이내에 위치할 때 맥시멈 회전인 4팁(8시 3팁)을 주고 수직으로 입사시키면 1쿠션수와 3쿠션수의 합은 18이 된다.

  ※ 앞서 설명한 맥시멈 40 시스템에서의 숫자 20대신에 18을 적용한다(초중급자의 경우에는 20보다 18이 더 적합하다).

- 이때 4쿠션은 장쿠션 40으로 들어간다.

도형 : 18-1쿠션수 15 =3쿠션수 3

(2) 보정(수직 입사가 아닌 경우)

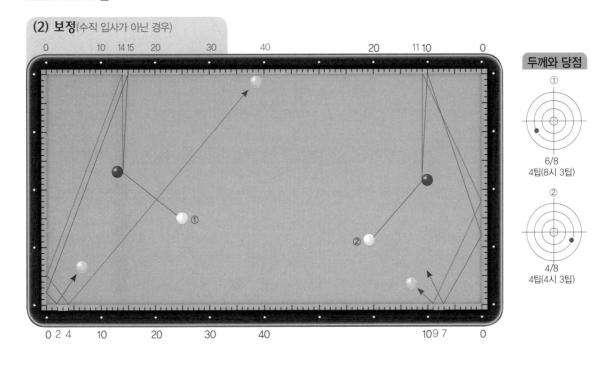

속 도	3 rail speed	당 점	4팁(4시, 8시 4팁)
스트로크	빠른 long follow	Point	1쿠션 :rail point
계산식	(시스템상의 3쿠션수 – 목표 3쿠션수)×1/2=보정치, 수구 출발값±보정치=1쿠션수		

요점 · 설명

도형①
- 4팁 (8시 3팁)주고 수구 출발값 14에서 수직 입사시키면, 3쿠션은 4로 들어간다.
  (18–수구 출발값 14=3쿠션수 4)

- 만약에 2적구가 3쿠션 4가 아닌 2의 위치에 있다면 (3쿠션수 4–2)÷2=1(1쿠션 보정치) 수구 출발값 14+보정치 1=1쿠션수 15를 겨냥하면 3쿠션 2로 보내어 득점할 수 있다.

도형②
- 수구 출발값 11에서 4팁 (4시 3팁)주고 수직 입사시키면 3쿠션은 7로 들어간다.
  (18–수구 출발값 11=3쿠션수 7)

- 만약에 2적구가 3쿠션 7이 아닌 9의 위치에 있다면 (3쿠션수 7–9)÷2=–1 보정치 수구 출발값 11–보정치 1=1쿠션수 10을 겨냥하면 3쿠션 9로 보내어 득점할 수 있다.

3팁 15 시스템 : 1/4 테이블

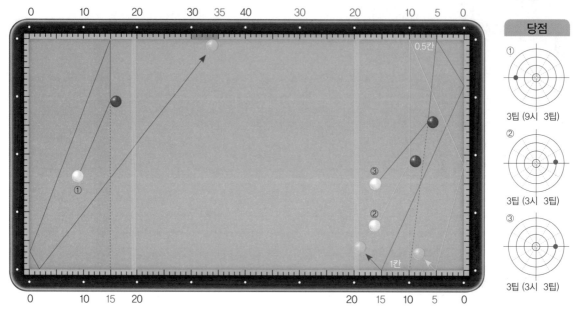

속　도	3 rail speed	당 점	3팁(3시, 9시 3팁)
스트로크	빠른 long follow	Point	4쿠션 : frame point
계산식	수구 출발값 +3쿠션수 =15		

요점 · 설명

• 이 시스템은 4팁(맥시멈 회전) 대신 3팁(3시, 9시 3팁)을 주는 시스템으로서 18대신 15수치를 적용한다.

• 1적구가 15이내에 위치할 때 3팁을 주고 수직으로 입사시키면, 1쿠션수와 3쿠션의 합은 15가 된다.

• 이때 4쿠션은 장쿠션 30~35로 들어간다.

• 수직 입사 대신 기울기 0.5칸으로 입사시키면 3쿠션은 1칸 길어진다.

도형　① : 수구 출발값 15+3쿠션수 0=1쿠션수 15

수구 출발 15에서 3팁(9시 3팁)주고 1쿠션 15를 겨냥하면, 즉 수직 입사시키면, 수구는 코너를 돌아나와 4쿠션 35로 들어간다.

② : 수구 출발값 10+3쿠션수 5=1쿠션수 15 : 수구출발 10에서 수직 입사시키면, 3쿠션 5로 들어간다.

③ : 수구 출발값 10에서 기울기 0.5칸(10-5=5)로 입사시키면, 3쿠션은 1칸(10) 길어진다.

Billiards
맥시멈 제자리 15 시스템 : 정규 테이블

(1) 기본 원리

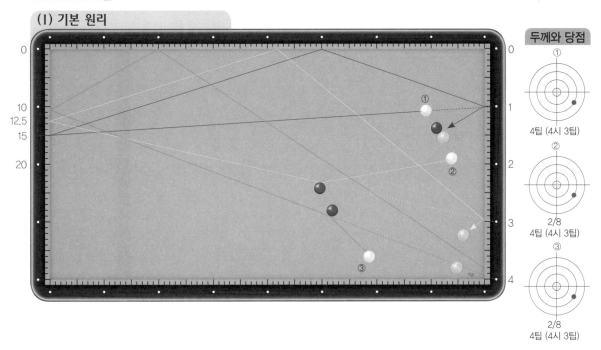

두께와 당점

① 4팁 (4시 3팁)
② 2/8 4팁 (4시 3팁)
③ 2/8 4팁 (4시 3팁)

속 도	2 rail speed	당 점	4팁(4시 3팁)~3팁(3시3팁)
스트로크	부드러운 follow shot		
계산식	1쿠션 15~10을 겨냥하면 수구 출발점으로 되돌아 온다.		

요점 · 설명

• 맥시멈 회전을 주고 1쿠션 15~10을 겨냥하면 수구 출발점으로 되돌아온다.

• 수구 출발 위치별 1쿠션 지점은 아래 표와 같다.

수구 출발	0~2 point	3point	4point
1쿠션	15	12.5	10

• 당점은 맥시멈 회전인 4팁(4시 3팁)~3팁(3시 3팁) 당점을 준다.
   자신에 맞는 당점과 속도를 찾는 것이 중요하다.

▣ 스트로크 : 타격이 들어가면 안되며 부드럽게 밀어 친다.

도형　①: 수구 출발 1point에서 맥시멈 회전을 주고 1쿠션 15를 겨냥하면, 수구 출발 지점인 1point (큐선 기준)로 되돌아 온다.

②: 수구 출발 3point에서 맥시멈 회전을 주고 1쿠션 12.5를 겨냥하면, 수구 출발 지점인 3point (큐선 기준)로 되돌아 온다.

③: 수구 출발 4point에서 맥시멈 회전을 주고 1쿠션 10를 겨냥하면, 수구 출발 지점인 4point (큐선 기준)로 되돌아 온다.

(2)응용

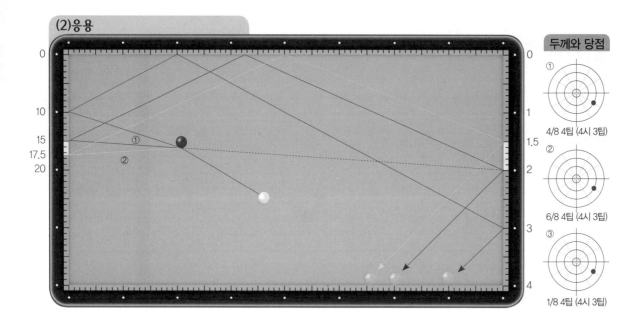

속 도	2.5 rail speed	당 점	4팁(4시 3팁)
스트로크	부드러운 follow shot		
계산식	4팁(4시 3팁)주고 1쿠션 10~15를 겨냥하면 수구 출발 제자리로 돌아온다.		

요점 · 설명

- 1쿠션 기준점(10~15)보다 0.25 point 이동하면, 3쿠션은 수구 출발 제자리보다 0.5point 이동한다.
- 1쿠션 기준점(10~15)보다 0.5 point 이동하면, 3쿠션은 수구 출발 제자리보다 1point 이동한다.

  ※ 정확하게는 1적구 출발 위치에 따른 보정률을 적용하는 것이 정확성을 올릴 수 있다.(page 183참조)

- 3쿠션에서 4쿠션으로의 진행경로는 대략 45°로 들어간다.

도형　① : 수구 출발 2point에서 4팁 (4시 3팁)을 주고 기준점인 15를 겨냥하면, 제자리인 2point로 돌아온다.

② : 기준점보다 0.25point 뒤인 17.5를 겨냥하면, 제자리보다 0.5칸 길어진 1.5point로 들어온다.

③ : 기준점보다 0.5point 앞인 10을 겨냥하면, 제자리보다 1칸 짧아진 3point로 들어온다.

맥시멈 제자리 15 시스템 : 1/4 테이블

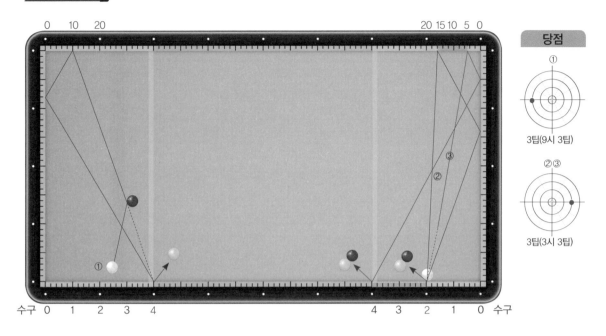

속 도	2rail speed	당 점	3팁(3시,9시 3팁)
스트로크	부드러운 follow shot		
계산식	1쿠션 10~15를 겨냥하면 제자리로 돌아온다.		

요점 · 설명

- 맥시멈 제자리 15 시스템을 1/4테이블에 적용한 시스템이다.
- 1쿠션 수는 1point가 20이 되고, 수구 출발값은 1point가 2, 2point가 4가 된다.
- 수구 출발 위치별 1쿠션 지점은 다음 표와 같다.

수구 출발	0~2	3	4
1쿠션 겨냥점	15	12.5	10

- 당점은 3팁(3시, 9시 3팁) 당점을 준다.

  4팁 당점(4시 3팁)은 1/4테이블에서는 코너 워크 효과로 인하여 길어지므로, 3팁을 주는 것이 좋다.
- 응용 : 1쿠션 기준점으로부터 0.25point를 이동하면(기울기 0.5칸) 3쿠션은 0.5point 이동한다.

  1쿠션 기준점으로부터 0.5point를 이동하면(기울기 1칸) 3쿠션은 1point 이동한다.

도형 ① : 수구 출발 4에서 1쿠션 10을 겨냥하면, 제자리인 4로 돌아온다.
　　　　② : 수구 출발 2에서 1쿠션 15를 겨냥하면, 제자리인 2로 돌아온다.
　　　　③ : 수구 출발 2에서 1쿠션 5를 겨냥하면, 제자리보다 1point 길게 들어간다.

(1) 기본 원리

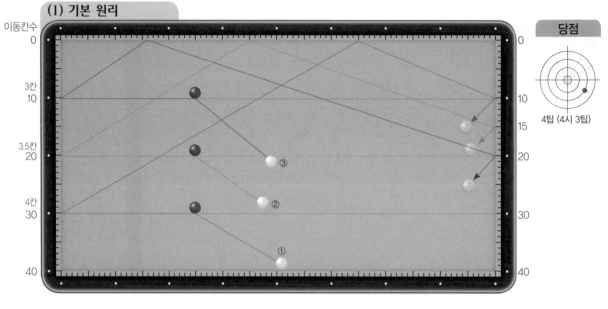

속 도	2.5~3 rail speed	당 점	4팁(4시 3팁)
스트로크	강하게 밀어치기		
계산식	1적구수+ 2적구수 =40(4칸): 수직 입사기준		

요점·설명

• 수구와 1적구의 기울기가 45° 전후일 때 맥시멈 4팁(4시 3팁)을 주고 단쿠션에 수직으로 입사시키면, 대체로 수구는 총 4칸 이동한다.

• 정확하게는 1적구 위치에 따라서 아래와 같이 약간의 차이가 있다.

수구 출발	30	20	10
이동 칸수	4칸	3.5칸	3칸

• 이동 칸수의 차이가 발생하는 원인은 1적구 30 line의 경우 1쿠션에서 2쿠션거리가 멀어서 맥시멈 회전이 충분히 살아나지만, 1적구 10 라인의 경우 1쿠션에서 2쿠션 거리가 짧아서 회전이 충분히 먹을 수 있는 시간이 부족하기 때문이다.

도형   ① : 1적구수 30 + 2적구수 10=40(4칸 이동)
        ② : 1적구수 20 + 2적구수 15=35(3.5칸 이동)
        ③ : 1적구 수 10+ 2 적구수 20=30(3칸 이동)

(2) 응용

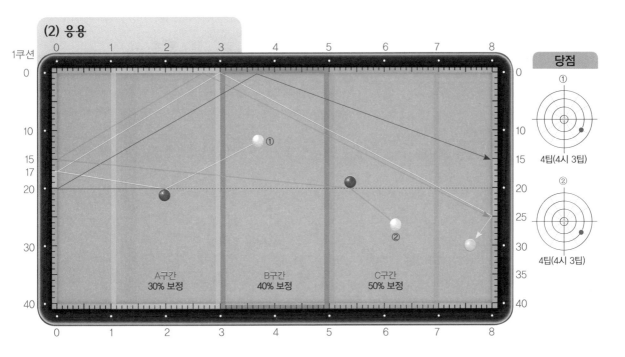

요점 · 설명

• 1쿠션 지점을 수직 입사 대신 앞쪽으로 0.5point(5) 이동하면, 3쿠션 지점은 1point(10) 짧아진다.

　즉, 수직 입사 대신 기울기 0.5칸으로 1쿠션에 입사시키면, 3쿠션은 1칸 이동한다.

• 위 도형은 실전 게임에서 신속하게 적용할 수 있는 보정률을 보여 준다.

1적구 위치	A구간	B구간	C구간
보정률	30%	40%	50%

　3쿠션 이동값 ×보정율 = 보정값
　1쿠션수(수직 입사 기준)+보정값 = 보정 후 1쿠션수

도형　① (1적구가 A구간에 위치) : 수직 입사 지점인 1쿠션 20으로부터 3만큼 이동한 17을
　　　　　겨냥하면, 3쿠션은 원래의 3쿠션 지점인 15로부터 10만큼 이동한 25로 들어간다.
　　　　　　3쿠션 이동 point 10×보정율 30%=보정값 3
　　　　　　1쿠션수 20−보정값 3=보정 후 1쿠션수 17

　　　　② (1적구가 C구간에 위치) : 수직 입사 지점인 1쿠션 20으로부터 5만큼 앞쪽으로 이동한
　　　　　15를 겨냥하면, 3쿠션은 원래의 3쿠션 지점인 15로부터 10만큼 길어진 25으로 들어간다.
　　　　　　3쿠션 이동 10×보정율 50%=보정값 5
　　　　　　1쿠션수 20−보정값 5=보정 후 1쿠션수 15

맥시멈 4팁 1/2 시스템 : 수구가 장쿠션에 거의 붙어 있을 때

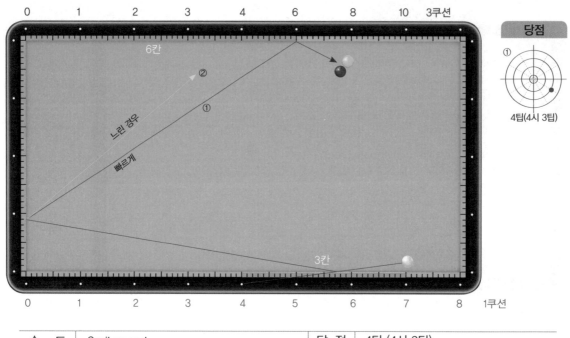

속 도	3rail speed	당 점	4팁 (4시 3팁)
스트로크	약간 빠른 short follow	Point	1쿠션 : frame point
계산식	3쿠션 칸수×1/2=4쿠션 이동 칸수		

요점·설명

- 이 시스템은 수구가 장쿠션에 거의 붙어 있고, 1, 2적구가 3쿠션에 근접하고 있을 때에 사용한다.
- 속도 : 3rail speed 이상의 속도로 샷을 한다. 속도가 느리면 짧게 빠지게 된다. (위 도형 ②)
- 1쿠션 : frame point를 겨냥한다.
- 3쿠션수 : 4point 이상은 1칸당 2씩 증가한다(5½시스템상의 3쿠션수와 동일하다).

　▣ 스트로크 : 약간 빠르게 short follow로 밀어친다.

도형　① : 3쿠션 칸수 6×1/2 = 1쿠션 이동 칸수 3 ; 1쿠션 4를 겨냥하여 약간 빠르게 밀어친다.
　　　　1쿠션 겨냥점은 frame point이다.

3팁 역회전 시스템

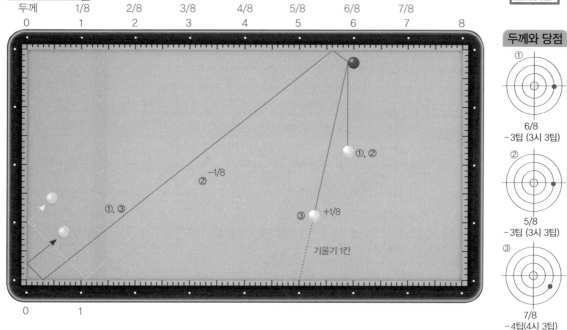

두께와 당점

속 도	2~3rail speed		당 점	−3팁(3시 3팁) : 기준
스트로크	부드러운 follow shot			

요점 · 설명

- 3팁 역회전(3시 3팁)을 주고 1적구 칸수에 해당하는 두께로 치면 수구는 코너를 돌아 나온다.
- 엇각 기울기 : 1칸당 +1/8두께로 친다. 즉 기울기 1칸은 +1/8두께가 된다.
  당점의 기준은 3시 3팁이지만 엇각은 기울기 1칸당 1팁씩 내려서 친다.

  ▣ 스트로크 : 2~3rail speed로 너무 강하지 않고 부드럽게 follow shot으로 밀어 친다.

도형
① (기울기 0): −3팁(3시 3팁)주고 6/8 두께로 치면 수구는 코너를 돌아 나온다.
② (기울기 0): 6/8−1/8 =5/8 두께로 치면 코너보다 1 point 짧아진 장쿠션 1 point로 들어가서 득점할 수 있다. 당점은 −3팁(3시 3팁)이다.
③ (기울기 1): 6/8+1/8=7/8두께로 치면 수구는 코너를 돌아 나온다.
엇각 기울기 1칸이므로 당점은 1팁 내린 −4팁(4시 3팁)을 사용한다.

스핀 샷(Spin Shot)

(1) 기본 원리

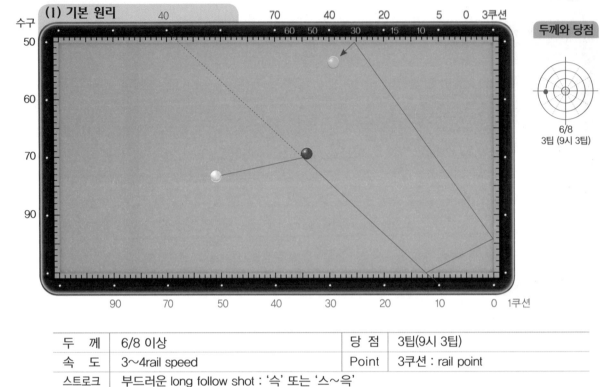

두　　께	6/8 이상	당　점	3팁(9시 3팁)
속　　도	3~4rail speed	Point	3쿠션 : rail point
스트로크	부드러운 long follow shot : '슥' 또는 '스~윽'		
계산식	수구 출발값-3쿠션수=1쿠션수, 5½ 시스템에서 3쿠션 값만 바꿔준다.		

요점 · 설명

- 3팁(9시 3팁)을 주고, 6/8 이상의 두께로 1적구를 맞춘다.
- 3쿠션 값만 바꿔서 5½ system을 적용한다.
- 3쿠션은 rail point이다.
- 바깥 돌리기와 옆돌리기에 적용한다.

    ◨ 스트로크 : '슥' 또는 '스~윽' 스트로크로 부드럽게 long follow로 밀어 친다.

도형 : 3쿠션 값을 30으로 보고 5½ 시스템 계산식을 적용한다.
　　　　　수구 출발값 40-3쿠션 수 30 = 1쿠션 수 10

(2) 확장 : 당점의 변화

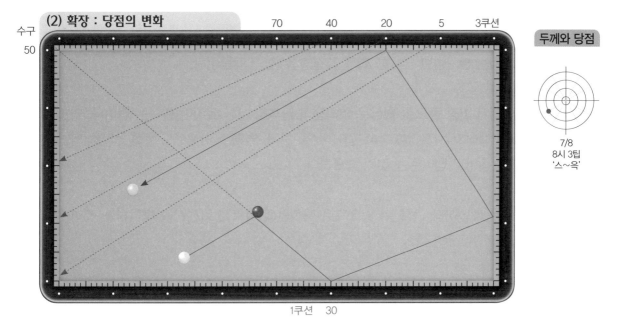

수구 50

70 40 20 5 3쿠션

두께와 당점

7/8
8시 3팁
'스~윽'

1쿠션 30

두　께	6/8 이상	당　점	분리각－4＝시계방향 당점
속　도	3 rail speed	Point	3쿠션 : rail point
스트로크	'스~윽'		
계산식	당점＝분리각－4　※분리각은 p37~39p 참조		

요점 · 설명

- 당점 : 수구와 1적구의 분리각에 따라 당점을 결정한다.

  당점 = 분리각 －4로 결정한다.

당점값	2	3	4	5
당점	2시(10시) 3팁	3시(9시) 3팁	4시(8시) 3팁	5시(7시) 3팁

- 3쿠션 → 4쿠션 line은 정상적인 5½ 시스템 상의 경로보다 1 point 길게 진행한다.

  (·······▶ 라인)

- 바깥 돌리기 형태의 스핀 샷은 '윽'보다는 '스~윽' 스트로크가 더 좋다.

도형 : 수구 출발값 50-3쿠션 수 20= 1쿠션 수 30

　　　수구를 1쿠션 30으로 보내기 위한 분리각은 8 정도이다.

　　　따라서 분리각 8-4 =4 당점 : 8시 3팁 당점을 준다.

역회전(Reverse) 시스템

- 역회전(reverse) 시스템을 적용하여 당구를 하게 되면 새로운 당구의 세계가 열리기 시작한다. 정회전을 주고서는 불가능한 난구를 쉽게 해결할 수 있기 때문이다.

- 역회전 시스템에서 가장 중요한 핵심은 역회전이 끝까지 살아 있어야 한다는 점이다. 이를 위해서는 1적구를 때려서 치지 않고 부드럽게 샷을 하며, 임팩트 이후에도 큐를 잡아채지 않고 follow shot으로 똑바로 뻗어주는 것이 중요하다.

- 역회전 회전량은 개인마다 다를 수 있으므로 자신만의 역회전 회전량을 파악하는 것이 중요하다.

- 실전에서는 특히 되돌아오기(double rail) 시스템과 접시(plate) 시스템을 적용하여 득점할 수 있는 배치가 많이 발생하므로 필히 숙지하고 있어야 한다.

- 본 교재에서는 역회전 시스템를 다음과 같이 분류하여 다루고 있다.
  1. 되돌아오기(double rail) 시스템
  2. 접시(plate) system
  3. 기타 다양한 역회전 시스템

되돌아오기 (Double Rail) 시스템

- 되돌아오기 배치도 실전 게임에서 자주 발생하며, 공략 방법을 알고 있으면 의외로 쉽게 득점에 성공할 수 있다.

- 되돌아오기 공략법에는 두 가지 방법이 있다.
  1. **1쿠션 지점 설정법**(당점 고정) : 당점을 고정하고 배치에 따라서 1쿠션 지점을 달리하여 공략하는 방법이다.
  2. **코너 겨냥법**(당점변화) : 1쿠션 겨냥 지점을 코너(0)로 고정하고, 배치에 따라서 당점을 달리하여 공략하는 방법이다.

- 되돌아오기는 Ball first뿐만 아니라 3뱅크샷으로도 공략할 수 있다.

- 역회전 회전량은 개인마다 다를 수 있으므로, 자신만의 회전량을 파악하여야 하다.

- 본 교재에서는 실전 게임에서 득점 확률을 높일 수 있는 다양한 실전팁을 함께 제시하고 있다.

- 본 교재에서는 되돌아오기 시스템을 다음과 같이 구분하여 설명한다.
  1. **정규 테이블**
  2. **1/4 테이블**

자신만의 역회전력을 파악하자 – 정규 테이블

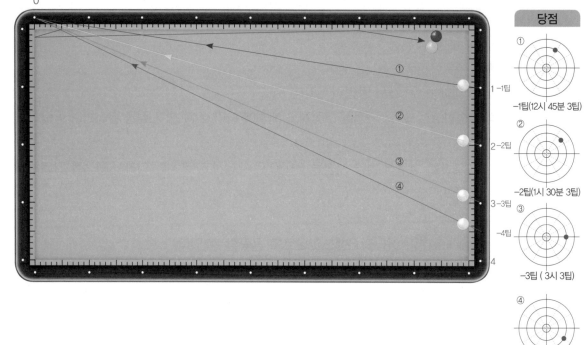

속 도	2~3rail speed	당 점	−1팁 ~ −4팁
스트로크	부드러운 등속의 follow shot		

요점 · 설명

• 1, 2 적구가 코너 부근에 몰려 있는 위와 같은 배치에서는 되돌아오기로 공략하는 것이 득점 확률이 높다.

• 역회전 회전량은 개인마다 다를 수 있으므로, 자신만의 회전량을 파악하는 것이 중요하다.
특히 −1팁, −2팁의 경우 개인에 따라서는 각각 1시, 2시 당점을 사용할 수도 있다.

• 해당 역회전을 주고 장쿠션 코너(0)을 겨냥하면, 수구는 장 · 단 · 장의 형태로 3쿠션을 완성한 후 장쿠션을 타고 거의 1직선으로 내려간다.

도형
① : 단쿠션 1point 출발 : −1팁(12시 45분 3팁) 주고 장쿠션 코너(0)를 겨냥하면, 장쿠션을 타고 내려간다.

② : 단쿠션 2point 출발 : −2팁(1시 30분 3팁) 주고 장쿠션 코너(0)를 겨냥하면, 장쿠션을 타고 내려간다.

③ : 단쿠션 3point 출발 : −3팁(3시 3팁) 주고 코너를 겨냥하면, 장쿠션을 타고 내려간다.

④ : 단쿠션 3.5point 출발 : −4팁(4시 3팁) 주고 코너를 겨냥하면, 장쿠션을 타고 내려간다.

※ 개인에 따라서는 3.5point 대신 3.2point를 적용할 수 있다.

Billiards
1쿠션 지점 설정법

(1) -3팁 시스템

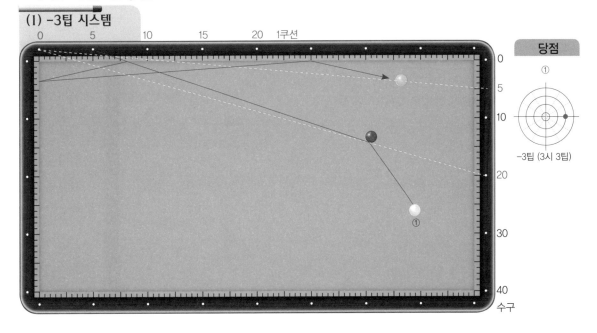

속 도	2~3rail speed	당 점	-3팁(3시 3팁)
스트로크	등속의 middle follow shot		
계산식	30-(수구 출발값+2적구수)=1적구수		

요점 · 설명

- 당점을 -3팁(3시 3팁)으로 고정하고, 배치에 따라서 1쿠션 지점을 다르게 적용하는 시스템이다.
- 30이라는 수치는 수구출발 30에서 -3팁(3시 3팁) 주고 장쿠션 코너(0)를 겨냥하였을 때에 수구가 장쿠션을 타고 내려가는 값이다.
- 위 시스템에서 특히 유의해야 할 점은, 1쿠션 수치가 1point당 10씩 증가하는 것이 아니고 2point 당 10씩 증가한다는 것이다. 초중급자가 많이 착각하는 사항이므로 주의해야 한다.
- 이 시스템은 특히 코너 겨냥이 어려운 배치에서 유용하게 사용할 수 있다.

  ◨ 스트로크 : 큐를 비틀어 치지 않고 타격감 없이 부드럽게 middle follow로 밀어 친다.

도형 : 수구 출발값은 1적구의 맞는 면을 장쿠션 코너와 연결한 20이 되고, 2적구수는 5가 된다.(2적구의 중심과 코너를 연결한 선으로 파악)

30-(수구 출발값 20+ 2적구수 5)=1쿠션수 5

(2) −2팁 시스템 : 수구 출발값 20이내에서 적용

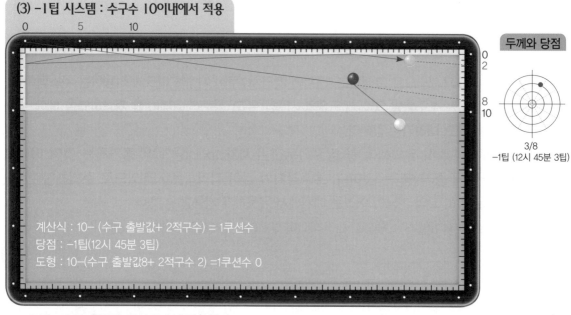

계산식 : 20 − (수구 출발값+2적구수) = 1쿠션수
당점 : −2팁(1시 30분 3팁)

도형 : 20−(수구 출발값 13+ 2적구수 5) =1쿠션수 2

두께와 당점

2/8
−2팁 (1시 30분 3팁)

• 요점 : 수구 출발값 20이내에서 적용한다.
　　　　 − 3팁 대신에 − 2팁 (1시 30분 3팁) 당점을 사용한다.
　　　　 − 3팁 계산식에서 30값 대신 20을 적용한다.

(3) −1팁 시스템 : 수구수 10이내에서 적용

계산식 : 10− (수구 출발값+ 2적구수) = 1쿠션수
당점 : −1팁(12시 45분 3팁)
도형 : 10−(수구 출발값8+ 2적구수 2) =1쿠션수 0

두께와 당점

3/8
−1팁 (12시 45분 3팁)

• 요점 : 수구 출발값 10이내에서 적용한다.
　　　　−3팁 대신에 − 1팁(12시 45분 3팁)당점을 사용한다.
　　　　−3팁 계산식에서 30값 대신 10을 적용한다.

코너 겨냥법

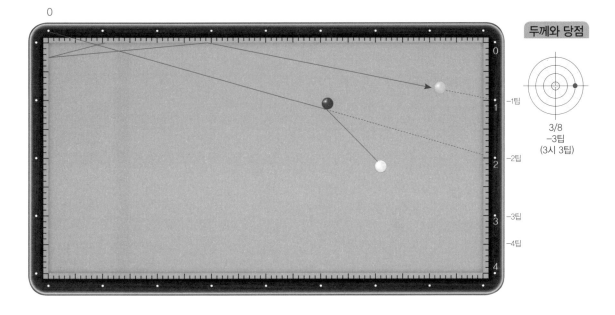

두께와 당점

3/8
−3팁
(3시 3팁)

속 도	2~3rail speed		당 점	−1팁 ~ −4팁
스트로크	등속의 middle follow shot			
계산식	수구 팁수 + 2적구 팁수=팁			

요점·설명

• 1쿠션 지점을 장쿠션 코너(0)으로 고정하고, 배치에 따라서 당점을 다르게 적용하는 시스템이다.

• 대부분의 프로 선수들은 −3팁을 주고 1쿠션 지점을 다르게 적용하는 방법보다, 이 시스템을 더 선호하는 경향이 있다. 왜냐하면 회전량이 많아지면, 변화의 폭이 커져서 득점 확률이 떨어지기 때문이다.

▣ 스트로크 : 큐를 비틀어치면 안 되고 큐를 수평으로 유지한 상태에서 똑바로 부드럽게 밀어 친다.

도형 : 1적구는 −2팁 라인 위에 있으며, 2적구는 −1팁 라인에 걸쳐 있다.
수구 팁수(−2) + 2적구 팁수(−1) =−3팁(3시 3팁)
−3팁(3시 3팁)을 주고 코너를 겨냥한다.

5½ 시스템을 이용한 맥시멈 되돌아오기 시스템

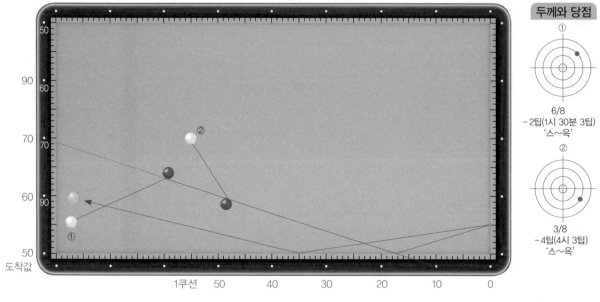

두께와 당점

①
6/8
－2팁(1시 30분 3팁)
'스~윽'

②
3/8
－4팁(4시 3팁)
'스~윽'

스트로크	'스~윽'		당 점	맥시멈 －4팁(4시 3팁)
계산식	출발값 －도착값 =1쿠션 값			

요점·설명

- 5½ 시스템을 이용한 맥시멈 되돌아오기 시스템이다.
- 수구 출발값 : 5½ 시스템 상의 긴각 출발 수구 출발값과 동일하다.

  도착값 : 5½ 시스템상의 긴각 출발 수구 출발값의 역순과 동일하다.

  1쿠션 값 : 1point 당 10씩 증가한다.
- Ball 1st 의 형태에 적용한다.
- 당점 : 얇은 두께(3/8이하)의 경우에는 －4팁(4시 3팁) 당점을 주고, 두께가 두꺼워질수록 당점을 올려준다. (예 : 6/8 두께의 경우에는 상단 －2팁(1시 30분 3팁) 당점을 준다.

  ▣ 스트로크 : '스~윽' 스트로크로 부드럽게 밀어 친다.

도형 ① 안쪽 되돌아오기 형태 : 출발값 70－도착값 60 =1쿠션 값 10

두꺼운 두께(6/8)로 맞추어야 하므로 상단 －2팁(1시 30분 3팁) 당점을 준다.

② 바깥쪽 되돌아오기 형태 : 출발값 70－도착값 60=1쿠션 값 10

얇은 두께(3/8)로 맞추어야 하므로 －4팁(4시 3팁) 당점을 준다.

Billiards
실전팁 : Ball 1st – 1적구의 안쪽면 겨냥

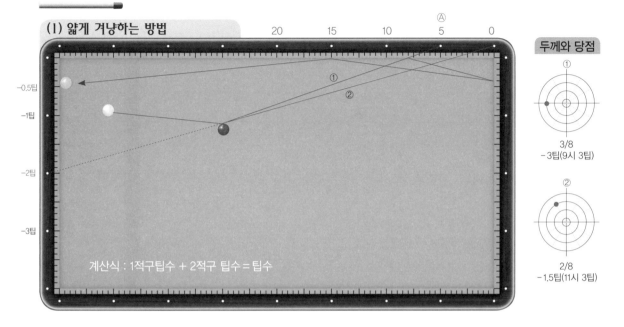

(1) 얇게 겨냥하는 방법

계산식 : 1적구팁수 + 2적구 팁수 = 팁수

두께와 당점

①
3/8
－3팁(9시 3팁)

②
2/8
－1.5팁(11시 3팁)

요점 · 설명

• 1적구의 안쪽 면을 맞추는 되돌아오기의 경우, 1적구의 두께를 정확하게 맞추는 것이 득점의 key point이다.(위 도형 ①의 경우)

• 역회전이 전달될 시간을 주어라 : 너무 강하게 치면 역회전이 작동될 시간이 없기 때문에 약하게 밀어 쳐서(follow shot) 역회전이 충분히 살아나 수구가 회전력의 힘으로 진행할 수 있도록 한다.

• 하단 당점을 주면 끌리는 현상이 발생하기 때문에 상단, 중상단이나 중단 당점을 주는 것이 바람직 하다.

• Ball 1st에서 4/8이상의 두께가 맞는 경우 회전이 정상 회전보다 더 많이 발생하여 짧게 진행되어서 득점에 실패하는 경우가 많다. 이 문제를 해결하기 위한 방법에는 2가지가 있다.

　방법1) 코너보다 약간 뒤쪽(위 도형에서 Ⓐ)을 겨냥한다.

　방법2) 회전량을 조금 줄이고 코너를 겨냥한다.

　　　　(예 : －2팁의 경우에는 －1팁, －3팁의 경우에는 －2팁을 적용한다.)

도형　① (방법1) : 1적구 팁수(－2)+ 2적구 팁수(－0.5) =－2.5팁 (10시 3팁)
　　　　　　　　코너대신 5를 겨냥한다. 당점은 －0.5팁이 추가되어서 －3팁 당점을 준다.
　　　　② (방법2) : 1적구 팁수(－2)+ 2적구 팁수(－0.5) =－2.5팁
　　　　　　　　(Ball 1st 보정치 +1팁) －2.5팁 = －1.5팁(11시 3팁), 코너를 겨냥한다.

(2) 두껍게 밀어 치는 방법

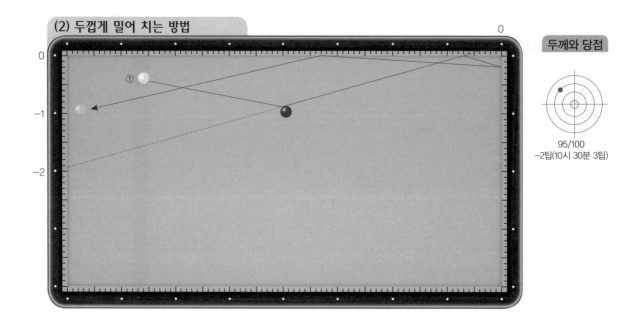

두께와 당점

95/100
−2팁(10시 30분 3팁)

두 께	95/100	당 점	−2팁(10시 30분 3팁)
속 도	2rail speed	Point	1쿠션 : frame point
스트로크	두껍게 밀어치기		
계산식	1적구 팁수 + 2적구 팁수=팁수		

요점·설명

• 위 도형과 같이 수구와 1적구가 거의 1직선인 배치의 경우에는 상단 역회전을 주고 아주 두껍게 1적구를 맞추어 밀어치는 방법이 극도로 얇게 맞추는 방법 보다 득점 확률이 더 높다.

• 큐끝이 내려가는 다운(down)샷은 안되며, 수평샷이 되어야 한다.

• 비틀어 쳐서는 안되며, 임팩트 이후에도 큐를 똑바로 일직선으로 유지하여야 한다.

• 두껍게 밀어치는 경우 수구의 회전력이 증가되기 때문에 감각적으로 팁수를 줄여 주어야 한다. (+1~+2팁)

　■ 스트로크 : 타격이 들어가거나 너무 강하게 쳐서는 안되고 부드럽게 밀어 쳐야 한다.

도형 : (1적구 팁수 −2) + (2적구 팁수 −1) =−3팁
　　　자연 회전력 증가를 상쇄시키기 위하여 −3팁 대신 1팁을 줄인 −2팁(10시 30분 3팁)을 준다.

실전팁 : Ball 1st - 1적구 바깥쪽면 겨냥

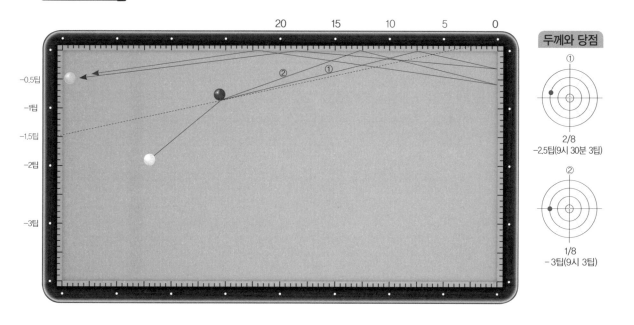

속 도	2~3rail speed	Point	1쿠션 : frame point
스트로크	부드럽게 follow shot		

요점 · 설명

- 1적구 바깥쪽면을 맞추는 되돌아오기의 경우 정확하게 장쿠션 코너를 맞추지 못하고 단쿠션을 먼저 맞추거나, 코너워크 효과로 인하여 회전이 넘쳐서 짧게 진행되어서 득점에 실패하는 경우가 많다.

- 이러한 문제를 해결하기 위해서는 아래와 같이 코너 겨냥법보다 1쿠션 겨냥법을 적용하는 것이 바람직하다.

  1) 장쿠션 1point(5)를 겨냥하고 당점은 – 0.5팁을 가산한다.

     위 도형 ①에서 1적구 팁수(–1.5) + 2적구 팁수(–0.5) + (–0.5) = −2.5팁 (9시 30분 3팁)

  2) 장쿠션 2point(10)를 겨냥하고 당점은 – 1팁을 가산하다.

     위 도형 ②에서 1적구 팁수(–1.5) + 2적구 팁수(–0.5) + (–1) = −3팁 (9시 3팁)

실전팁 : Ball 1st – 실전용 빠른 계산법

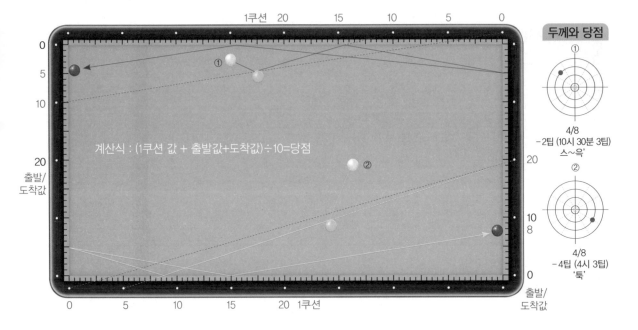

요점·설명

• 되돌아오기 Ball 1st의 경우에 적용할 수 있는 실전용 빠른 계산법이다.

◼ 적용순서

1. 1쿠션에 편하게 보낼 수 있는 두께와 1쿠션 지점을 찾는다.

2. (1쿠션값+출발값+도착값)÷10=당점이다.

※ 1팁=10, 2팁=20, 3팁=30, 4팁=32~36 (개인별로 차이가 있다.)

◼ 스트로크에 따른 당점의 변화

1. '툭' 스트로크 : 보통각일 때는 '툭' 스트로크를 사용하고 계산된 당점을 그대로 적용한다.

2. '슥' 스트로크 : 빗각일 때 사용하며 너무 빠르지만 않으면 '툭'과 거의 비슷하게 움직인다.

3. '스~윽' 스트로크: 엇각일 때 사용하며 회전력이 증가하므로 0.5팁을 줄여준다.

도형 ① : 편안한 두께(4/8)로 보낼 수 있는 1쿠션 지점은 10이다.

1쿠션값 10+출발값 10+도착값 5=25, 25÷10=−2.5팁

엇각이므로 '스~윽' 스트로크를 사용하고 당점을 0.5팁 줄여서 −2팁(10시 30분 3팁)

당점을 준다.

② : 편안한 두께(4/8)로 보낼 수 있는 1쿠션 지점은 5이다.

1쿠션값 5 + 출발값 20 + 도착값 8 =33 : −4팁(4시 3팁).

'툭' 스트로크를 사용하고 계산된 당점인 −4팁을 그대로 사용한다.

Billiards
한계각(Line)을 초과한 되돌아오기

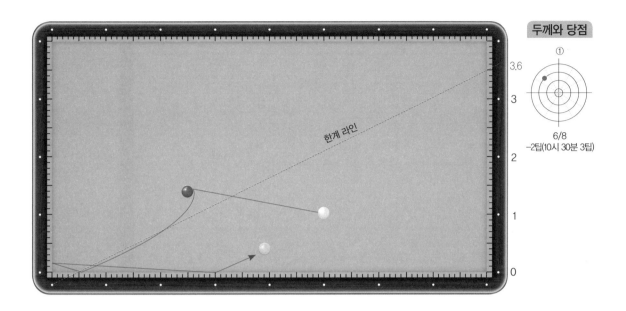

두께와 당점

①

6/8
−2팁(10시 30분 3팁)

두 께	6/8	당 점	상단 역회전(11시~10시 3팁)
속 도	2.5 rail speed		
스트로크	follow shot 으로 밀어치기		

요점 · 설명

- 1적구가 한계각(3.6point)을 벗어나 있는 배치에서는 정상적인 방법으로는 득점이 불가능하다.
- 위와 같은 배치에서는 두꺼운 두께(5/8~6/8)로 상단 역회전 (11시, 10시 3팁)을 주고 팔로우샷으로 밀어치면, 수구는 곡구 현상이 발생되면서 한계 라인으로 입사하는 효과가 발생하여 득점에 성공할 수 있다.
- 수구와 1적구가 빗각이거나 1직선일 때에는 적용할 수 없으며, 수구가 1적구보다 안쪽으로 들어와 있는 엇각 배치일때 사용 가능하다.

맥시멈 스핀 샷(spin shot) 되돌아오기

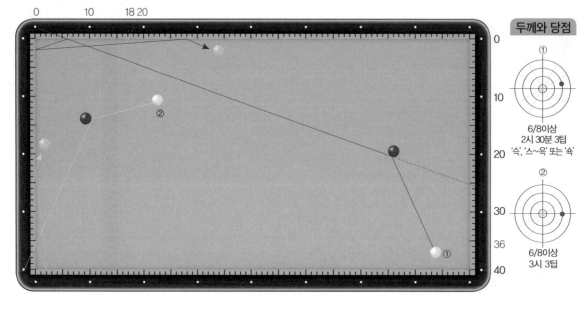

두께와 당점

①
6/8이상
2시 30분 3팁
'슥', '스~윽' 또는 '쏙'

②
6/8이상
3시 3팁

요점 · 설명

- 두꺼운 두께로(6/8이상) 1적구를 맞추어서 spin shot 형태로 공략하는 맥시멈(36) 되돌아오기이다.
  단, 출발값이 36이내에서만 적용가능 하다. (1/4 테이블에서는 18이내에서만 적용가능하다.)
- 당점 : 분리각으로 결정한다. 분리각 −4 = 시계 방향 당점이다.
  단, 1적구와 1쿠션 지점과의 거리가 먼 경우에는 밀림 현상으로 인하여 짧아질 수 있으므로 0.5팁
  정도 당점을 내린다. 또한 스쿼트 현상을 고려하여 정상 두께보다 +1/8 두께를 겨냥한다.
- 맥시멈 되돌아오기에서 수구의 힘이 없어서 득점에 실패하는 경우는
  1) 지나치게 두꺼운 경우 : 수구의 힘을 1적구에 90%이상 빼앗기거나 또는
  2) 롱팔로우(long follow)가 안된 경우이다.

  ▣ 스트로크 : 2가지 방법이 가능하다.

방법1) 빠른 long follow(슥 + 스~윽) : 수구와 1적구의 거리가 멀 때 사용한다.
        몸의 무게 중심을 앞쪽에 더 많이 둔다.

방법2) 큐를 빠르게 넣었다가 빼는 '쏙' 스트로크 : 손목을 사용하고 수구와 1적구의 거리가 멀지
        않을 때 사용한다.

도형 ① : 분리각은 대략 6.5 정도이다.
          6.5−4 =2.5 : 2시 30분 3팁 당점과 6/8 두께 이상을 사용한다.
        ② : 분리각은 대략 7이다.
          7−4=3 : 3시 3팁 당점과 6/8 두께 이상을 사용한다.
          스트로크는 빠른 long follow이다.

옆돌리기 vs. 되돌아오기

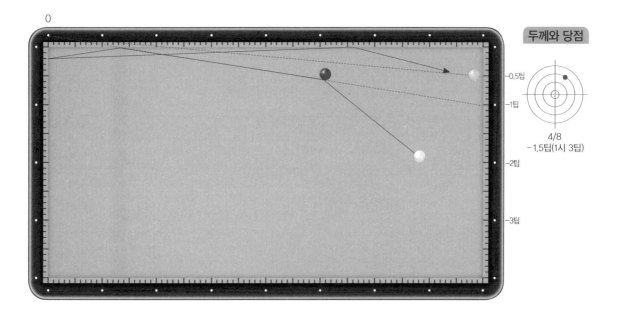

속 도	2.5 rail speed	Point	1쿠션 : frame point
스트로크	간결하게 follow shot		
계산식	1적구 팁수 + 2적구 팁수 = 팁		

요점 · 설명

· 위와 같은 배치에서 옆돌리기를 하기에는 극도로 얇은 두께로 1적구를 맞추어야 하기 때문에 쉽지 않다.

· 이때에는 되돌아오기로 치면 편안한 두께로 쉽게 득점할 수 있다.

▣ 스트로크 : 역회전이 넘쳐서 짧게 빠지지 않게 간결하고 부드럽게 follow shot으로,
　　　　　　 2적구를 겨우 맞출 정도의 힘의 세기로 치면 수구는 마지막에 회전이 죽으면서 가파르게
　　　　　　 진행되어 득점에 성공할 수 있다.

도형 : 1적구 팁수(−1) + 2적구 팁수(−0.5) = −1.5팁(1시 3팁)

1/4 테이블에서의 되돌아오기

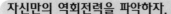

자신만의 역회전력을 파악하자.

당점

① −1팁(11시15분 3팁)

② −2팁 (10시30분 3팁)

③ −3팁 (9시 3팁)

속 도	2 rail speed	Point	1쿠션 : frame point
스트로크	부드러운 등속의 middle follow shot		

요점 · 설명

• 1/4 테이블에서의 되돌아오기 system이다. 역회전을 주고 단쿠션 코너(0)를 겨냥하면 수구는 단 · 장 · 단의 형태로 3쿠션을 완성하고 진행한다.

• 역회전 회전량은 개인마다 다를 수 있으므로 자신만의 역회전력을 파악하는 것이 중요하다.

도형

① : 장쿠션 0.5point 출발 시에는 −1팁(11시 15분 3팁)을 주고 코너(0)를 겨냥하면, 수구는 단쿠션을 타고 거의 1직선으로 내려간다.

② : 장쿠션 1point 출발 시에는 −2팁(10시 30분 3팁)을 주고 코너(0)를 겨냥하면, 수구는 단쿠션을 타고 거의 1직선으로 내려간다.

③ : 장쿠션 1.5point 출발 시에는 −3팁(9시 3팁)을 주고 코너(0)를 겨냥하면, 수구는 단쿠션을 타고 거의 1직선으로 내려간다.

1쿠션 지점 설정법 – 1/4 테이블

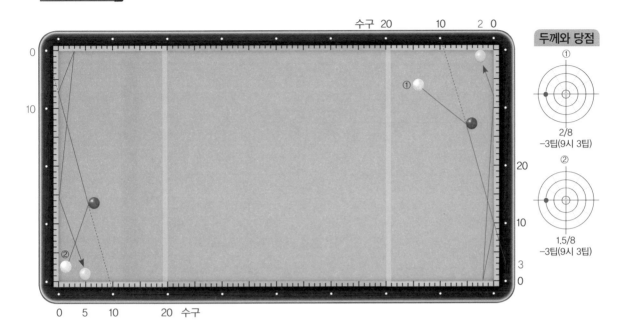

속 도	2 rail speed	Point	1쿠션 : frame point
스트로크	부드러운 등속의 middle follow shot		
계산식	15–(수구 출발값+ 2적구수) =1쿠션 수		

요점 · 설명

- 당점을 –3팁(9시, 3시 3팁)으로 고정하고 배치에 따라서 1쿠션 지점을 달리하여 적용하는 시스템이다.

- 15라는 수치는 수구 출발 15에서 –3팁(9시 3팁)을 주고 단쿠션 코너(0)를 겨냥하였을 때에 수구가 단쿠션을 타고 내려오는 수치이다.

- –3팁 대신 –2팁(1시 30분, 10시 30분 3팁)을 주고 위 계산식의 15대신 10을 적용할 수도 있고, 1팁을 주고 5를 적용할 수도 있다.

  –2팁 기준 : 10–(수구 출발값+2적구수)=1쿠션수

  –1팁 기준 : 5–(수구 출발값+2적구수)=1쿠션수

  ▣ 스트로크 : 역회전이 충분히 살아날 수 있도록 타격감 없이 부드럽게 1적구를 스치고 지나간다는 느낌으로 밀어 친다.

도형 ① : 15–(수구 출발값 10+ 2적구수 2) =1쿠션 수 3

　　　　② : 15–(수구 출발값 10+ 2적구수 5) =1쿠션 수 0

코너 겨냥법 – 1/4 테이블

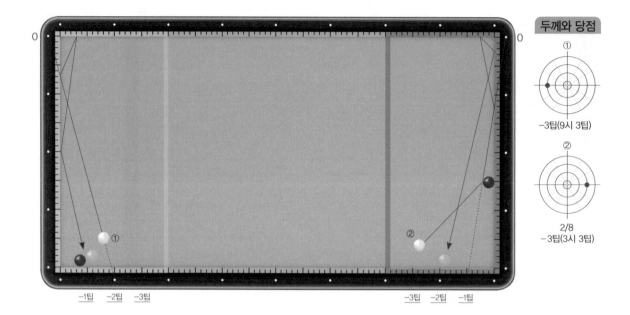

두께와 당점

① −3팁(9시 3팁)

② 2/8 −3팁(3시 3팁)

속 도	2 rail speed
스트로크	부드러운 등속의 middle follow shot
계산식	수구 (1적구) 팁수 + 2적구 팁수=팁 수

요점 · 설명

• 1쿠션 지점을 단쿠션 코너(0)로 고정하고, 배치에 따라서 당점을 다르게 적용한다.

• 1적구와 2적구 팁수는 코너와 연결한 선으로 판단한다.

　■ 스트로크 : 큐를 비틀면 안되며 큐를 수평으로 유지한 상태에서 똑바로 부드럽게 밀어 친다.

도형　① : 수구 팁수(−2) + 2적구 팁수(−1) = −3팁(9시 3팁)

　　　　② : 1적구 팁수(−1) + 2적구 팁수(−2) = −3팁(3시 3팁)

실전팁 : Ball 1st – 1적구의 안쪽면 겨냥 : 1/4 테이블

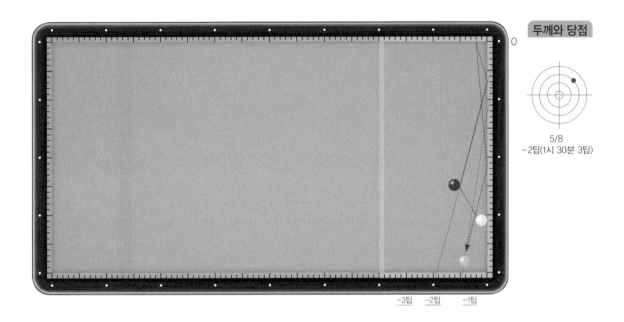

두께와 당점

5/8
−2팁(1시 30분 3팁)

−3팁　−2팁　−1팁

속　도	2 rail speed	Point	1쿠션 : frame point
스트로크	부드럽게 밀어치기		
계산식	1적구 팁수 + 2적구 팁수=팁수		

요점 · 설명

• 위 도형에서 1적구는 −2팁 라인에 있으며 2적구는 −1팁 라인에 있다.

　따라서 1적구 팁수(−2) + 2적구 팁수(−1) = −3팁 (3시 3팁) 주고 코너(0)를 겨냥하면 득점에 성공
　할 수 있다.

• 수구와 1적구의 기울기가 엇각인 배치에서 ball 1st로 치는 경우에는 밀림 현상으로 인하여 회전
　이 더 많이 발생하므로 1팁 정도 회전을 줄여서 치는 것이 좋다.

▣ 스트로크 : 부드럽게 밀어 친다.

　도형 : 1적구 팁수(−2) + 2적구 팁수(−1) + 보정값 +1 = −2팁 (1시 30분 3팁)

실전팁 : Ball 1st – 1적구의 안쪽면 겨냥 : 1/4 테이블

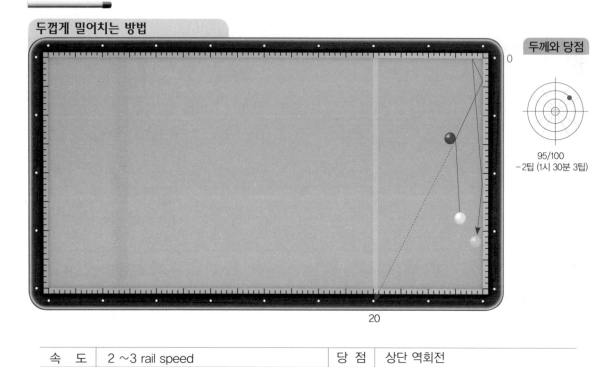

두껍게 밀어치는 방법

두께와 당점

0

20

95/100
−2팁 (1시 30분 3팁)

속 도	2 ~3 rail speed	당 점	상단 역회전
스트로크	두껍게 밀어치기		

요점 · 설명

• 위 도형과 같이 수구가 1적구 보다 약간 안쪽으로 들어와 있는 경우에는 상단 역회전을 주고 아주 두껍게 (95/100) 밀어 치는 방법이 극도로 얇게 1적구를 맞추는 방법보다 득점 확률이 더 높다.

• 큐끝이 내려가는 다운샷(down shot)이 되어서는 안되며 수평 샷이 되어야 한다.

• 비틀어쳐서는 안되며, 임팩트 이후에도 큐를 잡아 채지 않고 똑바로 1직선으로 유지하여야 한다.

　▣ 스트로크 : 타격이 들어가거나 강하게 쳐서는 안되고 부드럽게 밀어 쳐야 한다.

　도형　: 상단 역회전(−2팁 : 1시 30분 3팁)주고 두껍게(95/100) 밀어친다.

한계각(line)을 초과한 되돌아오기 -1/4 테이블

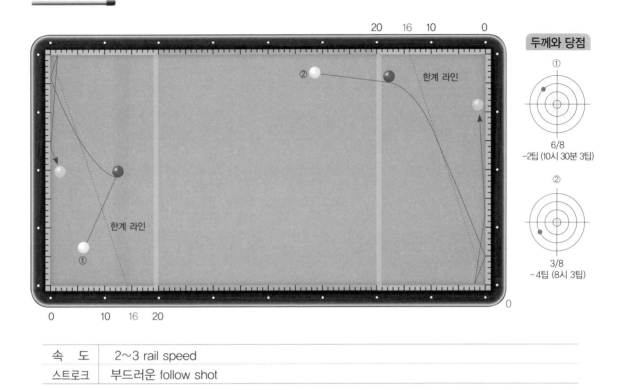

속 도	2~3 rail speed
스트로크	부드러운 follow shot

요점·설명

도형 ① : 위와 같이 수구가 1적구보다 안쪽으로 들어가 있고, 한계각(16)을 벗어나 있는 배치에서는 두꺼운 두께(5/8이상)로 상단 역회전(-2팁 : 10시 30분 3팁) 주고 부드러운 팔로우샷(follow shot)으로 밀어친다.

② : 최대 역회전(-4팁 : 8시 3팁)주고 3/8 두께로 부드럽게 밀어 친다

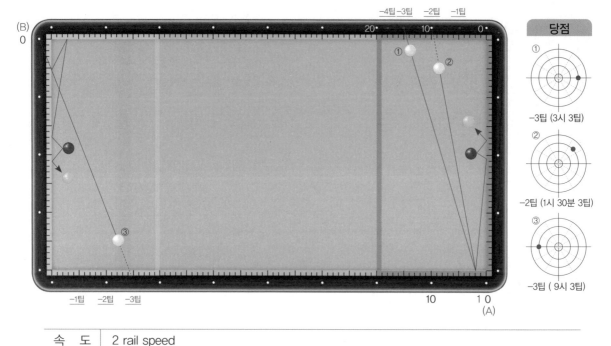

속 도	2 rail speed
스트로크	부드러운 follow shot

요점·설명

〈장쿠션 코너(A) 겨냥 : 오른쪽 도형〉

- 1적구가 단쿠션으로부터 공 1개 정도 떨어져 있을 때에 이용한다.
- 1적구를 맞춘 후에 한 번 더 쿠션에 맞아야 3쿠션이 완성된다.
- 1쿠션 0 대신 1을 겨냥하는 것이 좋다.
- 역회전 효과 때문에 수구는 1적구를 맞춘 후에 무회전을 주는 경우보다 더 많이 꺾여서 진행된다.

도형 ① : −3팁(3시 3팁)을 주고 1쿠션 지점 1을 겨냥한다.

② : −2팁(1시 30 3팁)을 주고 1쿠션 지점 1을 겨냥한다.

〈단쿠션 코너(B) 겨냥 : 왼쪽 도형〉

- 역회전 주고 단쿠션 코너를 겨냥하면, 수구는 코너에서 3쿠션을 완성한 후에 단쿠션을 타고 진행한다.

도형 ③ : −3팁(9시 3팁)주고 단쿠션 코너를 겨냥한다.

Billiards
실전팁 : Ball 1st : 실전용 빠른 계산법

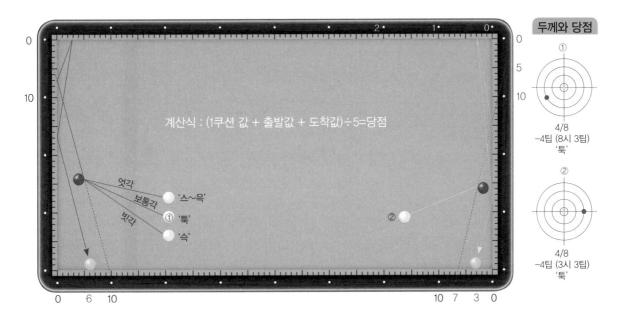

계산식 : (1쿠션 값 + 출발값 + 도착값)÷5=당점

두께와 당점

① 4/8 −4팁 (8시 3팁) '툭'

② 4/8 −4팁 (3시 3팁) '툭'

요점 · 설명

• 되돌아오기 Ball 1st 의 경우에 적용할 수 있는 실전용 빠른 계산법이다.

  ▣ 적용순서

  1. 1쿠션에 편하게 보낼 수 있는 두께와 1쿠션 지점을 찾는다.

  2. (1쿠션값+ 출발값+ 도착값) ÷5 = 당점이다.

  ▣ 스트로크에 따른 당점의 변화

  1. 보통각 : '툭' 스트로크를 사용한다.

  2. 엇각 : '스~윽' 스트로크를 사용한다.

  3. 빗각 : '슥' 스트로크를 사용한다.

  ▣ 계산된 당점이 −4팁이 나온 경우

  1. ½미만 두께 : −4팁 당점을 준다.

  2. ½이상 두께 : 두꺼운 두께가 맞으면 회전이 증가하므로 회전을 감소시켜 −2팁~−3팁 당점을 준다.

도형   ① : (보통각 배치) 1쿠션값 0+출발값 10+도착값 6=16, 16÷5=3.2 ;

   −4팁 (8시 3팁) 당점을 주고 '툭'친다.

   ② : 편안한 두께(4/8)로 보낼 수 있는 1쿠션값은 5이다.

   1쿠션값 5+출발값 7+도착값 3=15, 15÷5=−3팁(3시 3팁)당점을 준다.

Billiards
다양한 되돌아오기 – 1/4 테이블

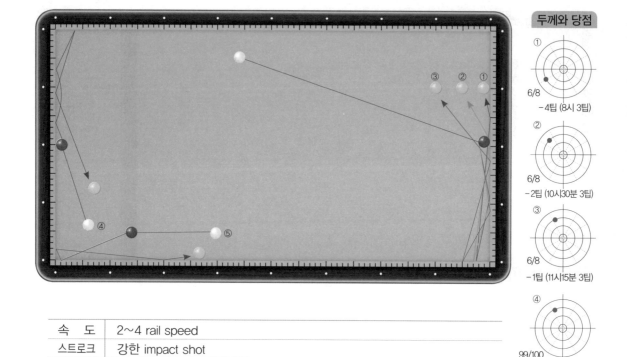

두께와 당점

① 6/8 −4팁 (8시 3팁)

② 6/8 −2팁 (10시30분 3팁)

③ 6/8 −1팁 (11시15분 3팁)

④ 99/100 −1팁 (11시15분 3팁)

속 도	2~4 rail speed
스트로크	강한 impact shot

요점 · 설명

- 2적구가 단쿠션에 가까울수록(도형①) 당점을 내려서 하단 당점을 주고, 단쿠션에서 떨어질수록 (도형③) 당점을 올려서 상단 당점을 준다.
- 두께와 속도는 변함없이 당점만 바꾸어 친다.

■ 스트로크 : 수평샷으로 큐의 비틀림 없이 강하게 밀어 친다.
    (수구와 1적구가 가깝다면 2rail speed도 가능하다.)

도형 ① : 2적구가 단쿠션에 가까우므로 하단 당점 (−4팁 : 8시 3팁)을 주고 강하게 밀어 친다.

② : 중상단 당점(−2팁 : 10시 30분 3팁)을 주고 강하게 밀어 친다.

③ : 2적구가 단쿠션에서 많이 떨어져 있으므로 상단 당점(−1팁 : 11시 15분 3팁)을 주고 강하게 밀어친다.

④, ⑤ : 상단 역회전 (−1팁 : 11시 15분 3팁 또는 − 2팁 : 10시 30분 3팁) 주고 아주 두껍게 1구의 거의 정면을 밀어 친다. 타격감 없이 큐 뒤끝을 낮추고 수평 샷을 하여야 한다.

④의 경우에는 바운딩 샷(bounding shot)의 타법과 동일하다.

접시(Plate) 시스템

- 접시(plate) 시스템을 적용하여 공략해야 하는 배치도 실전 게임에서 자주 발생하며, 공략 방법을 알고 있으면 의외로 쉽게 득점에 성공할 수 있다.

- 장쿠션 접시 시스템은 전통적인 시스템 이외에 셰퍼(Schaefer) 시스템을 함께 소개하였다. 어느 시스템이 자신에게 더 잘 맞는지 파악하여 선택 적용하길 권장한다.

- 단쿠션 접시 시스템은 적용이 간편하고 쉬운 mirror법 사용을 권장한다.

- 2적구의 배치 형태에 따라서는 −3팁 당점 대신 다른 당점을 사용할 필요가 있다.

- 본 교재에서는 접시 시스템을 다음과 같이 구분하여 설명하고 있다.
  1. **장쿠션 접시 시스템** : 정규 테이블
  2. **단쿠션 접시 시스템** : 1/4 테이블

Billiards
장쿠션 접시 시스템

(1) 1적구가 단쿠션에 붙어 있을 때

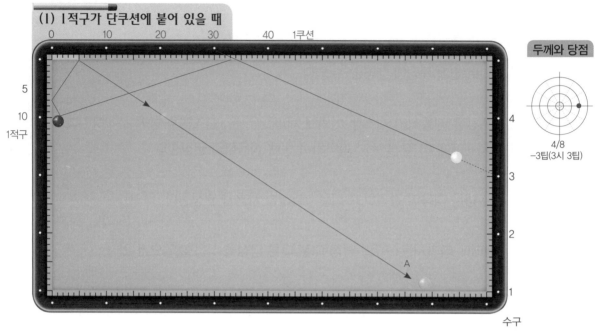

두께와 당점

4/8
−3팁(3시 3팁)

두 께	4/8 전후	당 점	−3팁(3시 3팁)
속 도	2 rail speed	Point	1쿠션 : frame point
스트로크	부드러운 follow shot		
계산식	수구 출발값×1적구수=1쿠션 수		

요점 · 설명

- 당점 : 역회전 3팁이 기준이다.(−2팁 또는 −1팁도 가능하다)
- 1적구수 : 수구와 부딪치는 1적구의 끝지점을 기준으로 적용한다.
- 겨냥은 역회전을 주는 큐선 기준으로 한다.
- 2적구가 A처럼 멀리 있는 경우에는 3rail speed 등속으로 밀어친다.
- 세게 치는 경우에는 코너 방향으로 약간 앞쪽을 겨냥한다.
- 1적구가 1point(10)를 넘어서 있는 경우에는 적용하지 않는 것이 좋다.

  ▣ 스트로크 : 역회전이 충분히 살아날 수 있도록 부드럽게 1쿠션 지점을 향하여 밀어 친다.

도형 : 수구 출발값 3×1적구수 10=1쿠션수 30

(2) 1적구가 단쿠션에서 떨어져 있을 때

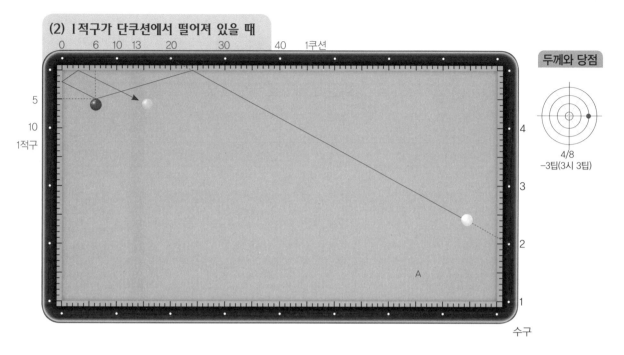

두 께	4/8 전후	당 점	−3팁(3시 3팁)
속 도	2 rail speed	Point	1쿠션 : frame point
스트로크	부드러운 follow shot		
계산식	(수구 출발값×1적구수)+단쿠션에서 떨어진 거리의 1/2		

요점 · 설명

· 1적구가 단쿠션으로부터 떨어진 경우에는 계산식 결과 수치에 떨어진 거리의 1/2를 가산한다.
· 구체적인 계산식은 다음과 같다.

　수구 출발값 × 1적구수 = 1쿠션수(a)

　보정값(b) = 떨어진 거리 × 1/2

　a + b = 보정 후 1쿠션수

도형　① : 수구 출발값 2×1적구수 5=1쿠션수 10(a)

　　　　　보정값(b) = 떨어진 거리 6 × 1/2=3

　　　　　a+b=10+3=보정 후 1쿠션수 13

(3)당점의 변화

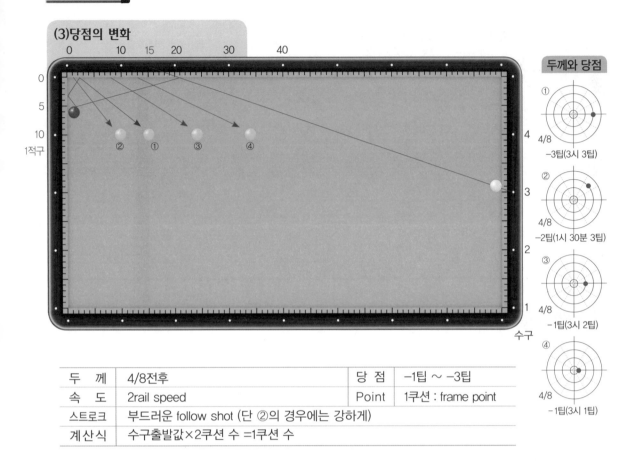

두 께	4/8전후	당 점	-1팁 ~ -3팁
속 도	2rail speed	Point	1쿠션 : frame point
스트로크	부드러운 follow shot (단 ②의 경우에는 강하게)		
계산식	수구출발값×2쿠션 수 =1쿠션 수		

요점·설명

- 도형①은 정상적으로 역회전 3팁(3시 3팁)을 주고 치면 득점이 가능한 배치이다.
  부드럽게 2rail speed로 밀어 친다.
- 도형 ② 와 같이 2적구가 정상각보다 내려와 있는 경우에는 상단 역회전을 주고 두껍고 강하게
  1적구를 맞추어서 곡구를 발생시켜서 득점할 수 있다.
- 도형 ③과 ④의 경우에는 중단 당점을 사용하며 속도를 줄여서 역회전을 줄이고 부드럽게 밀어
  치면 득점할 수 있다.

도형
  ① : 수구 출발값 3×2쿠션수 5=1쿠션수 15,
  　　　중단 -3팁(3시 3팁), 2rail speed, 4/8두께
  ② : 중상단 -2팁(1시 30분 3팁), 3rail speed(빠르고 강하게), 4/8두께
  ③ : 중단 -2팁(3시 2팁), 2rail speed, 4/8두께
  ④ : 중단 -1팁(3시 1팁), 2rail speed, 4/8두께

셰퍼(Schaefer) 시스템

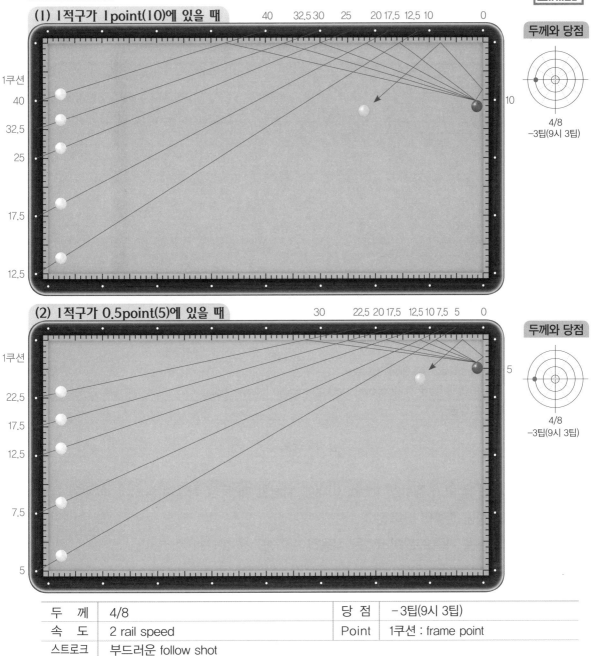

(1) 1적구가 1point(10)에 있을 때

두께와 당점

4/8
-3팁(9시 3팁)

(2) 1적구가 0.5point(5)에 있을 때

두께와 당점

4/8
-3팁(9시 3팁)

두 께	4/8	당 점	-3팁(9시 3팁)
속 도	2 rail speed	Point	1쿠션 : frame point
스트로크	부드러운 follow shot		

요점·설명

- 앞에서 설명한 전통적인 접시 시스템과는 다소 차이가 있는 시스템이지만 필자가 검증한 바로는 이 셰퍼 시스템의 정확도가 더 높았다.
- 이 두가지 시스템 중에서 자신에게 더 잘 맞는 시스템을 선정하여 적용하길 권고한다.

단쿠션 접시 시스템 : 미러(mirror)법

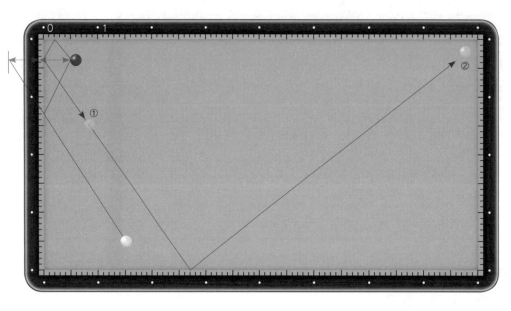

두께와 당점

①
4/8
−3팁(9시 3팁)

②
4/8
−3팁(9시 3팁)

두 께	4/8	당 점	−3팁(9시 3팁)
속 도	① 2rail speed ② 3rail speed		
스트로크	① 부드럽게 밀어 치기(follow shot) ② middle follow shot		
계산식	미러법 적용		

요점·설명

- 단쿠션 접시는 1적구가 장쿠션 1point 이내에 위치할 때 득점 확률이 높으나 1적구가 1point 를 벗어나면 성공 확률이 낮아진다.
- 단쿠션 안쪽 날을 기준으로 미러법을 적용하여 대칭점을 찾아서 겨냥한다.

　▣ 스트로크 : 역회전이 충분히 살아날 수 있도록 타격감 없이 부드럽게 밀어 친다.

　　　　　지나치게 세게 치면 역회전이 소멸되어 득점에 실패하게 된다.

도형　①: −3팁 (9시 3팁) 주고 대칭점을 겨냥하여 약하게 그리고 부드럽게 밀어 친다.

　　　②: −3팁 (9시 3팁) 주고 대칭점을 겨냥하여 3rail speed와 미들 팔로우샷 (middle follow shot)으로 밀어 친다.

기타 다양한 역회전 시스템

• 리버스(Revers) 볼 시스템

• 리버스 0, 5, 10 시스템

• 다양한 리버스 샷

리버스(Revers) 볼 시스템 : 옆돌리기 형태

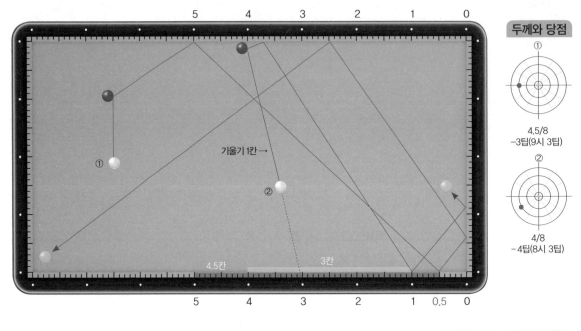

요점 · 설명

- 2쿠션 지점을 먼저 설정한 후에 적용하는 옆돌리기 형태의 역회전 시스템이다.
- 두께 : 1쿠션~2쿠션 차이 칸수 + 기울기이다. 차이 칸수 계산 시에는 기울기가 있는 경우에도 수직 입사선 기준을 적용한다.
- 당점 : 당점은 기울기로 정한다.

기울기	0칸	1칸	2칸
당점	−3팁(9시 3팁)	−4팁(8시 3팁)	−4.5팁(8시 30분 3팁)

- 기울기 : 1칸당 두께 1씩 증가한다.

  ▣ 스트로크 : 부드럽고 가볍게 follow shot으로 밀어친다.

도형 ① : 기울기는 0이고 1쿠션 지점~2쿠션 지점 차이 칸수는 4.5이다.
따라서 당점은 −3팁 (9시 3팁), 두께는 4.5 + 기울기 0=4.5이다.(즉, 4.5/8두께)
② : 기울기는 1이고 1쿠션 지점~2쿠션 지점 차이 칸수는 3이다.
따라서 당점은 −4팁(8시 3팁), 두께는 3+기울기1=4이다.(즉, 4/8두께)

리버스 볼 시스템 : 바깥 돌리기 형태

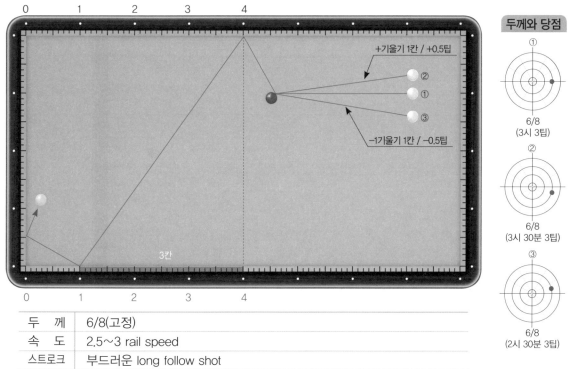

두 께	6/8(고정)
속 도	2.5~3 rail speed
스트로크	부드러운 long follow shot

요점 · 설명

• 2쿠션 지점을 먼저 설정한 후에 적용하는 바깥돌리기 형태의 역회전 시스템이다.

• 두께 : 6/8 고정이다. (수구와 1석구의 기울기와 상관없음)

• 당점 : 1쿠션 지점과 2쿠션 지점의 차이 칸수로 결정한다.

차이 칸수	1칸	2칸	3칸	4칸	5칸
당점	4시 3팁	3시 30분 3팁	3시 3팁	2시 30분 3팁	2시 3팁

• 기울기 : 수구와 1적구의 기울기 1칸당 ±0.5팁(=±30분)을 한다.

  ◼ 스트로크 : 부드러운 long follow shot으로 밀어친다.

도형 ① : 차이 칸수가 3칸이고 기울기 0이므로 3시 3팁과 6/8두께를 적용한다.
　　　　② : 차이 칸수가 3칸이고 기울기 +1칸이므로 3시 30분 3팁과 6/8두께를 적용한다.
　　　　③ : 차이 칸수가 3칸이고 기울기 −1칸이므로 2시 30분 3팁과 6/8두께를 적용한다.

리버스 0, 5, 10 시스템

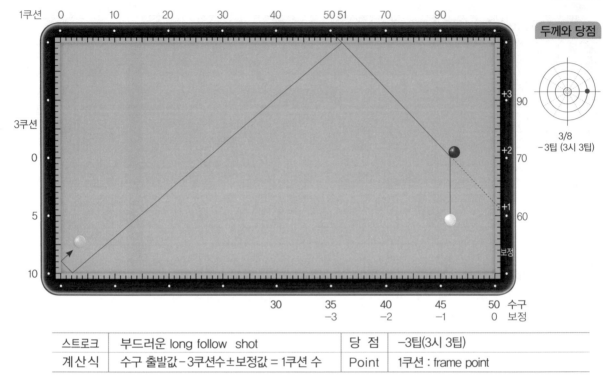

두께와 당점

3/8
−3팁 (3시 3팁)

스트로크	부드러운 long follow shot	당 점	−3팁(3시 3팁)
계산식	수구 출발값−3쿠션수±보정값 = 1쿠션 수	Point	1쿠션 : frame point

요점 · 설명

- 5½시스템상의 수구출발값, 1쿠션수를 그대로 적용하고 3쿠션수만 다르게 적용한다.
- 당점 : −3팁(3시 3팁) 고정이다.
- 보정 : 늘어지는 각(수구 60이상)에서는 짧게(+) 보정하고, 짧은 각(수구50미만)에서는 길게(−)보정한다.

수구 출발값	35	40	45	50	60	70	90
보정값	−3	−2	−1	0	+1	+2	+3

- 수구 출발 45미만의 경우에는 3쿠션 5이하에만 적용한다. 5를 초과하는 경우에는 가파르게 진행되어서 득점이 어렵다.

  ▣ 스트로크: 롱 팔로우샷(long follow shot)으로 부드럽게 밀어친다.

도형 수구 출발 60이므로 보정값은 +1이다.
수구 수60 −3쿠션수 10 + 보정값 1=1쿠션수 51

Billiards
다양한 리버스 샷

(1) 가파른 각 옆돌리기/바깥 돌리기

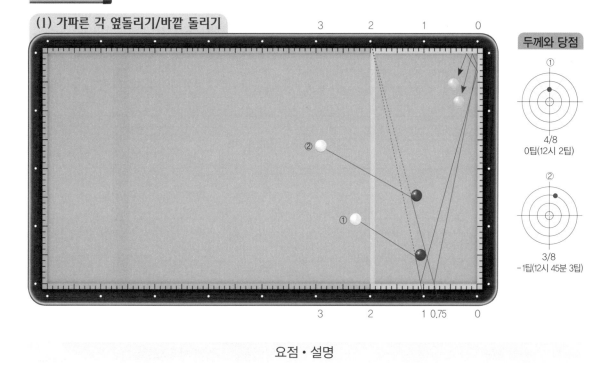

요점·설명

- 위 도형은 수구가 3쿠션으로 코너를 돌아서 가파르게 진행되어야 득점이 가능한 배치이다.
- 이때에는 역회전 −1팁(12시 45분 3팁)을 주고 1/2지점보다 0.25point 앞을 겨냥하면 수구는 역회전 효과로 인하여 3쿠션 이후 가파르게 진행된다.
- 또한 역회전 −2팁(1시 30분 3팁)을 주고 1/2지점보다 0.5point 앞을 겨냥하여도 된다.

도형 ① : 무회전 주고 1쿠션 1/2지점을 겨냥하면 수구는 코너를 돌아 나온다.

② : −1팁(12시 45분 3팁) 주고 1/2지점보다 0.25point 앞을 겨냥하면 수구는 코너를 돌아서 가파르게 진행된다.

(2) 리버스 엔드

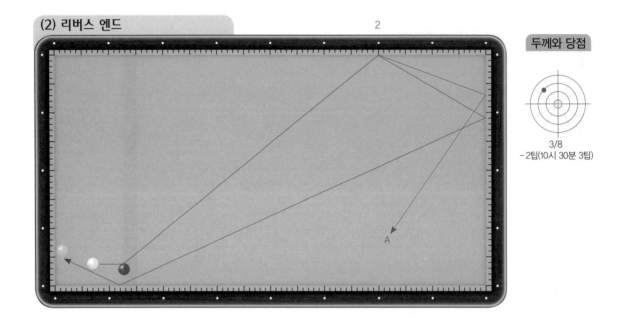

두께와 당점

3/8
−2팁(10시 30분 3팁)

두 께	3/8	당 점	−2팁(10시 30분 3팁)
속 도	2.5~3rail speed	Point	1쿠션 : frame point
스트로크	middle follow shot		

요점 · 설명

- 위와 같은 배치에서는 정회전을 주는 정상적인 방법으로는 해결할 수 없다.
- 그러나 역회전을 주면 수구는 2쿠션을 맞춘 후에 리버스 엔드(reverse end)로 가파르게 진행되어 득점에 성공할 수 있다.
- 역회전을 주고 수구를 맞은편 장쿠션 2point 부근으로 보내면, 수구는 2쿠션이후 리버스 엔드 효과로 코너를 향하여 가파르게 진행한다.
- 역회전 대신 정회전을 주면 수구는 A방향으로 짧게 진행한다.(=정회전 바깥 돌리기)

  ▣ 스트로크 : middle follow shot

(3) 역회전 앞돌리기 대회전

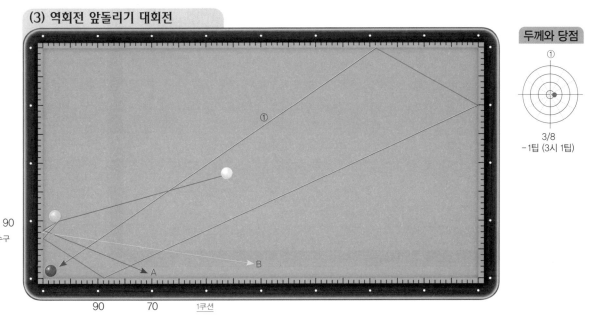

두께와 당점

①

3/8
−1팁 (3시 1팁)

90
수구

90   70   <u>1쿠션</u>

두　께	2/8	당　점	−1팁(3시 1팁)
속　도	2.5~3rail speed	Point	1쿠션 : frame point
스트로크	부드럽게 밀어친다.		

요점·설명

• 수구와 1적구가 빗각인 위와 같은 배치에서 정회전을 주고 수구 90에서 1쿠션 70(A)으로 보내는 것은 극도로 얇은 두께로 1적구를 맞추어야 하기 때문에 불가능하다.

• 이때에는 역회전을 주고 (중단 −1팁 : 3시 1팁) 1적구를 조금 두껍게 맞추어서 공략하는 것이 득점 확률을 높일 수 있다.(도형①)

• 역회전 주고 지나치게 얇게 맞추면 B처럼 진행하여 득점에 실패하게 된다.

(4) 되돌아오기 vs. 더블쿠션

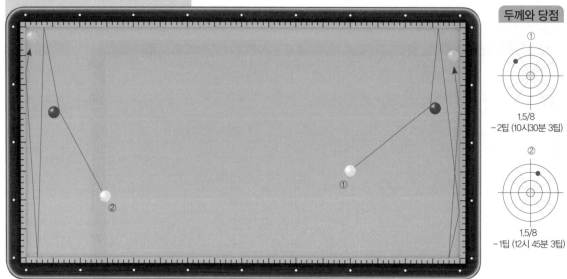

두께와 당점

①
1.5/8
−2팁 (10시30분 3팁)

②
1.5/8
−1팁 (12시 45분 3팁)

도형

① : 이와 같은 배치에서는 역회전을 주고 되돌아오기 경로로 공략하는 것이 득점 확률이 높다.
−2팁(10시 30분 3팁)을 주고 약하고 얇은 두께로 부드럽게 밀어 친다.
수직 입사선 보다 약간 비스듬하게 1쿠션을 겨냥한다.

② : 비슷한 배치에서 −1팁 (12시 45분 3팁)을 주면 더블쿠션 형태로 득점할 수 있다.

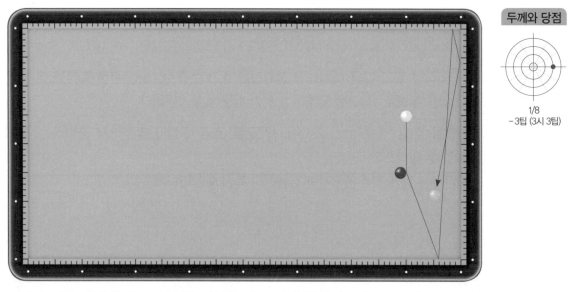

두께와 당점

1/8
−3팁 (3시 3팁)

• 위와 같은 배치에서는 2적구를 의식할 필요 없이 역회전 3팁(3시 3팁)을 주고 비스듬하게
1쿠션 지점으로 보낸다.

▣ 스트로크 : 약하고 얇게 1적구를 겨냥하고 부드럽게 밀어 친다.

(5) 1뱅크 걸어치기

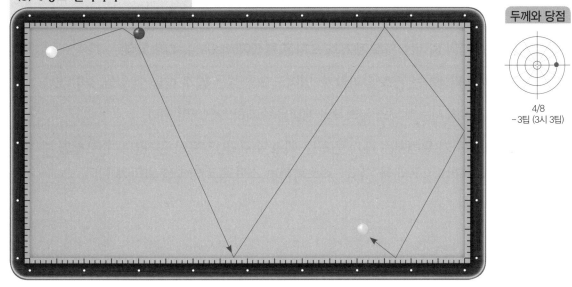

두께와 당점

4/8
−3팁 (3시 3팁)

▣ 스트로크 : 타격감이 없게 부드럽게 밀어 친다.

(6) 역 바운딩 샷

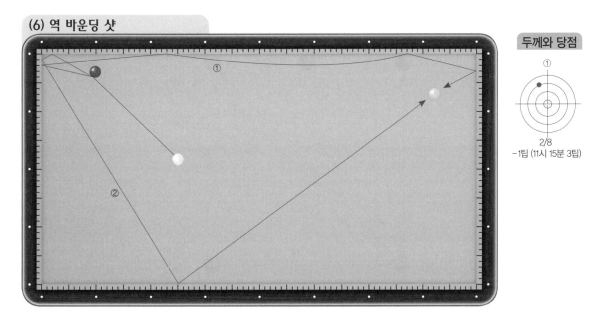

두께와 당점

①

2/8
−1팁 (11시 15분 3팁)

- 얇은 두께로 옆돌리기 (도형②)를 치려다 장쿠션을 맞추지 못하고 단쿠션을 먼저 맞추게 되면서 실수로 득점하는 경우가 종종 발생하는 유형이다.
- 상단 역회전을 주고 강하게 밀어쳐서 단쿠션 코너 부근을 맞추면, 수구는 곡선을 그리면서 장쿠션을 타고 굴러가서 득점에 성공할 수 있다.

키스 피하기

- 하점자와 고점자의 차이는 키스 제거와 포지션 플레이(position play)에 있다.

- 경기 중 수없이 발생하는 키스만 피할 수 있어도 3~5점은 쉽게 올릴 수 있을 것이다.

- 키스를 피하기 위해서는 두께와 분리각의 개념을 숙지하고 있어야 한다.

- 또한 키스를 피하기 위해서는 내가 원하는 대로 수구와 1적구의 움직임을 컨트롤할 수 있어야 한다. 특히 1적구의 움직임을 최소화하는 스트로크 방법을 알아야 한다.

1적구의 움직임
키스를 피하기 위해서는 1적구의 움직임을 필히 알아야 한다.

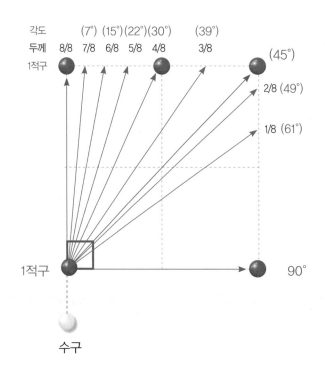

▣ 1적구는 당점이나 힘의 세기에 영향을 받지 않고 항상 위의 분리각으로 진행한다.

바깥돌리기 키스 피하기

7가지 기본 원칙

바깥돌리기에서 키스를 피하기 위한 기본 원칙은 다음과 같다.

1. 3쿠션 지점 원칙: 수구가 진행하는 3쿠션 지점 부근으로 1적구를 보내지 말라!

2. 수구와 1적구의 연결선 기준 원칙:
    ① 연결선이 장쿠션을 향하고 있을 때: 얇게 맞추어서 수구를 1적구보다 먼저 보내라!
    ② 연결선이 단쿠션을 향하고 있을 때: 두껍게 맞추어서 1적구를 단쿠션으로 보내고 1적구를 수구보다 먼저 보내라!
    ③ 연결선이 코너를 향하고 있을 때: 키스 확률이 매우 높으므로 키스 피하는 방법을 반드시 숙지하고 신중하게 공략하라!

3. 상후하박의 원칙:
    ① 1적구가 테이블 상단(player로부터 먼 쪽)에 위치: 회전량을 줄이고 두껍게 맞추어라!(상후)
    ② 1적구가 테이블 하단(player와 가까운 쪽)에 위치: 회전량을 늘리고 얇게 맞추어라!(하박)

4. 두께 조절의 원칙:
    ① 두껍게: 기준 당점보다 1팁을 증가시키고 동시에 기준 두께보다 +1/8두께를 사용한다.
    ② 얇게: 기준 당점보다 1팁을 감소시키고 동시에 기준 두께보다 −1/8두께를 사용한다.

5. 1적구와 2적구의 키스를 피하라!

6. 2차 키스를 피하라!

7. 1적구의 움직임을 최소화하라!

바깥돌리기 키스 피하기 7가지 기본 원칙

1. 3쿠션 지점 원칙 : 수구가 진행하는 3쿠션 지점 부근으로 1적구를 보내지 말라!

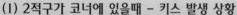

(1) 2적구가 코너에 있을때 – 키스 발생 상황

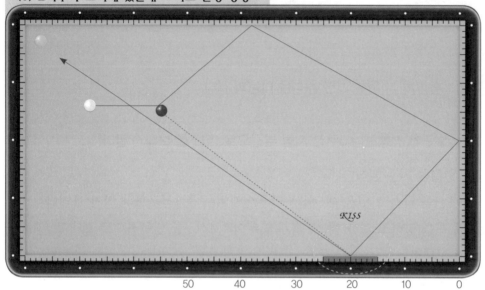

두께와 당점

4/8
2팁(1시 30분 3팁)

- 2적구가 코너에 있을때, 1적구를 3쿠션 20부근(kiss 위험 ▬▬ 구간)으로 보내면, 수구와
  1적구의 키스 가능성이 매우 높기 때문에 1적구를 이 구간(▬) 으로 보내면 안된다.

키스 제거

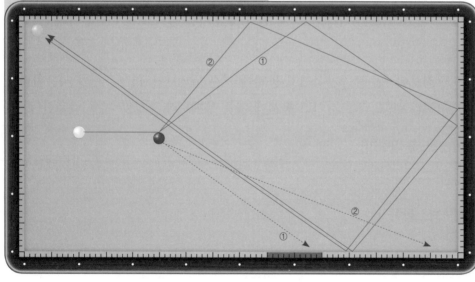

두께와 당점

①
2/8
1팁(12시 45분 1팁
또는 5시 1팁)

②
5/8
3팁(3시 3팁)

방법 1. 회전을 줄이고 (1팁 : 12시 45분 3팁)1적구를 얇게 맞추어서 (▬▬ 구간으로 보낸다.(도형①)
또는 1적구를 얇게 맞추면서 하단 당점을 이용해서 끌어 친다.

2. 회전을 늘리고 (3팁 : 3시 3팁) 1적구를 두껍게 맞추어서 1적구를 코너 부근 (▬▬)으로 보낸다. (도형②)

(2) 2적구가 단쿠션 1point (A)에 있을 때 – 키스 발생 상황

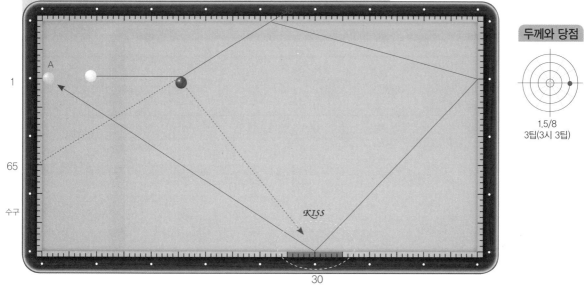

두께와 당점

1.5/8
3팁(3시 3팁)

- 2적구가 단쿠션 1point에 있을 때에는 1적구를 얇게 맞추어야 하는데, 1적구가 수구의 진행경로인 3쿠션 30부근(키스 위험 구간 ▬▬)으로 진행되어서 키스 가능성이 매우 높다.

키스 제거

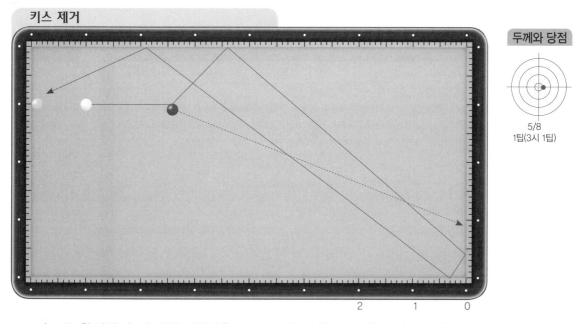

두께와 당점

5/8
1팁(3시 1팁)

- 키스를 확실하게 제거하는 방법은 1적구를 두껍게(5/8) 맞추어서, 3쿠션 공략법 대신 4쿠션으로 장쿠션을 맞추고 5쿠션으로 득점하는 공략법이다.
- 득점 확률도 3쿠션 공략법보다 더 높다.

2. 수구와 1적구의 연결선 기준 원칙

(1) 수구와 1적구를 연결한 선이 장쿠션을 향하고 있을 때 : 얇게

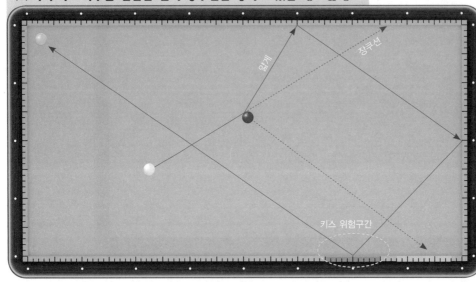

두께와 당점

1/8
3팁(3시 3팁)

• 수구와 1적구를 연결한 선이 장쿠션을 향하고 있을때에는, 1적구를 얇게 맞추어서 장쿠션 코너 부근으로 보내고 수구를 1적구보다 먼저 진행시킨다.

(2) 수구와 1적구를 연결한 선이 단쿠션을 향하고 있을 때 : 두껍게

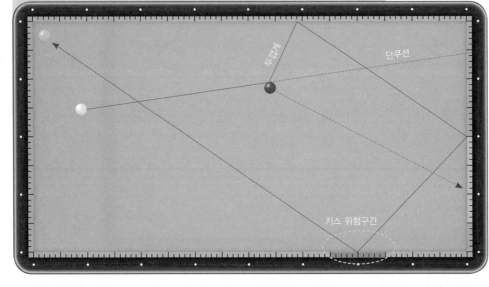

두께와 당점

6/8
2팁(1시30분 3팁)

• 수구와 1적구를 연결한 선이 단쿠션을 향하고 있을때에는, 1적구를 두껍게 맞추어서 단쿠션 으로 보내고 수구를 1적구보다 늦게 진행시킨다.

(3) 연결선이 코너를 향하고 있을 때 : 키스 발생 상황

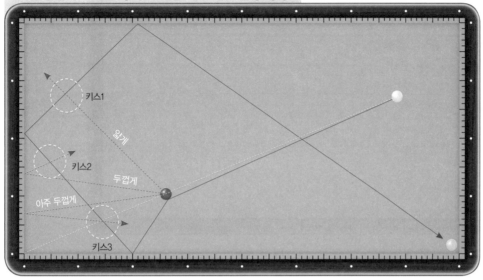

- 수구, 1적구와 코너가 일직선인 배치에서는 키스 확률이 매우 높다.
- 1직선 보다 공1개 정도 좌우로 빠져 있을때에는 키스 가능성이 낮으므로 보통의 방법으로 가볍게 툭친다.

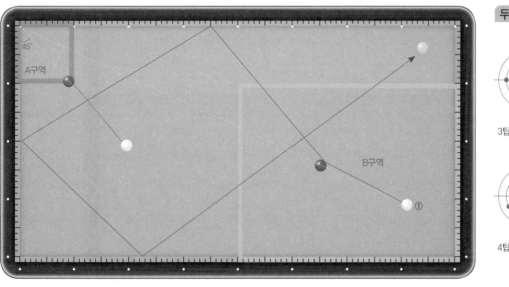

두께와 당점

①

1/8
3팁(9시 3팁)

①

1/8
4팁(8시 3팁)

- 수구와 1적구와 코너가 1자 배치이더라도, B구역처럼 1적구가 장쿠션과 단쿠션 으로부터 많이 떨어져 있을때는 시간차 공략이 가능하므로 키스 빼기가 용이하다. (도형①) 회전을 많이주고(9시 3팁 또는 8시 3팁), 아주 얇게(1/8) 그리고 빠른 속도로 샷을 한다.
- 반면에 A구역과 같이 1적구가 코너에 가깝게 있고, 특히 45° 기울기 배치에서는 키스 빼는 것은 매우 어렵다.

Billiards

키스 제거 방법1 : 밀어 치기

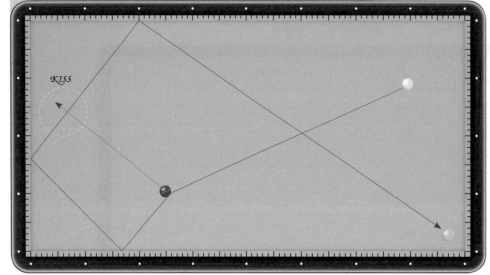

두께와 당점

2/8
2팁 (1시30분 3팁)
'스~윽'

- 상단 당점(1팁 ~2팁)를 주고 2/8 두께로 1적구를 맞추어 수구와 1적구를 나란히 보낸다. 너무 얇으면 키스가 발생한다.(ⓐ)

  ▣ 스트로크 : middle~long follow shot으로 충격없이 최대한 부드럽게 '스~윽' 등속으로 밀어친다.

키스 제거 방법2 : 끌어 치기

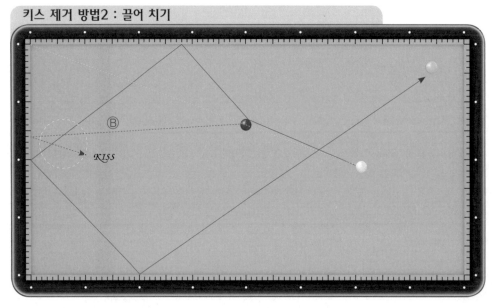

두께와 당점

3/8
4팁(8시 3팁)
'스~윽'

- 중단 ~중하단 당점을 주고 3/8 두께로 1적구를 맞추어 1적구를 먼저 보낸다. 당점을 내려줌으로써 수구의 진행 속도를 느리게 하여 키스 타이밍을 바꿔주는 방법이다.
- 너무 두꺼우면 키스가 발생한다.(ⓑ)

  ▣ 스트로크 : 힘을 빼고 가볍게 끌어 치거나 long follow shot으로 '스~윽' 밀어 친다.

3. 상후하박의 원칙(1적구가 테이블 상단에 있을 때는 두껍게, 하단에 있을 때는 얇게)

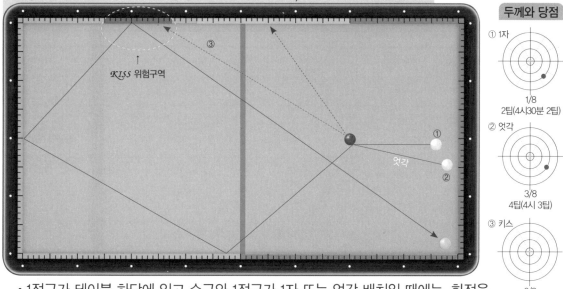

두께와 당점

① 1자

1/8
2팁(4시30분 2팁)

② 엇각

3/8
4팁(4시 3팁)

③ 키스

6/8

- 1적구가 테이블 하단에 있고 수구와 1적구가 1자 또는 엇각 배치일 때에는, 회전을 많이 주고 얇게 맞추어 1적구를 ▬▬ 구간으로 보낸다.

  ◉ 스트로크 : 가볍게 끌어 친다.

(2) 1적구가 테이블 하단에 있고 빗각 배치일 때

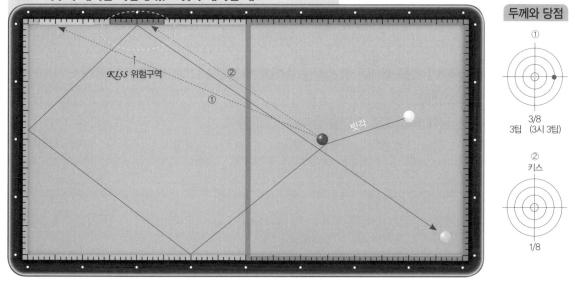

두께와 당점

①

3/8
3팁 (3시 3팁)

②
키스

1/8

- 위와 같은 빗각 배치에서는 1적구를 얇게 맞추면(예: 1/8두께) 키스가 발생한다.
- 이때에는 1적구를 코너로 보내면 키스를 피할 수 있다. 1/8 두께는 1적구가 키스 위험 구간을 향하기 때문에 두께를 조금 더 두껍게(예 : 3/8) 하여 1적구를 장쿠션 코너 부근으로 보낸다.

(3) 1적구가 테이블 상단에 있을 때(상후) : 두껍게 (4/8이상)

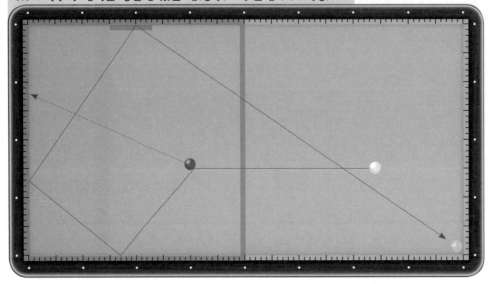

6/8
중하단 1팁(4시 1팁)

두 께	두껍게 (4/8이상)	당 점	중하단 1팁(4시 1팁)
속 도	2.5~3rail speed		
스트로크	부드러운 follow shot		

요점·설명

- 1적구가 테이블 상단에 있을 때에는 회전량을 줄이고 두껍게(4/8이상) 1적구를 맞추어서
  단쿠션 방향으로 보낸다.
- 회전을 많이 주면 길게 빠지므로 회전을 줄이는 것이 좋다.

4. 두께 조절의 원칙

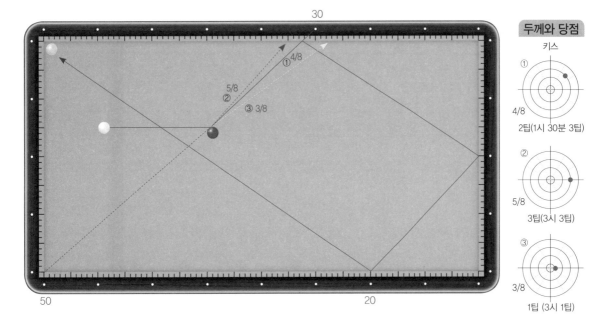

요점 · 설명

· 위 도형과 같은 배치에서 키스를 빼기 위해서는 두가지 방법이 있다.

방법1 _ 위 도형 ②와 같이 5½시스템상의 기준 당점(2팁)보다 1팁을 증가 시키고 (3팁 : 3시 3팁)
　　　　+1/8두께(대략 공1개만큼 아래쪽 겨냥)를 사용한다.(도형②)
　　　　이때에는 1적구를 두껍게 맞추고 당점을 내리기 때문에, 수구가 끌리는 현상으로 인하여
　　　　속도가 저하되어 1적구가 수구보다 먼저 진행한다.

방법2 _ 기준 당점(2팁)보다 1팁을 감소시키고 (3시 1팁) −1/8두께(대략 공1개 만큼위쪽을 겨냥)를 사용
　　　　한다. 이때에는 수구가 1적구보다 먼저 진행한다.(도형③)

도형　① : 2팁(1시 30분 3팁) & 4/8두께 : 5½시스템을 그대로 적용한 경로이다.(키스가능성
　　　　이 매우 높다)
　　　　수구 출발값 50−3쿠션 수 20=1쿠션수 30
　　　② : 3팁(3시 3팁) & 5/8두께(두껍게) : 1팁을 증가시키고 동시에 +1/8두께를 사용한다.
　　　③ : 1팁 (3시 1팁) & 3/8두께(얇게) : 1팁을 감소시키고 동시에 −1/8두께를 사용한다.

Billiards

5. 1적구와 2적구의 키스를 피하라! –1적구의 동선 파악하기

(1) 1적구가 장쿠션에 가까운 경우 : 엇각 배치 (8·6·4·2)

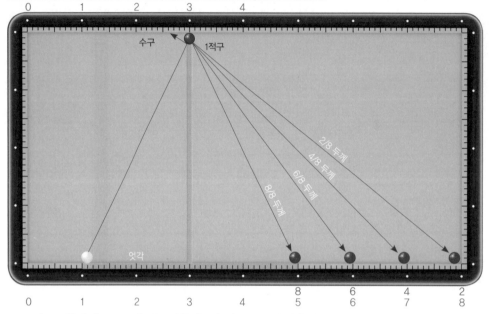

당점

중단 0팁(12시 0팁)

- 8/8두께(정면)으로 1적구를 맞추면 1적구는 수구의 맞은편 대칭점으로 들어가고 1/8두께가 줄어들때마다 1적구는 반칸씩 이동한다.
- 실전에서는 1칸당 8·6·4·2를 기억하면 된다.

(2) 1적구가 장쿠션에 가까운 경우 : 빗각 배치 (8·6·4·2)

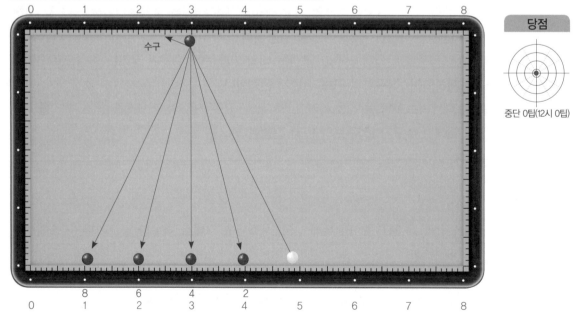

당점

중단 0팁(12시 0팁)

- 수구와 1적구의 기울기가 빗각 2칸인 경우 4/8두께로 1적구를 맞추면 1적구는 1자로 진행한다.

(3) 1적구가 단쿠션에 가까운 경우

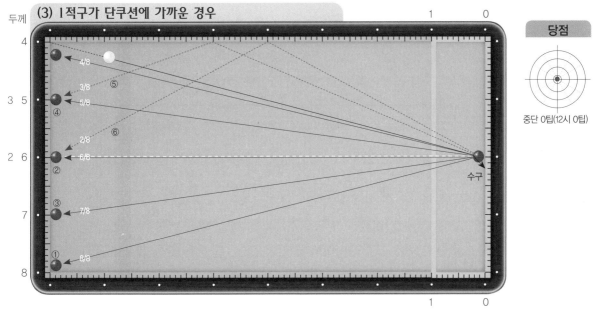

당점

중단 0팁(12시 0팁)

속 도	3 rail speed
계산식	8−기울기 칸수 =1자 두께 : 두께는 8등분법 적용

요점·설명

- 8/8 두께(100% 정면)로 1적구를 맞추면 1적구는 수구의 맞은편 대칭점으로 들어가고, 1/8두께가 줄어들 때마다 1적구는 1칸씩 이동한다.
- 8−기울기 칸수 =1자 두께이다. 즉, 이 두께로 1적구를 맞추면 1적구는 1자로(즉, 장쿠션과 나란히) 진행한다.
- 위의 원리를 이용하여 바깥돌리기, 빗겨치기, 앞돌리기에서 1, 2적구의 키스 빼기에 적용할 수 있다.
- 1적구가 ▬▬ 내에 위치할 때 적용한다.

도형
① 8/8 두께(100% 정면)으로 1적구를 맞히면 1적구는 수구의 맞은편 대칭점으로 들어간다.
② 8−기울기 2=6 : 6/8두께로 맞추면 1적구는 1자로 진행한다.
③ 7/8두께로 맞출 때의 1적구의 동선이다.
④ 5/8두께로 맞출 때의 1적구의 동선이다.
⑤ 3/8두께로 맞출 때의 1적구의 동선이다.(장쿠션을 맞고 들어간다.)
⑥ 2/8두께로 맞출 때의 1적구의 동선이다.(장쿠션을 맞고 들어간다.)

1적구와 2적구의 키스를 피하라! –빗각 배치

(1) 키스 발생 상황

두께와 당점

4/8
2팁(1시30분 3팁)

KISS

40 30 20 10 0

- 바깥 돌리기에서의 키스 제거는 수구와 1적구의 키스가 주 대상이지만, 실전에서는 의외로 1적구와 2적구의 키스도 많이 발생한다.
- 위 도형의 경우, 두껍게(4/8 이상) 1적구를 맞추면 1적구는 장쿠션 코너 부근을 지나 2적구 부근으로 진행되어 1적구와 2적구의 키스가 발생한다.

(2) 키스 제거

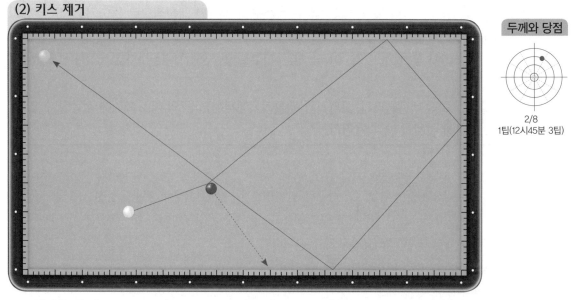

두께와 당점

2/8
1팁(12시45분 3팁)

- 회전을 줄이고(1팁 : 12시 45분 3팁) 1적구를 얇게(2/8) 맞추면 쉽게 키스를 피할 수 있다.

1적구와 2적구의 키스를 피하라! – 엇각 배치

(1) 키스 발생 상황

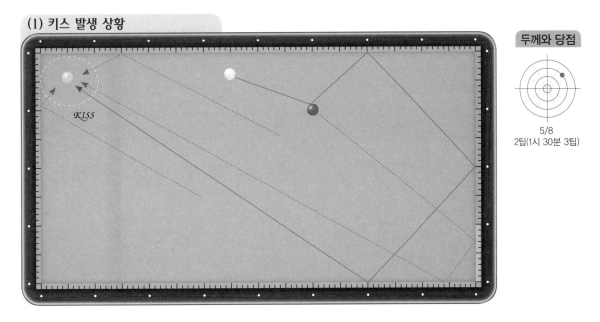

두께와 당점

5/8
2팁(1시 30분 3팁)

• 위와 같은 엇각 배치에서 1적구를 두껍게(5/8이상) 맞추면 1적구는 단쿠션을 맞고 다양한 형태로 1적구와 2적구의 키스가 발생한다.

(2) 키스 제거

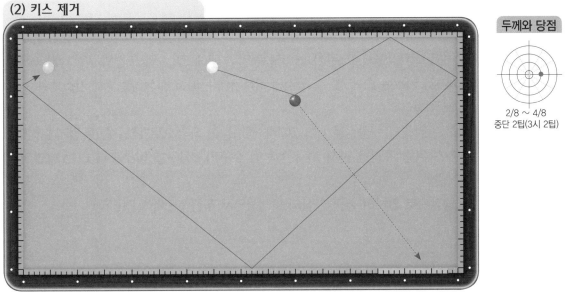

두께와 당점

2/8 ~ 4/8
중단 2팁(3시 2팁)

• 1적구를 장쿠션 코너 부근으로 보내고, 4쿠션으로 공략하는 방법이 바람직하다.

6. 2차 키스를 피하라!

(1) 1적구가 테이블 중앙에 있을 때 : 1적구 먼저

두께와 당점

6/8
(4시 3팁)

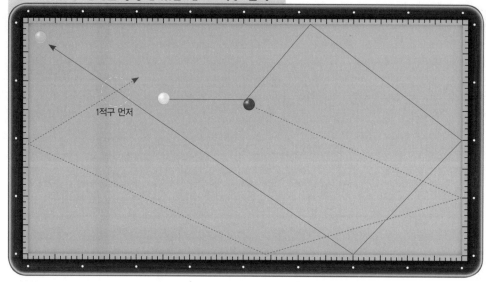

1적구 먼저

두 께	6/8	당 점	4시 3팁
속 도	3 rail speed		
스트로크	long follow shot		

요점 · 설명

• 수구와 1적구가 1자 배치이면서 1적구가 테이블 중앙 부근에 있는 위 도형과 같은 배치에서는 두껍게 맞추어서 1차 키스는 쉽게 뺄 수 있지만, 2적구 부근에서 발생하는 2차 키스(소위 어퍼컷 키스) 가능성이 매우 높다.

• 2차 키스를 피하기 위해서는 당점을 내리고(4시 3팁), 강한 타격으로 1적구를 두껍게(6/8) 맞추어서 1적구가 키스 위험 구역을 먼저 지나간 후에 수구가 2적구를 맞추도록 하는 방법이 가장 좋다.

• 수구는 중하단 당점으로 인하여 끌림 현상이 발생하면서 진행속도가 느려진다.

(2) 1적구가 테이블 우측 상단에 있을 때 : 수구 먼저

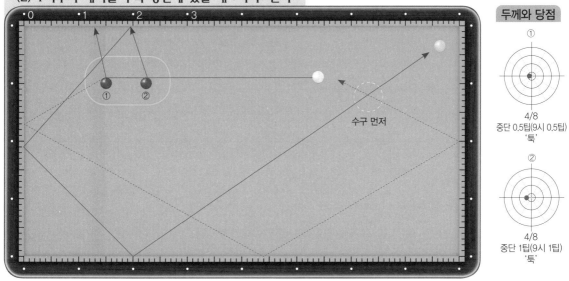

수구 먼저

두께와 당점

① 4/8
중단 0.5팁(9시 0.5팁)
'툭'

② 4/8
중단 1팁(9시 1팁)
'툭'

두 께	4/8	당 점	중단(9시) 0.5팁~1팁
속 도	3rail speed		
스트로크	'툭'		

요점 · 설명

• 1적구가 ⬭ 내에 위치하고 수구와 1적구가 1자 배치일 때에는 수구가 먼저 2차 키스 위험
  지역을 통과하도록 한다.

도형
① 중단 0.5팁(9시 0.5팁) 주고 4/8 두께로 1적구를 약하게 '툭' 친다.
② 중단 1팁(9시 1팁) 주고 4/8 두께로 1적구를 약하게 '툭' 친다.

7. 1적구의 움직임을 최소화 하라!

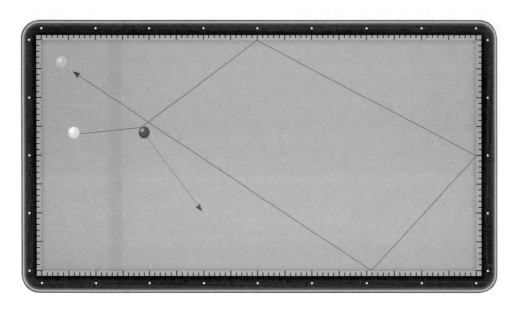

1/8
2팁(1시30분 3팁)
'툭'

두 께	얇게	당 점	2팁(1시 30분 3팁)
속 도	2.5rail speed		
스트로크	브릿지 짧게 '툭'		

요점 · 설명

• 수구와 1적구의 거리가 가까울 때에 사용할 수 있는 방법이다.

• 얇은 두께로 1적구를 아주 약하게 맞추어서 1적구의 이동거리를 짧게 만든다.

• 오픈 브릿지가 1적구의 움직임을 최소화하는데 도움이 될 수 있다.

　▣ 스트로크 : 브릿지를 짧게 하고 큐도 짧게 잡고 오른손의 힘을 빼고 '툭' 치면 1적구의 움직임을
　　　　　　최소화 시킬 수 있다.

Billiards

바깥 돌리기 키스 피하기 4가지 패턴

1. 1적구가 당구 테이블 하단에 있는 경우 – 얇게 키스 피하기

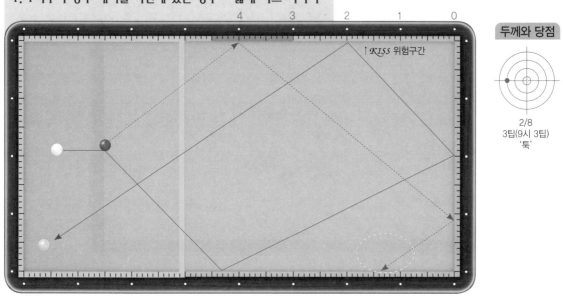

두께와 당점

2/8
3팁(9시 3팁)
'툭'

• 1적구가 당구 테이블 하단에 위치하는 경우에는 1적구를 얇게 맞추어서 키스 위험구역 아래쪽으로 보내어 키스를 피한다.

　▣ 스트로크 : 부드럽게 '툭'친다.

2. 1적구가 중앙쪽에 있으면서 빗각인 경우 – 크로스로 피하기

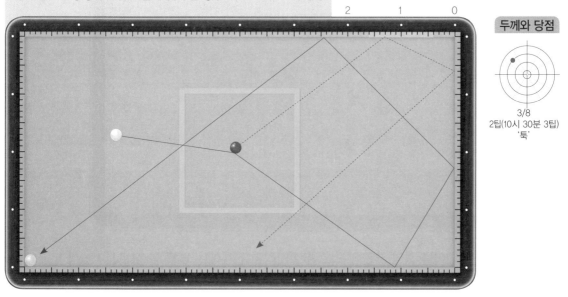

두께와 당점

3/8
2팁(10시 30분 3팁)
'툭'

• 1적구가 당구 테이블 중앙 부근에 있으면서 빗각인 경우에는 1적구를 장쿠션 1point 부근으로 보내어 수구와 1적구를 크로스 시켜서 키스를 피한다.

3. 1적구가 중앙쪽에 있으면서 1자인 경우 – 1적구를 단쿠션으로 보내기

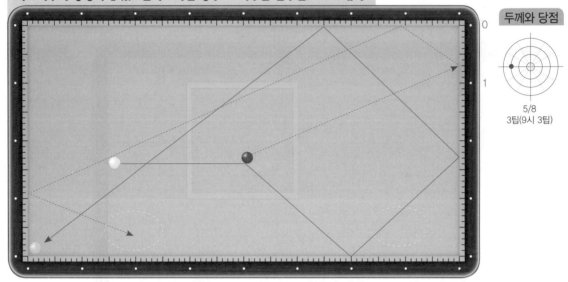

두께와 당점

5/8
3팁(9시 3팁)

• 1적구가 당구 테이블 중앙 부근에 있으면서 1자인 경우에는 1적구를 단쿠션 1point 부근으로 보내어 키스를 피한다.

4. 1적구가 중앙쪽에 있으면서 엇각인 경우 – 1적구를 장쿠션으로 보내기

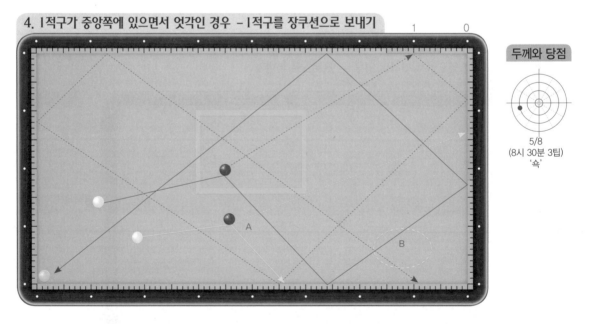

두께와 당점

5/8
(8시 30분 3팁)
'속'

• 1적구가 당구 테이블 중앙 부근에 있으면서 엇각인 경우에는 1적구를 장쿠션 1point 부근으로 보내어 키스를 피한다. 1적구를 대회전 시켜서 장쿠션 코너부근으로 보낸다.(B)

※A와 같이 1적구가 오른쪽 장쿠션에 가까운 경우에는 1적구를 단쿠션으로 보내어 키스를 피한다.

1적구가 코너에 가까울 때

(1) 키스 발생 상황

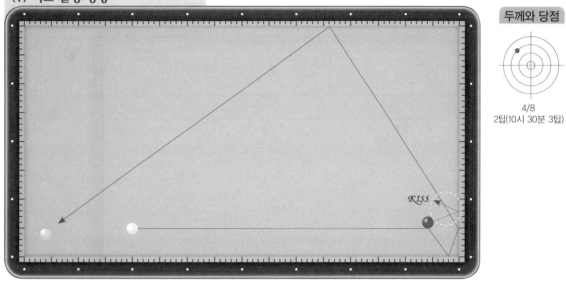

두께와 당점

4/8
2팁(10시 30분 3팁)

• 1적구가 코너에 가까울 때 평범하게 샷을 하면 바로 수구와 1적구의 키스가 발생한다.

(2) 키스 제거

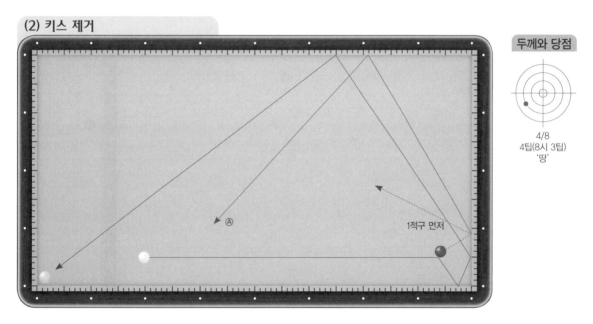

두께와 당점

4/8
4팁(8시 3팁)
'땅'

• 중하단 당점(8시 3팁)주고 4/8 두께로 1적구를 맞추어 1적구가 먼저 키스 위험 구역을 통과한 후에 수구가 통과하도록 한다.

• 상단 당점을 주면 곡구현상이 발생되어 짧아진다. (Ⓐ)

▣ 스트로크 : 강한 타격을 주어서 '땅' 친다.

1적구가 장쿠션에서 공 1.5개~2개 떨어져 있을 때

1. 1적구가 3point에 있을 때 : 1자 배치

(1) 키스 발생 상황

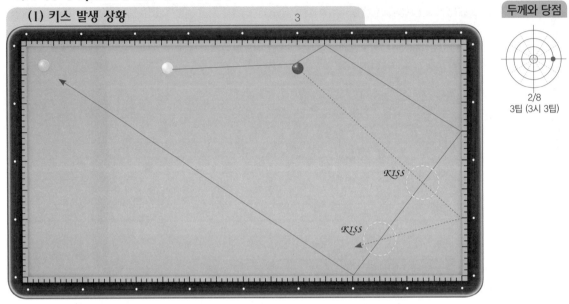

두께와 당점

2/8
3팁 (3시 3팁)

• 1적구를 얇은 두께(2/8)로 맞추면 수구와 1적구의 키스가 발생한다.

(2) 키스 제거

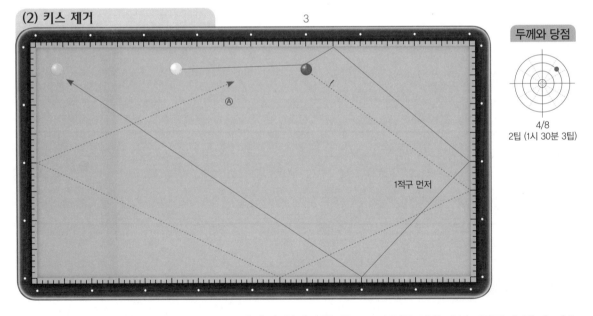

두께와 당점

4/8
2팁 (1시 30분 3팁)

• 4/8 두께와 2팁(1시 30분 3팁) 주고, 약간의 임팩트를 주고 1적구를 맞추어서 1적구가 먼저 키스 위험 지역을 통과하도록 한다. 속도는 3rail speed이다.

• 적절한 힘 배합으로 1적구를 Ⓐ구역으로 보내면 포지션 플레이가 가능하다.

　※ 1적구가 장쿠션으로부터 공 1개 떨어져 있을 때에는 바깥돌리기 대신 1 뱅크 넣어치기로 공략한다.

2. 1적구가 3point에 있을 때 : 빗각 배치

(1) 키스 발생 상황

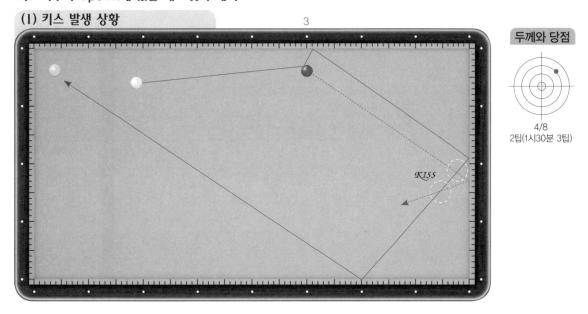

두께와 당점

4/8
2팁(1시30분 3팁)

• 4/8두께로 1적구를 맞추면 수구와 1적구의 키스가 발생한다.

(2) 키스 제거

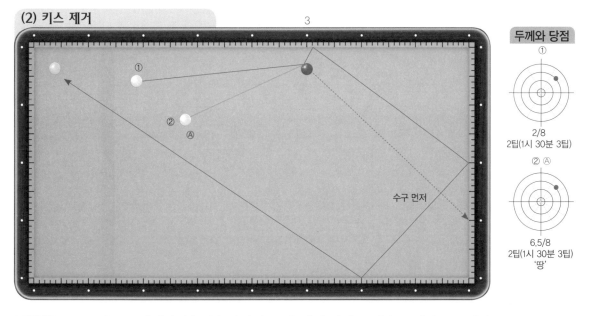

두께와 당점

①
2/8
2팁(1시 30분 3팁)

② Ⓐ
6.5/8
2팁(1시 30분 3팁)
'땅'

도형   ① : 1적구를 얇게 (2/8) 맞추어서 수구가 먼저 위험 구역을 통과하도록 한다.
        당점은 보통 당점인 2팁(1시 30분 3팁)을 준다.
      ② : (Ⓐ처럼 심한 빗각인 배치): 바깥돌리기는 어려우므로 빗겨치기로 공략한다. 아주 두꺼
        운 두께(6.5/8)와 3.5rail speed로 '땅'친다. 너무 느리게 치면 오히려 키스가 발생한다.

3. 1적구가 4point에 있을 때 : 1자 배치

(1) 키스 발생 상황

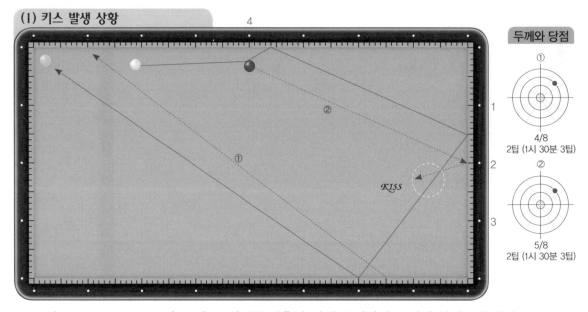

- 2팁(1시 30분 3팁) 주고 4/8두께로 1적구를 맞추면 짧게 들어와서 득점에 실패하게 된다.(도형①)
- 4/8 두께 이상으로 1적구를 맞추면 수구와 1적구의 키스가 발생한다.(도형②)

(2) 키스 제거

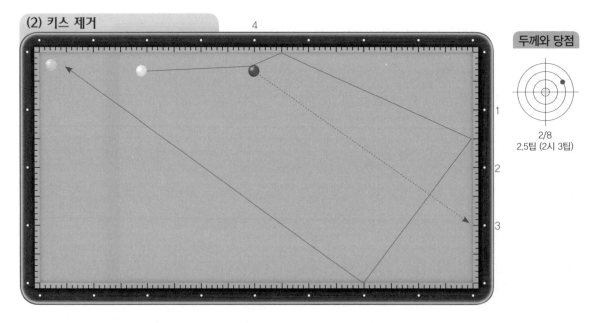

- 회전을 증가시켜서 2.5팁(2시 3팁) 당점을 주고 2/8두께로 부드럽게, middle follow로 밀어친다.
- 1적구가 단쿠션 3point에 있을 때 수구가 지나간다.
  - ▣ 스트로크 : 타격 없이 수구와 1적구가 같이 간다는 느낌으로 부드럽게 샷을 한다.

4. 1적구가 4point에 있을 때 : 빗각 배치

(1) 키스 발생 상황

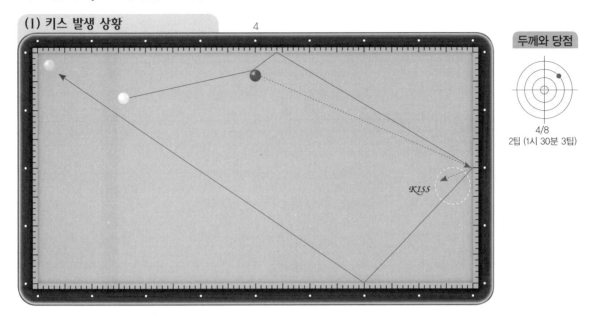

두께와 당점

4/8
2팁 (1시 30분 3팁)

- 두껍게(4/8이상) 1적구를 맞추면 수구와 1적구의 키스가 발생한다.

(2) 키스 제거

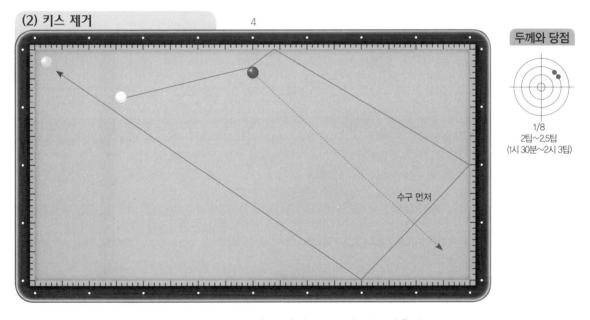

두께와 당점

1/8
2팁~2.5팁
(1시 30분~2시 3팁)

- 2팁(1시 30분 3팁)~2.5팁(2시 3팁) 주고 아주 얇게 (1/8) 1적구를 맞춘다.
- 수구가 먼저 키스 위험 구역을 통과한다.

   ▣ 스트로크: middle follow shot으로 임팩트 없이 부드럽게 밀어친다.

엇각 배치 : 2적구가 코너에 위치

(1) 키스 발생 상황

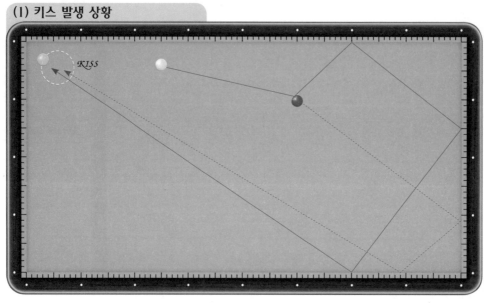

• 위와 같은 엇각 배치에서는 1적구가 2적구를 맞추는 키스 가능성이 매우 높다.

(2) 키스 제거

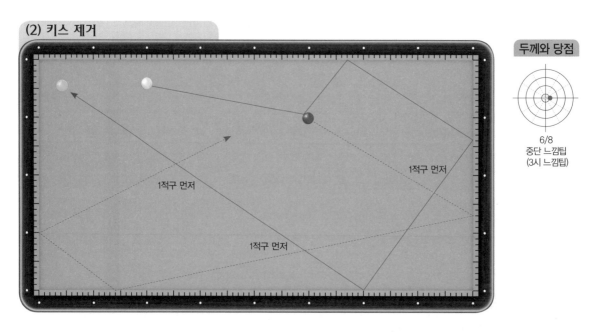

두께와 당점

6/8
중단 느낌팁
(3시 느낌팁)

• 중단 느낌팁 주고 아주 두껍게(6/8) 1적구를 맞추어서 1적구가 먼저 지나간 후에 수구가 키스 위험 구역을 지나도록 한다.

　▣ 스트로크 : 1적구의 진행속도를 빠르게 하기 위하여 임팩트를 주어서 1적구를 튕겨친다. 또는 팔의 힘을 빼고 가볍게 분리 시켜주는 느낌으로 숏 팔로우 해주어도 가능하다.

엇각 배치 : 2적구가 단쿠션 1point에 위치

(1) 키스 발생 상황

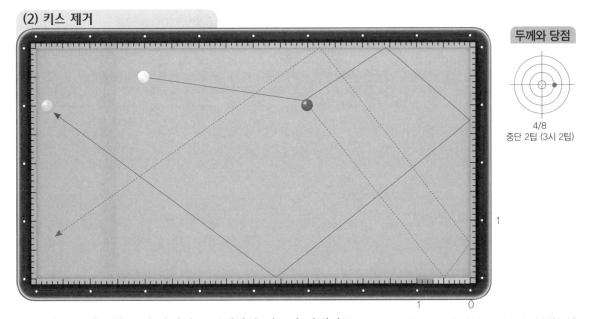

- 2적구가 단쿠션 1point에 있을 때 1적구를 두껍게 맞추면 여러 차례의 키스 가능성이 있다.
  도형①, ② : 1적구와 2적구의 키스가 있다.(단쿠션을 맞추는 경우)
- 얇게 맞추면 크로스로 수구와 1적구의 키스가 발생한다.

(2) 키스 제거

두께와 당점

4/8
중단 2팁 (3시 2팁)

- 1적구를 장쿠션 코너 가까이로 보내야만 키스가 빠진다.(1적구가 장쿠션 1point에 맞아도 키스가 발생한다.)
- 가볍게 분리해 주는 느낌으로 쳐야 키스 제거가 가능한 어려운 배치이다.

Billiards
엇각 배치 : 스트로크

(1) 키스 발생 상황

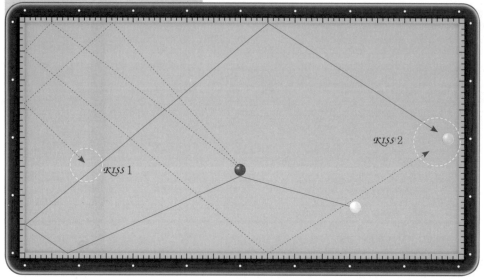

- 위와 같은 엇각 배치의 바깥돌리기에서는 1적구와 수구의 키스(키스 1) 뿐만 아니라, 1적구와 2적구의 키스도 있다(키스 2).

(2) 키스 제거 : 스트로크

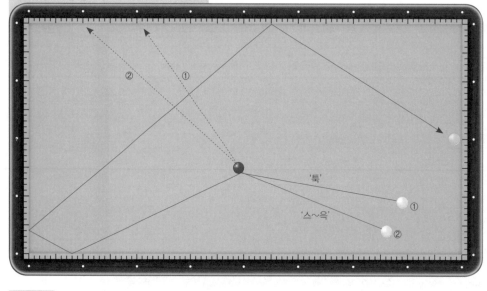

두께와 당점

① 2/8 (4시 2팁) '툭'

② 5/8 3팁(3시 3팁) '스~윽'

도형   ① (기울기 2칸) : 분리 형태, 2/8두께, 4시 2팁, 가볍게 '툭' 친다.

② (기울기 3칸) : 밀어치는 형태, 5/8두께, 3시 3팁, '스~윽' 밀어 친다.

Billiards

수구와 1적구가 테이블 하단 코너 부근에 위치할 때

(1) 키스 발생 상황

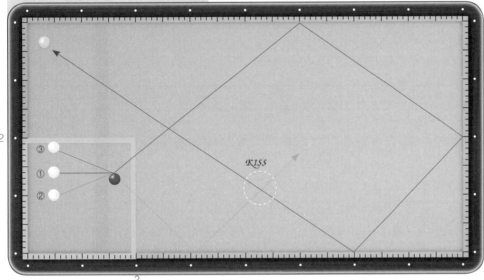

배치	키스가능성
① 1자	낮다
② 빗각	높다
③ 엇각	높다

(2) 키스 제거

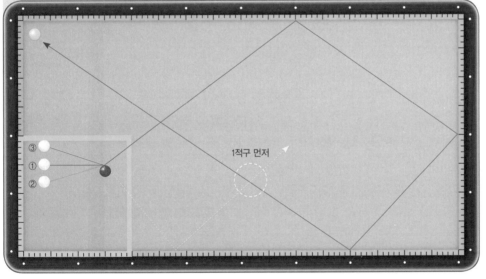

두께와 당점

① 2/8~3/8
중하단 1.5팁(4시 1.5팁)

② 2/8
중하단 2팁(4시 2팁)

③ 2/8~3/8
5시 3팁

도형
① (1자 배치) : 중하단 1.5팁(4시 1.5팁) 주고 2/8~3/8 두께로 1적구를 맞춘다.
② (빗각 배치) : 중하단 2팁(4시 2팁) 주고 얇은 두께(2/8)로 1적구를 맞춘다.
　　1적구에 약간의 타격을 가하여 1적구가 먼저 키스 위험구역을 통과하도록 한다.
③ (엇각 배치) : 극하단 당점(5시 3팁) 주고 3/8두께로 얇게 1적구를 맞춘다.
　　극하단 당점의 효과로 수구의 진행속도가 느려져서 1적구가 먼저 진행된다.

Billiards
수구와 1적구의 거리가 멀 때 : 두껍게 밀어 치기

(1) 키스 발생 상황

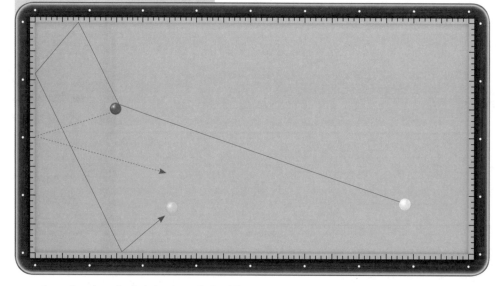

두께와 당점

2/8
2팁(10시 30분 3팁)

• 얇은 두께(2/8)로 1적구를 맞추면 1적구와 2적구의 키스가 발생한다.

(2) 키스 제거

두께와 당점

6/8
2팁(10시 30분 3팁)

• 수구와 1적구의 거리가 멀고 얇게 맞출 시 키스가 있는 배치에서는 두껍게 밀어치는 방법이 좋다.
• 얇은 두께(3/8 이하) 대신 두꺼운 두께로 밀어 쳐도 수구를 동일한 진행 경로로 보낼 수 있다.
    7/8두께 = 1/8두께 (8-1=7), 6/8두께 = 2/8두께 (8-2=6), 5/8두께 = 3/8두께 (8-3=5)
• 키스를 피하기 위하여 2/8두께 대신 6/8두께로 1적구를 맞춘다. 당점은 동일하게 2팁(10시 30분 3팁)을 사용한다. 속도가 빠를 경우는 1팁 정도 빼주는 것이 좋다.
    ▣ 스트로크 : 부드럽게 큐를 놓아준다; 큐를 잡지 않고 가볍게 던져 준다.

옆돌리기 키스 피하기

6가지 패턴

옆돌리기에서 키스를 피하기 위한 6가지 패턴은 다음과 같다.

1. 수구와 1적구의 거리가 가깝고 빗각 배치일 때 : 수구 먼저!

2. 1적구가 장쿠션에 거의 붙어 있을 때 : 수구 먼저!

3. 1적구를 장 · 장쿠션으로 횡단시켜 먼저 보내고 수구가 들어오기 : 1적구 먼저!

4. 옆돌리기 대회전 형태 : 1적구가 장쿠션 2point 선상에 있을 때 : 코너로 내려보내지 않기!

5. 1적구가 코너에 있을 때 : 수구 먼저!

6. 1적구를 옆돌리기 형태로 돌리기 : 수구 먼저!

옆돌리기 키스 피하기 6가지 패턴

패턴 I : 수구와 1적구의 거리가 가깝고 빗각 배치일 때 (수구 먼저!)

(1) 키스 발생 상황

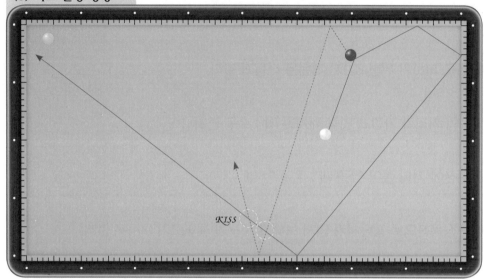

두께와 당점

4/8
2팁(1시 30분 3팁)

- 수구와 1적구가 빗각 배치이고 수구와 1적구의 거리가 가까울 때 1적구를 두껍게 맞추면 수구와 1적구의 키스가 발생한다.

(2) 키스 제거

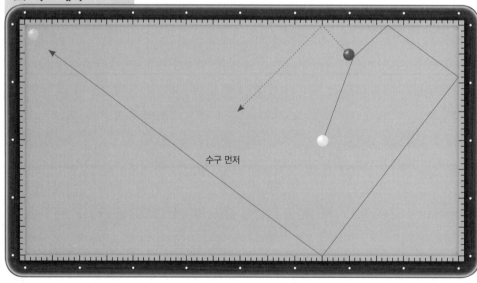

두께와 당점

1/8
3팁(3시 3팁)
'툭'

- 1적구를 얇게 그리고 약하게 맞추어서 수구가 1적구보다 먼저 나오도록 한다.
- 1/8두께와 3팁(3시 3팁) 주고 가볍게 '툭' 친다.

패턴 2 : 1적구가 장쿠션에 거의 붙어 있을 때 (수구 먼저!)

(1) 키스 발생 상황

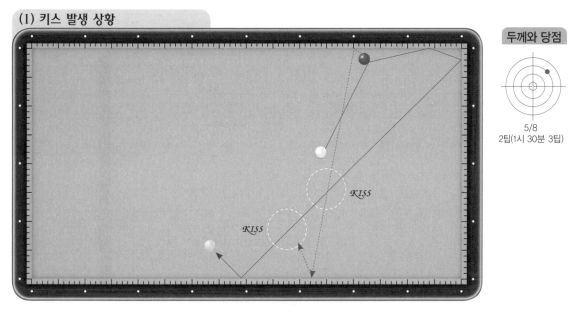

두께와 당점

5/8
2팁(1시 30분 3팁)

• 두꺼운 두께로 1적구를 맞추면 위 도형과 같이 수구와 1적구의 키스가 있다.

(2) 키스 제거 : 수구 먼저!

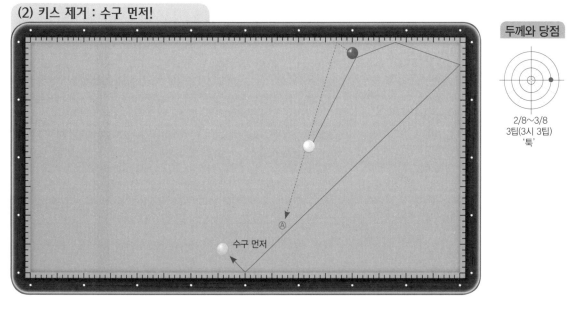

두께와 당점

2/8~3/8
3팁(3시 3팁)
'툭'

• 1적구가 장쿠션 Ⓐ부근에 왔을 때 수구가 먼저 키스 위험구역을 통과하도록 한다.

• 2/8~3/8두께와 3팁(3시 3팁) 주고 가볍게 '툭' 친다.

패턴 3 : 1적구를 장·장쿠션으로 횡단시켜 먼저 보내고 수구가 들어오기 (1적구 먼저!)

(1) 키스 발생 상황

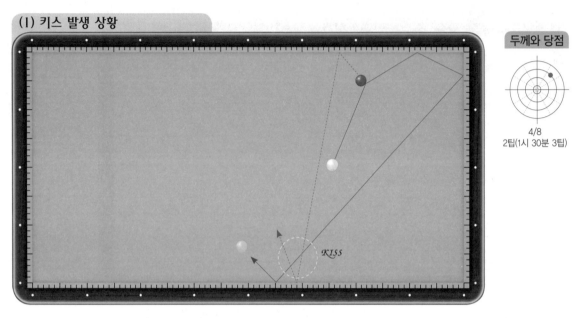

• 4/8두께로 평범하게 1적구를 맞추면 1적구와 수구의 키스가 발생한다.

(2) 키스 제거 : 1적구 먼저!

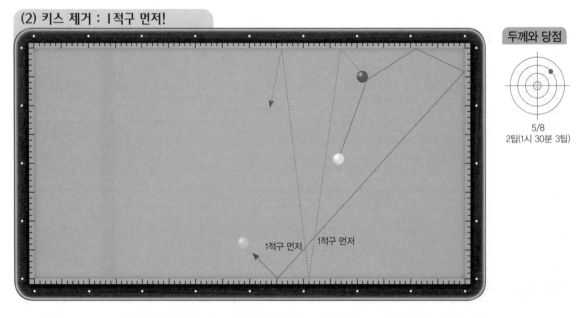

• 2팁(1시 30분 3팁) 주고 5/8두께로 1적구를 가볍게 팅겨주는 스트로크를 사용하여,
  1적구가 먼저 키스 위험구역을 통과하도록 한다.

패턴 4 : 옆돌리기 대회전 형태 : 1적구가 장쿠션 2point 선상에 있을 때 (코너로 내려보내지 않기)

(1) 키스 발생 상황

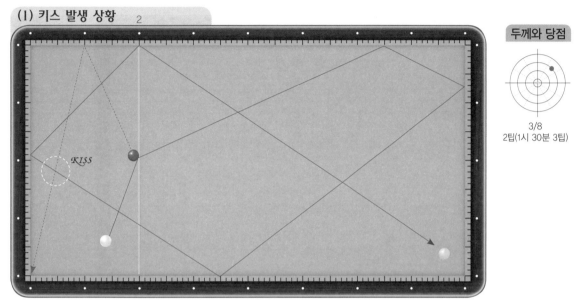

두께와 당점

3/8
2팁(1시 30분 3팁)

• 1적구가 장쿠션 2point 선상에 있을 때 평범하게 샷을 하면 1적구가 장쿠션을 맞고 내려오면서 수구와 1적구의 키스가 발생한다.

(2) 키스 제거 : 코너로 내려보내지 않기

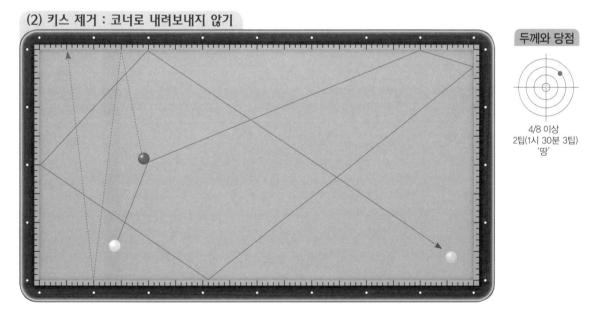

두께와 당점

4/8 이상
2팁(1시 30분 3팁)
'땅'

• 1적구가 코너로 내려가지 않도록 하여야 키스를 제거할 수 있다(1적구가 최대한 제자리에서 왔다 갔다 움직여야 한다).
• 4/8두께 이상으로 2팁(1시 30분 3팁)을 주고 강하게 '땅' 친다.

패턴 5 : 1적구가 코너에 있을 때 (수구 먼저!)

(1) 키스 발생 상황

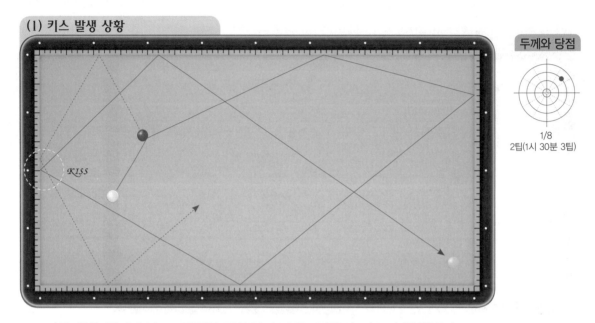

두께와 당점

1/8
2팁(1시 30분 3팁)

- 너무 얇은 두께 (1/8)로 1적구를 맞추면 수구와 1적구의 키스가 발생한다.

(2) 키스 제거 : 수구 먼저!

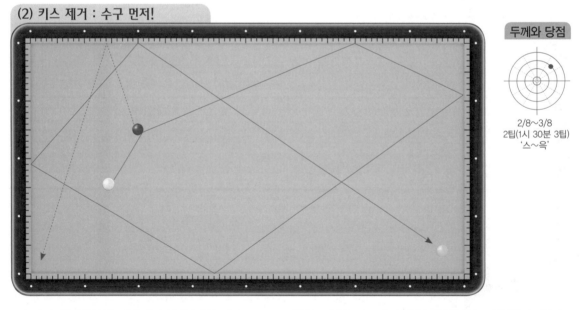

두께와 당점

2/8~3/8
2팁(1시 30분 3팁)
'스~윽'

- 수구와 1적구의 기울기가 작은 경우에는 Pattern 4의 '코너 쪽으로 내리지 않기' 방법을 사용할 수 없다.
- 상단 당점(1시 30분 3팁) 주고 2/8~3/8두께로 1적구를 맞추어 수구가 키스 위험구역을 먼저 통과하도록 한다.
  - ■ 스트로크 : 부드러운 Follow Shot으로 '스~윽' 밀어 친다.

패턴 6 : 1적구를 옆돌리기 형태로 돌리기 (수구 먼저!)

(1) 키스 발생 상황

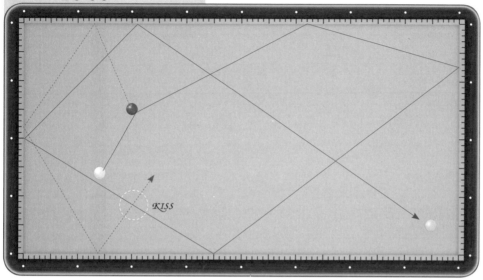

두께와 당점

4/8
2팁(1시 30분 3팁)

- 평범한 두께(4/8)로 1적구를 맞추면 수구와 1적구의 키스가 발생한다.

(2) 키스 제거 : 1적구를 옆돌리기 형태로 돌리기 (수구 먼저!)

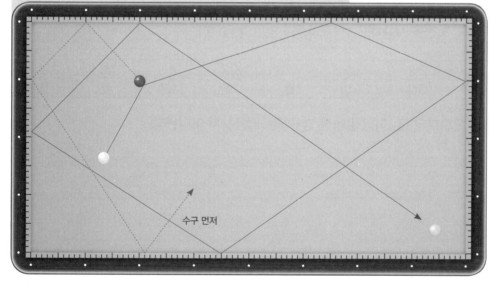

두께와 당점

2/8
4팁(4시 3팁)

수구 먼저

- 얇은 두께로 1적구를 맞추어서 수구가 먼저 키스 위험구역을 통과하도록 한다.
- 2/8두께와 4팁(4시 3팁)을 주고 빠르고 가볍게 끌어서 쳐준다는 느낌으로 친다.

옆돌리기 키스 피하기 : 수구와 1적구의 기울기

(1) 기울기 0

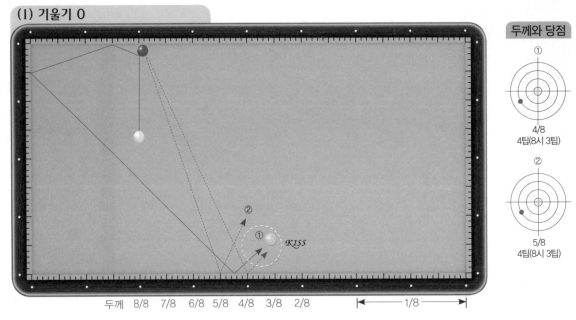

두께와 당점

①
4/8
4팁(8시 3팁)

②
5/8
4팁(8시 3팁)

두께 8/8 7/8 6/8 5/8 4/8 3/8 2/8 |◀――― 1/8 ―――▶|

요점 · 설명

• 두께별 1적구의 이동거리를 알면 1, 2적구의 키스 제거와 포지션 플레이에 도움이 된다.

• 수구와 1적구의 기울기가 0일때 4/8두께로 1적구를 맞추면 1적구는 2칸 이동하며, +1/8두께당 반칸씩 이동한다. 회전을 사용해도 1적구의 움직임은 동일하다.

두께	2/8	3/8	4/8	5/8	6/8	7/8	8/8
2쿠션 이동 칸 수	3칸	2.5칸	2칸	1.5칸	1칸	0.5칸	0칸

• 1적구가 장쿠션으로부터 1칸 이상 떨어진 경우에는 적용하지 아니한다.

도형   ① : 4/8두께로 1적구를 맞추면 1적구는 2칸 이동하여 1, 2적구의 키스가 발생한다.

      ② : 5/8두께로 1적구를 맞추면 1적구는 1.5칸 이동하여 1, 2적구의 키스를 피할 수 있다.

---

(2) 기울기가 있는 경우

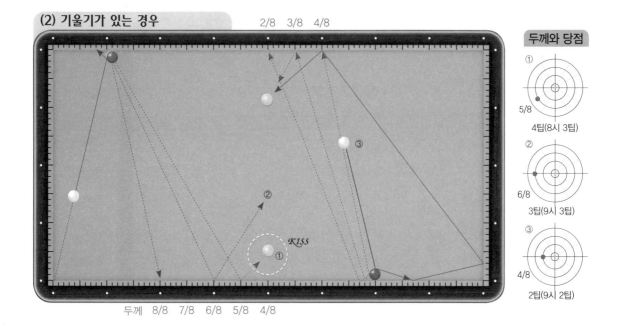

요점·설명

- 기울기가 있는 경우에는 입사각 = 반사각의 원리가 적용된다. 이때의 두께는 8/80이다.
- −1/8두께 당 2쿠션은 반 칸씩 이동한다.
- 빗각 기울기인 경우에는 기울기 1칸일 때 4/8두께로 1적구를 맞추면 1적구는 수구 출발 제자리로 돌아온다.

도형 ① : 5/8두께로 1적구를 맞추면 1, 2적구의 키스가 발생한다.

② : 6/8두께로 1적구를 맞추면 1, 2적구의 키스를 피할 수 있다.

③ : 기울기 1칸이므로 4/8두께로 1적구를 맞추면 1적구는 수구 출발 제자리로 돌아와서 키스를 피할 수 있다. 3/8두께로 1적구를 맞추면 1, 2적구의 키스가 발생한다.

Billiards

옆돌리기 키스 피하기 : 수구의 이동 거리 < 1적구의 이동 거리

(1) 키스 발생 상황

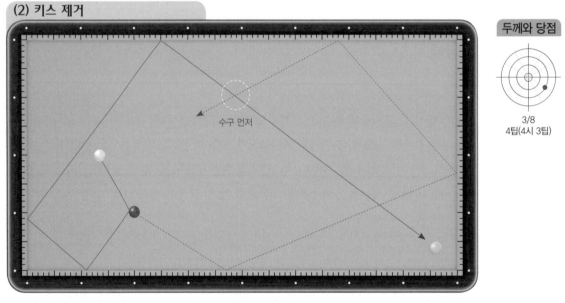

두께와 당점

5/8
2팁(1시 30분 3팁)

짧다

KISS

길다

- 위 도형에서 수구의 키스 위험구역까지의 진행 거리가 1적구의 키스 위험구역까지의 진행 거리 보다 훨씬 더 짧다.
- 두꺼운 두께로 1적구를 맞추면 1적구의 진행속도가 빨라져서 키스가 발생한다.

(2) 키스 제거

두께와 당점

3/8
4팁(4시 3팁)

수구 먼저

- 회전을 많이 주고(4팁: 4시 3팁) 1적구를 얇게(3/8 이하) 맞추어서 수구가 1적구보다 먼저 키스 위험구역을 통과하도록 한다.

옆돌리기 키스 피하기 : 수구의 이동 거리 ÷ 1적구의 이동 거리

(1) 키스 발생 상황

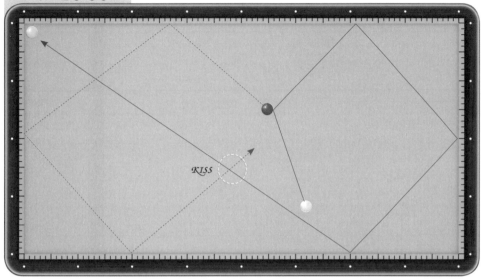

- 위와 같은 옆돌리기에서는 수구와 1적구의 경로가 좌우 대칭형으로 진행되며 이동거리도 비슷하여 테이블 중앙 부근에서 키스가 자주 발생한다.

(2) 키스 제거

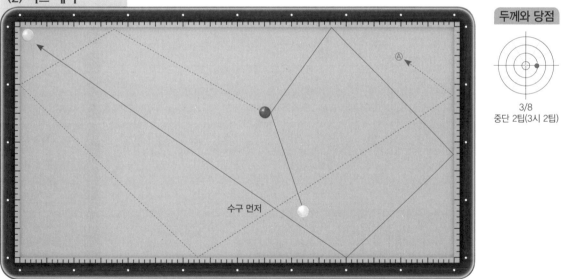

두께와 당점

3/8
중단 2팁(3시 2팁)

- 1적구를 약간 더 얇게 맞추어서 1적구의 진행경로를 코너 부근 쪽으로 이동시키고, 또한 수구가 1적구보다 먼저 키스 위험구역을 통과하도록 한다.
- 적절한 힘 조절로 1적구를 Ⓐ 구역으로 보내면 포지션 플레이가 가능하다.

  ▣ 스트로크 : 중단 2팁(3시 2팁)을 주고 부드럽게 밀어 친다.

옆돌리기 키스 피하기 : 1적구가 장쿠션 중앙 부근에 위치

(1) 키스 발생 상황

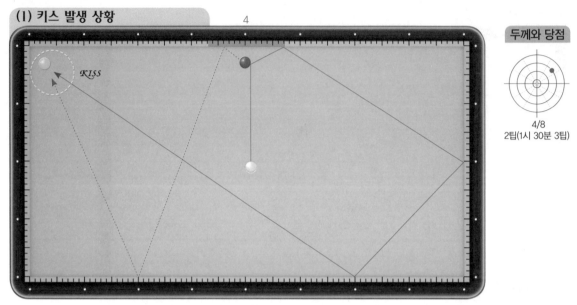

두께와 당점

4/8
2팁(1시 30분 3팁)

- 1적구가 장쿠션 중앙 부근에 있고 수구와 1적구가 1자 배치일 때 4/8두께로 1적구를 맞추면 1적구가 총 4칸을 이동하여 위 도형과 같이 1적구와 2적구의 키스가 발생한다.

(2) 키스 제거

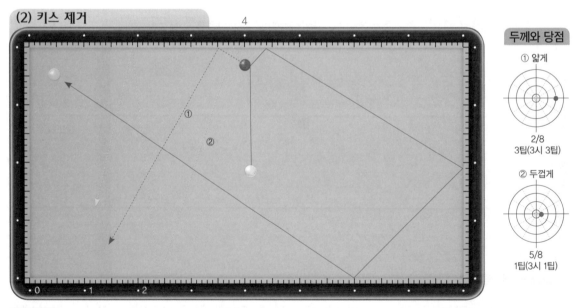

두께와 당점

① 얇게

2/8
3팁(3시 3팁)

② 두껍게

5/8
1팁(3시 1팁)

도형 **방법 ①** : 회전을 많이 주고(예: 3시 3팁) 팔로우 샷으로 1적구를 얇게(3/8두께 이하) 맞추어서 2적구 부근으로 가지 못하게 1적구의 진행경로를 바꾼다.(도형①)

방법 ② : 회전을 줄이고(1팁 : 3시 1팁) 1적구를 두껍게(5/8~6/8) 맞추어서 1적구를 장·장·장으로 횡단시킨다.(도형②)

옆돌리기 키스 피하기 : 1적구가 장쿠션 3Point에 위치

(1) 키스 발생 상황

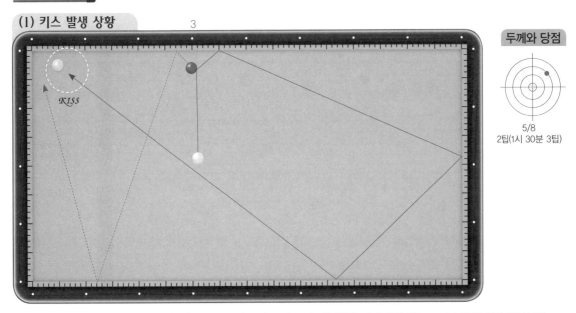

두께와 당점

5/8
2팁(1시 30분 3팁)

- 1적구가 장쿠션 3point에 있고 수구와 1적구가 1자 배치일 때 두껍게(예: 5/8) 1적구를 맞추면
1적구와 2적구의 키스가 발생한다.

(2) 키스 제거

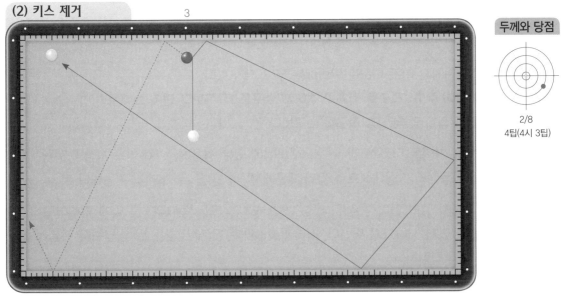

두께와 당점

2/8
4팁(4시 3팁)

- 두껍게 맞추는 방법으로는 1적구와 2적구의 키스를 피할 수 없다.
- 회전을 많이 주고(3팁~4팁) 1적구를 얇게(2/8) 맞추는 방법으로 키스를 제거해야 한다.

대회전 – 1적구가 쿠션에서 떨어져 있을 때

(1) 기본 원리

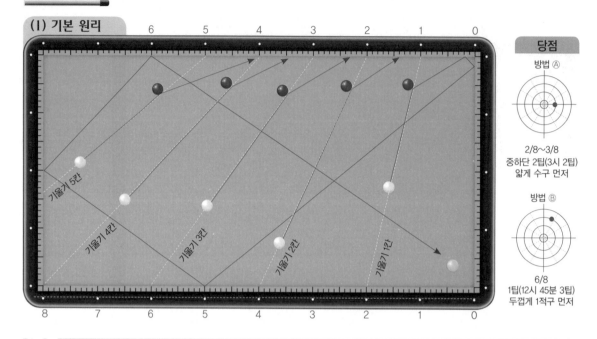

당점

방법 Ⓐ

2/8~3/8
중하단 2팁(3시 2팁)
얇게 수구 먼저

방법 Ⓑ

6/8
1팁(12시 45분 3팁)
두껍게 1적구 먼저

요점 · 설명

• 옆돌리기 대회전에서는 키스가 자주 발생한다. 특히 수구와 1적구가 위 도형의 •••• 선 위에 위치하는 경우에는 키스 가능성이 매우 높다(1적구가 1point 부근에 있고 수구와 1적구의 기울기가 1, 1적구 2point와 기울기 2, 1적구 3point와 기울기 3, 1적구 4point와 기울기 4, 1적구 5point와 기울기 5).

• 옆돌리기 대회전에서 키스 피하는 방법에는 두 가지가 있다.
　Ⓐ : 회전을 많이 주고 1적구를 얇게 맞추어서 수구를 1적구보다 먼저 보내는 방법.
　Ⓑ : 1적구를 두껍게 맞추어서 1적구를 수구보다 먼저 보내는 방법.

• 1적구가 코너에 가까운 위치(예: 장쿠션 2point 이내)에 있는 경우에는 1차 키스 지점인 3쿠션 지점까지 수구의 이동거리가 상대적으로 짧기 때문에 Ⓐ, Ⓑ 방법 두 가지 다 가능하다.

• 1적구가 코너에서 멀리 떨어진 경우(예: 장쿠션 3point 이상)에서는 1적구를 얇게 맞추어도 3쿠션 지점을 수구가 먼저 지나가기 어렵다. 따라서 이때에는 얇게 맞추는 Ⓐ 방법보다 두껍게 맞추는 Ⓑ 방법이 더 적절하다.

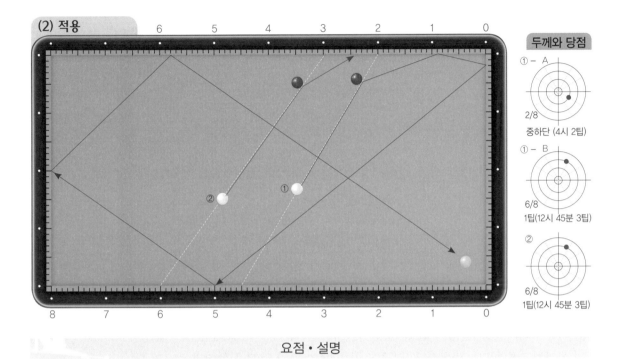

(2) 적용

두께와 당점

① - A

2/8

중하단 (4시 2팁)

① - B

6/8

1팁(12시 45분 3팁)

②

6/8

1팁(12시 45분 3팁)

요점 · 설명

도형 ① : 1적구가 장쿠션 2point 부근에 있고 기울기가 2인 경우는 키스 가능성이 매우 높다.
이 배치에서는 Ⓐ, Ⓑ 두 가지 방법 다 가능하다.

Ⓐ : 중하단 2팁(4시 2팁) 주고 얇게(2/8~3/8) 1적구를 맞추어서 수구를 1적구보다
먼저 보낸다.

Ⓑ : 상단 당점(12시 45분 3팁) 주고 두껍게(6/8) 맞추어서 1적구를 먼저 보내고 수
구가 나중에 3쿠션을 지나도록 한다.

② : 1적구가 장쿠션 3Point 부근에 있고 기울기가 3인 경우는 키스 가능성이 매우 높다.
이 배치에서는 수구의 동선이 길기 때문에 두껍게 맞추는 Ⓑ 방법이 바람직하다(회
전을 많이 주고 얇게 맞추는 Ⓐ 방법이 전혀 불가능한 것은 아님).

상단 당점(12시 45분 3팁) 주고 두껍게(6/8) 맞추어서 1적구를 먼저 보낸다.

Billiards
대회전 – 1적구가 쿠션에 붙어 있을 때

(1) 기울기 2칸

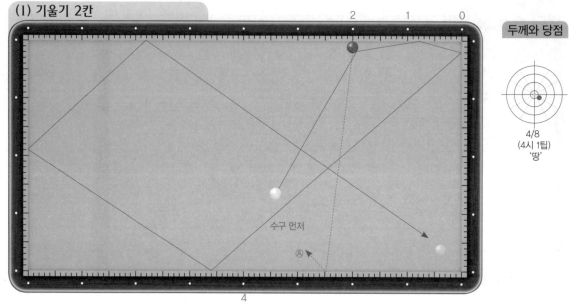

두께와 당점

4/8
(4시 1팁)
'땅'

- 4/8 두께와 4시 1팁을 주고 1적구를 맞추어서 수구가 1적구보다 먼저 키스 위험구역을 통과하도록 한다. 1적구가 Ⓐ 부근에 있을 때 수구가 먼저 진행한다.

  ▣ 스트로크 : 무겁게 '땅' 친다. 그립은 단단히 잡는다(firm 그립).

(2) 기울기 3칸

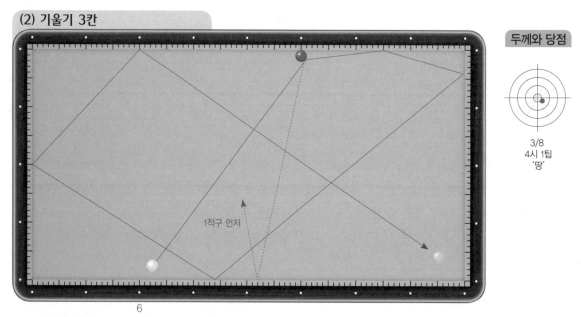

두께와 당점

3/8
4시 1팁
'땅'

- 3/8두께와 4시 1팁을 주고 1적구를 맞추어서 1적구가 수구보다 먼저 키스 위험구역을 통과하도록 한다.

  ▣ 스트로크 : 보통 그립으로 가볍게 '땅' 친다. 그립의 강도는 보통이다.

(3) 기울기 4칸

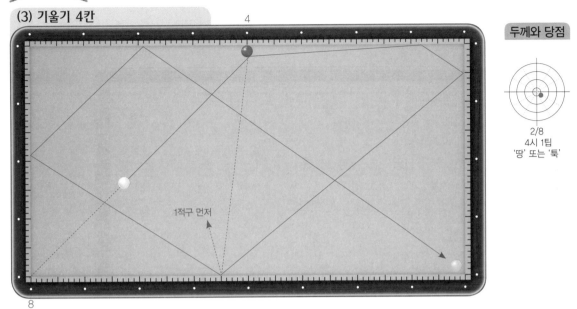

4

두께와 당점

2/8
4시 1팁
'땅' 또는 '툭'

1적구 먼저

8

- 2/8 두께와 4시 1팁을 주고 1적구를 맞추어서 1적구가 수구보다 먼저 키스 위험구역을 통과하여야 한다.

  ■ 스트로크 : 가볍게 '툭' 또는 가볍게 '땅' 친다. 그립의 강도는 보통이다.

(4) 요약 (기억 요령)

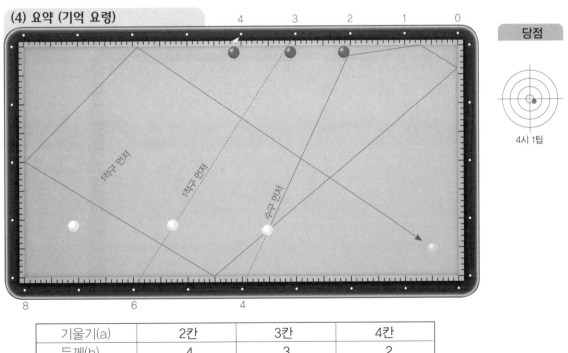

4   3   2   1   0

당점

4시 1팁

1적구 먼저   1적구 먼저   수구 먼저

8   6   4

기울기(a)	2칸	3칸	4칸
두께(b)	4	3	2
Total(a+b)	6	6	6
당 점	4시 1팁		

Billiards
긴 옆돌리기

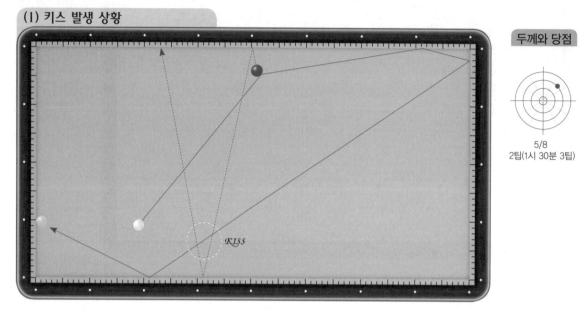

두께와 당점

5/8
2팁(1시 30분 3팁)

• 위와 같은 긴 옆돌리기 배치에서 1적구를 두꺼운 두께로 부드럽게 맞추면 1적구와 수구의 키스가 자주 발생한다.

(2) 키스 제거

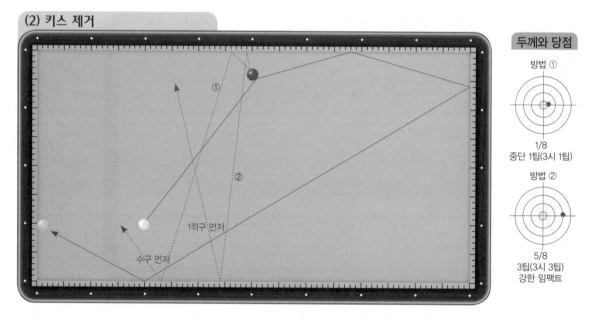

두께와 당점

방법 ①

1/8
중단 1팁(3시 1팁)

방법 ②

5/8
3팁(3시 3팁)
강한 임팩트

• 방법 ① : 1적구를 얇게 맞추어서 1적구의 진행 경로를 바꾼다. 1적구를 얇게 맞추면, 수구의 진행 경로가 짧아질 수 있으므로 이를 상쇄하기 위하여 중단 당점을 사용한다.(수구 먼저 들어가기)
• 방법 ② : 1적구를 두꺼운 두께로(5/8 이상) 강하게 1적구를 맞추어서 1적구가 키스 위험구역을 통과한 후에 수구가 진행하도록 한다.(1적구 보내고 수구 들어가기)

옆돌리기 키스 피하기 : 사례분석

(1) 키스 발생 상황

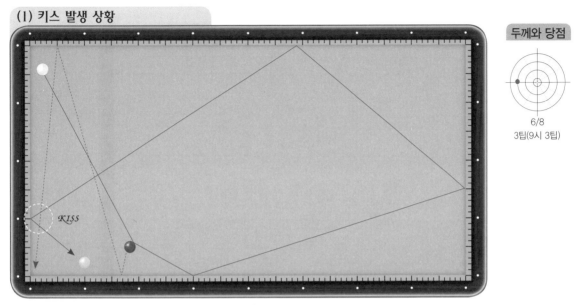

두께와 당점

6/8
3팁(9시 3팁)

- 위와 같은 배치에서 4쿠션으로 공략 시에는 1적구를 두껍게(5/8 이상) 맞추어야 하기 때문에 수구와 1적구의 키스 가능성이 매우 높다.

(2) 키스 제거

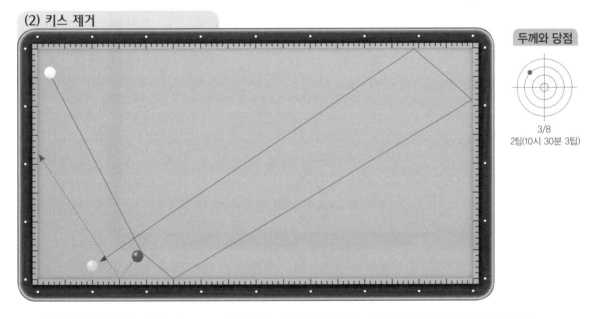

두께와 당점

3/8
2팁(10시 30분 3팁)

- 얇은 두께(3/8)와 2팁(10시 30분 3팁)을 주고 4쿠션 공략법 대신 3쿠션으로 직접 공략하면 키스를 완벽하게 제거할 수 있다.

옆돌리기 키스 피하기 : 사례 분석

(1) 키스 발생 상황

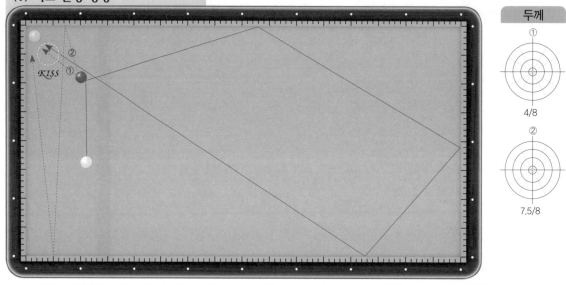

두께

①
4/8

②
7.5/8

• 4/8두께로 맞추면 바로 1, 2적구의 키스가 있고 (도형①), 아주 두꺼워도 키스가 발생한다 (도형②).

(2) 키스 제거

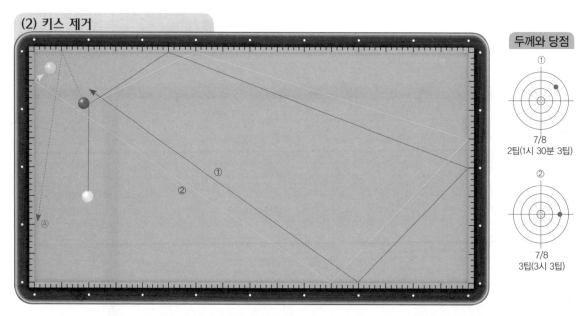

두께와 당점

①
7/8
2팁(1시 30분 3팁)

②
7/8
3팁(3시 3팁)

• 두꺼운 두께(7/8)로 1적구를 맞추어서 단쿠션 코너 부근(Ⓐ)으로 1적구를 보낸다.
• 4팁(4시 3팁)을 주면 강하게 치기 때문에 끌림 현상이 발생하여 득점에 실패할 가능성이
  높으므로 하단 당점 사용은 피하고 중단 당점을 사용하는 것이 좋다.

도형　①: 상단 당점(1시 30분 3팁)을 주면 수구는 짧게 진행한다.
　　　　　②: 중단 당점(3시 3팁)을 주면 수구는 길게 진행한다.

(1) 키스 발생 상황

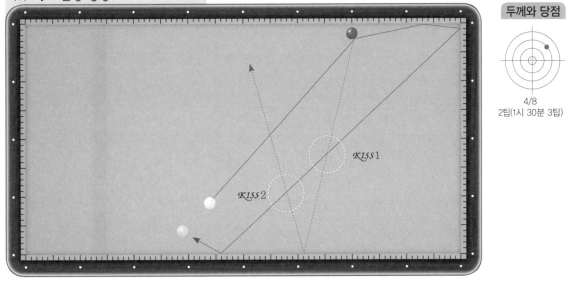

두께와 당점

4/8
2팁(1시 30분 3팁)

- 위의 배치에서 평범한 두께와 속도로 1적구를 맞추면 2차례에 걸쳐 1적구와 수구의 키스 발생 가능성이 있다.

(2) 키스 제거

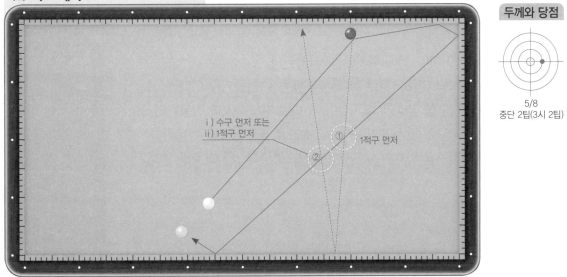

두께와 당점

5/8
중단 2팁(3시 2팁)

- 방법 ① : 중단 2팁(3시 2팁)을 주고 1적구를 살짝 두껍게 맞추어서 1적구가 키스 위험지역 ①을 먼저 지나가고, 키스 위험지역 ②는 수구가 1적구보다 먼저 진행하도록 속도를 조절한다.
- 방법 ② : 1적구에 약간의 타격을 가하여 1적구가 키스 위험구역 ①과 ②를 모두 통과한 후에 수구가 진행하도록 하는 방법도 가능하다.

앞돌리기 키스 피하기 사례분석 : 1적구와 2적구의 긴축 키스 피하기

(1) 1적구를 장쿠션과 나란히 보내는 두께

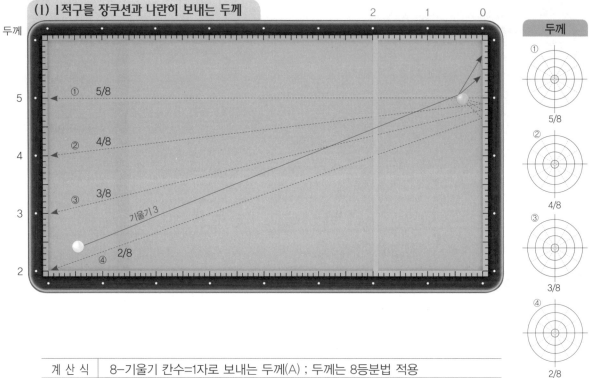

계 산 식	8-기울기 칸수=1자로 보내는 두께(A) ; 두께는 8등분법 적용

요점 · 설명

- 1적구가 2point 이내(☐)에 위치할 때 사용한다.
- 1적구를 장쿠션과 나란히 1자로 보내는 두께는 8-기울기=A이다.
- A-1 두께로 1적구를 맞추면 1적구는 1자선으로부터 1칸 더 이동한다.
  A-2 두께로 1적구를 맞추면 1적구는 1자선으로부터 2칸 더 이동한다.
  A-3 두께로 1적구를 맞추면 1적구는 1자선으로부터 3칸 더 이동한다.

도형
- ① : 8-기울기 3=5 ; 5/8두께로 1적구를 맞추면 1적구는 1자로 진행한다.
- ② : 4/8 두께로 1적구를 맞추면 1적구는 1자선으로부터 1칸 더 이동한다.
- ③ : 3/8 두께로 1적구를 맞추면 1적구는 1자선으로부터 2칸 더 이동한다.
- ④ : 2/8 두께로 1적구를 맞추면 1적구는 1자선으로부터 3칸 더 이동한다.

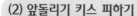

(2) 앞돌리기 키스 피하기

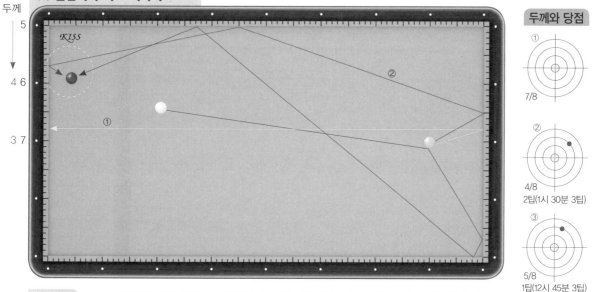

두께와 당점

① 7/8

② 4/8
2팁(1시 30분 3팁)

③ 5/8
1팁(12시 45분 3팁)

도형 ① : 1적구를 장쿠션과 나란히 보내는 두께는 8-기울기 1=7 두께이다.

② : 4/8두께로 1적구를 맞추면 1적구와 2적구의 키스가 발생한다.

③ : 5/8두께로 1적구를 맞추어 1적구를 코너 부근으로 보내면 키스를 피할 수 있다.

*회전을 많이 주고 얇은 두께로 키스를 피할 수도 있다.

(3) 바깥돌리기 키스 피하기(참고)

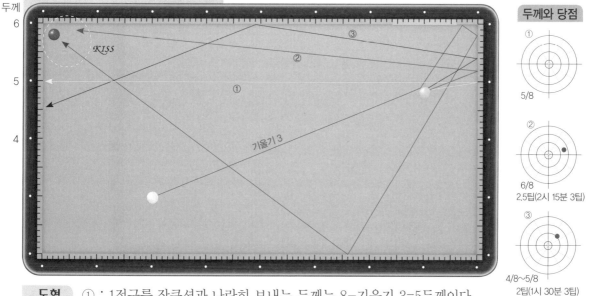

두께와 당점

① 5/8

② 6/8
2.5팁(2시 15분 3팁)

③ 4/8~5/8
2팁(1시 30분 3팁)

도형 ① : 1적구를 장쿠션과 나란히 보내는 두께는 8-기울기 3=5두께이다.

② : 6/8두께로 맞추면 1적구와 2적구의 키스가 발생한다.

③ : 4/8~5/8두께로 1적구를 맞추면 1적구와 2적구의 키스를 피할 수 있다.

Billiards
앞돌리기 키스 피하기

(1) 키스 발생 상황

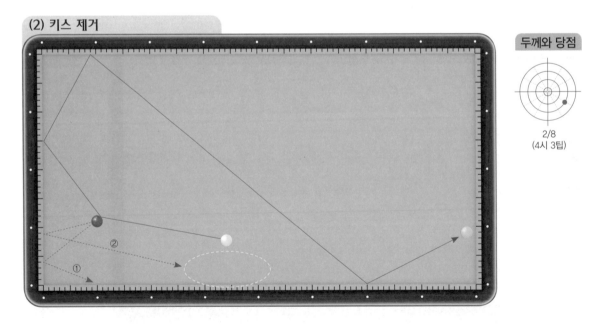

두께와 당점

4/8 이상
2팁(1시 30분 3팁)

KISS

- 위와 같은 앞돌리기에서는 의외로 1적구와 수구의 키스뿐만 아니라 1적구와 2적구의 키스도
자주 발생한다. 1적구를 4/8 이상의 두께로 맞추는 경우이다.

(2) 키스 제거

두께와 당점

2/8
(4시 3팁)

도형　① : 하단 당점(4시 3팁)을 주고 1적구를 얇게(예: 2/8) 맞추어서 1적구가 수구의 진행경로나
2적구 부근으로 오지 못하게 한다.

　② : 1적구를 아주 약하게 맞추어서 수구의 진행경로로 올라오지 못하도록 한다.

앞돌리기 키스 피하기

(1) 키스 발생 상황

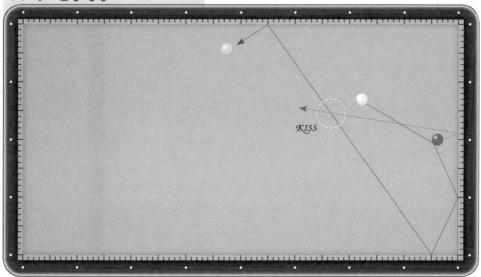

두께와 당점

4/8
2팁(1시 30분 3팁)

- 보통 속도와 4/8두께 정도로 1적구를 맞추면 수구와 1적구의 키스가 발생한다.

(2) 키스 제거

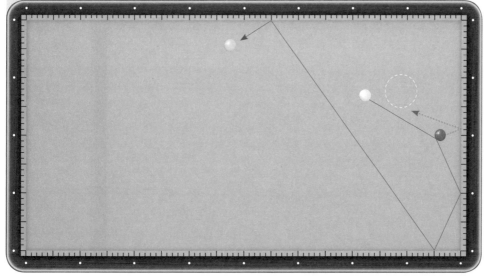

두께와 당점

2/8
2팁(1시 30분 3팁)

- 2팁(1시 30분 3팁) 주고 얇게(2/8두께), 그리고 아주 약하게 1적구를 맞추어서 1적구가 키스 위험구역까지 올라오지 못하게 한다.
  - ▣ 스트로크 : 부드럽게 밀어 친다(부드러운 스트로크로 상단 끌림 이용).

앞돌리기 대회전 키스 피하기 : 1적구가 쿠션에 붙어있는 경우

(1) 키스 발생 상황

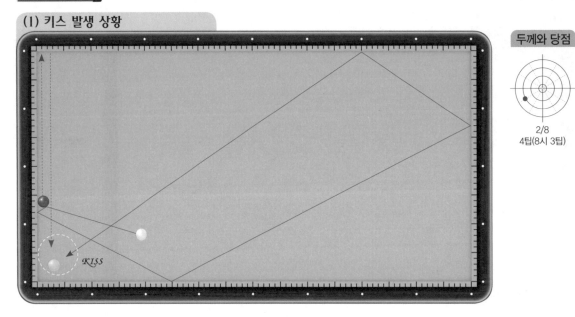

두께와 당점

2/8
4팁(8시 3팁)

• 1적구를 얇게(3/8 이하) 맞추면 1적구와 2적구의 키스 가능성이 높다.

(2) 키스 제거

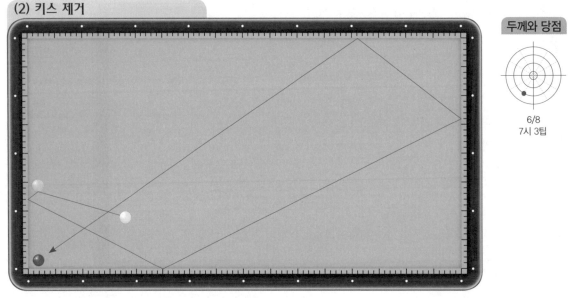

두께와 당점

6/8
7시 3팁

• 하단 당점(7시 3팁)을 주고 1적구를 두껍게(4/8 이상) 맞추어서 1적구가 코너쪽으로 오지 못하게 한다.

■ 스트로크 : 약간 강하게 타격을 주는 임팩트 샷을 한다.

Billiards

앞돌리기 대회전 키스 피하기 : 1적구가 쿠션에서 약간 떨어진 경우

(1) 키스 발생 상황

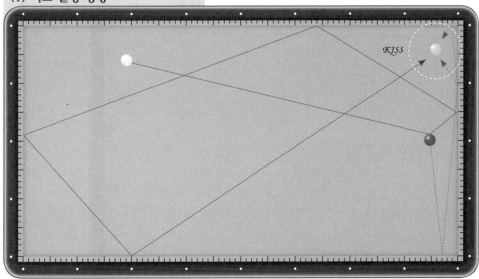

두께와 당점

1/8
3팁(9시 3팁)

- 위와 같은 배치의 앞돌리기 대회전에서 의외로 1적구와 2적구의 키스가 많이 발생한다.
- 1적구를 얇게(1/8) 맞추면 1적구가 장쿠션을 먼저 맞고 단쿠션을 지나가는 경로로
  1, 2적구의 키스가 발생한다.

(2) 키스 제거

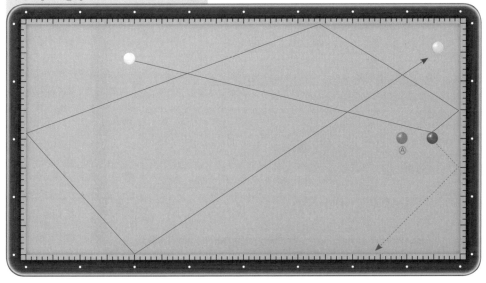

두께와 당점

5/8
하단 무회전
(6시 3팁)

Ⓐ

4/8
상단 무회전
(12시 2팁)

- 1적구를 두껍게(5/8) 맞추어서 2적구가 있는 코너 부근으로 1적구가 가지 못하게 한다.
- 하단 무회전 당점을 주면 1적구를 두껍게 맞추어도 수구는 가파르게 진행한다.
- 1적구가 단쿠션에서 1칸 이상 떨어져 있을 때(위 도형 Ⓐ) 하단 당점을 주고 강하게 치면
  끌리는 현상이 발생하여 짧아지기 때문에 상단 무회전 당점을 사용한다.

앞돌리기 대회전 키스 피하기 : 1적구가 쿠션에서 많이 떨어진 경우

(1) 키스 발생 상황

두께와 당점

6/8
4팁(8시 3팁)

• 1적구를 두껍게 맞추면 (5/8 이상) 수구와 1적구의 키스가 발생한다.

(2) 키스 제거

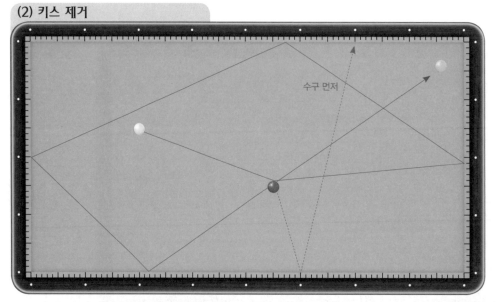

수구 먼저

두께와 당점

2/8
하단 당점(7시 3팁)
'땅'

• 하단 당점(7시 3팁) 주고 얇은 두께(2/8)로 1적구를 맞추어서 수구가 1적구보다 먼저 키스 위험구역을 통과하도록 한다.

  ■ 스트로크 : ① 브릿지는 보통 길이로 단단하게 잡고 3.5rail speed로 1적구에 충격을 가해서 강하게 '땅' 친다(임팩트 샷).
     ② 가볍게 끌어쳐도 가능하다.

빗겨치기 키스 피하기

(1) 키스 발생 상황

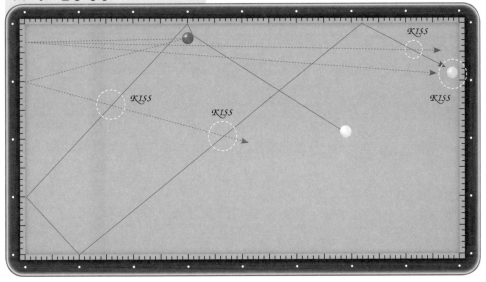

- 위와 같은 빗겨치기 배치에서는 1적구와 2적구의 키스뿐만 아니라 수구와 1적구의
  키스 가능성이 있다.

(2) 키스 제거

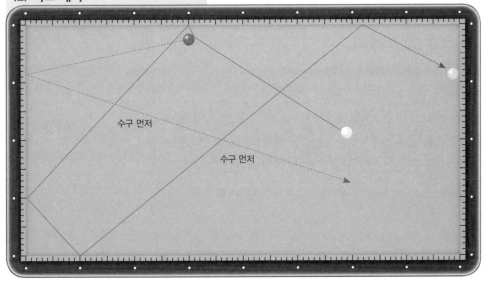

두께와 당점

2/8
3팁(9시 3팁)

- 회전을 많이 주고(3팁: 9시 3팁) 얇은 두께(2/8)로 1적구를 맞추어서 수구가 먼저
  키스 위험구역을 통과하도록 한다.

■ 스트로크 : 부드러운 follow shot으로 밀어 친다.

빗겨치기 키스 피하기

1적구와 2적구의 키스 피하기(1적구를 장쿠션과 나란히 보내는 두께 시스템 활용)

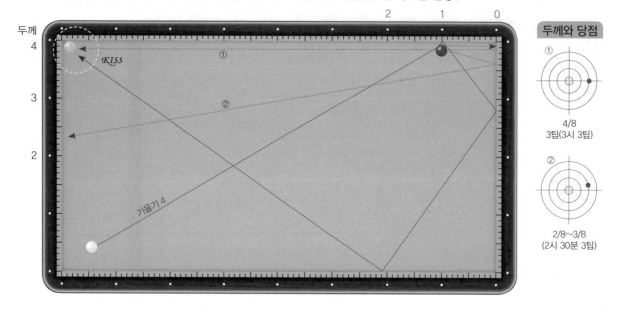

계 산 식	8 − 기울기 = 1적구를 1자로 보내는 두께(Ⓐ)

요점 · 설명

- 1적구가 2point 이내에 있을 때 사용한다.
- 1적구를 장쿠션과 나란히 1자로 보내는 두께는
  8−기울기=A이다.
- A−1 두께로 1적구를 맞추면 1적구는 1자선으로부터 1칸 더 이동한다.
  A−2 두께로 1적구를 맞추면 1적구는 1자선으로부터 2칸 더 이동한다.
  A−3 두께로 1적구를 맞추면 1적구는 1자선으로부터 3칸 더 이동한다.

도형 ① : 1적구를 장쿠션과 나란히 보내는 두께는 8−기울기 4=4두께이다.
따라서 4/8두께로 1적구를 맞추면 1적구와 2적구의 키스가 발생한다.
② : 2/8~3/8두께로 1적구를 맞추면 1적구와 2적구의 키스를 피할 수 있다.

Billiards
빗겨치기 키스 피하기

(1) 키스 발생 상황

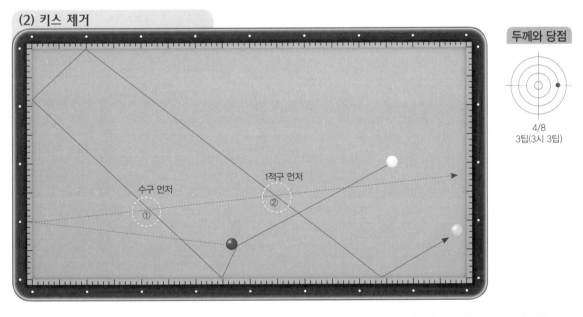

- 위와 같은 배치에서는 1적구와 수구의 키스뿐만 아니라 1적구와 2적구의 키스 가능성이 있다.

(2) 키스 제거

두께와 당점

4/8
3팁(3시 3팁)

- 3팁(3시 3팁) 주고 4/8두께로 1적구를 맞추어서 수구를 먼저 첫 번째 키스 위험구역(①)을 통과시킨다. 두 번째 키스 위험구역(②)은 1적구가 먼저 통과한다(왜냐하면 수구의 진행경로가 훨씬 더 멀음).

포지션 플레이(Position Play)

• 하점자와 고점자의 차이는 키스 피하기와 포지션 플레이에 있다.
  특히 25점 이상으로 가기 위해서는 포지션 플레이가 필수적이다.

• 경기 중 쉬운 공 배치가 왔을 때는 반드시 포지션 플레이를 생각하여야 한다.
  매번 1점씩만 득점하여서는 고점자가 될 수 없다.

• 포지션 플레이를 위해서는 두께와 분리각의 개념(page 25참조)을 숙지하고 있어야 한다.

• 또한 내가 원하는 대로 수구와 1적구의 움직임을 조절할 수 있어야 한다.
  특히 1적구의 움직임을 최소화하는 스트로크 방법을 알아야 한다(page 68참조).

포지션 플레이 기본 원칙

포지션 플레이 기본 원칙은 다음과 같다.

1. 적절한 두께와 힘 조절로 다음 공 배치가 쉬운 바깥돌리기나 옆돌리기 형태가 되도록 하라!

2. 수구 이외의 공 1개를 코너 부근으로 보내라!
   공 1개가 코너에 있을 때는 Big Ball의 형태가 많다.

3. 수구 이외의 공 1개를 테이블 중앙 부근으로 보내라!
   공 1개가 테이블 중앙에 있을 때는 바깥돌리기나 옆돌리기 등 다양한 공략 방법이 가능하다.

4. 수구 이외의 공 2개를 서로 최대한 띄워 놓아라!
   1, 2적구가 서로 떨어져 있을 때는 다양한 공략 방법의 적용이 가능하다

5. 수구가 2적구를 맞춘 후 2적구와의 거리가 50cm 이내가 유지되도록 한다.
   수구와 2적구가 강하게 충돌하면 수구와 2적구와의 거리가 멀어져서 원하는 다음 공 배치를 만들기가 쉽지 않다.

6. 1적구의 움직임을 최소화하는 스트로크 방법을 숙지하라!
   왼손 브릿지를 짧게(10~15cm) 잡고, 큐도 짧게 잡은 상태에서 오른손의 힘을 빼고 '툭' 밀어 친다. 오픈 브릿지는 1적구의 움직임을 최소화시키는데 도움이 될수있다.

7. 약하게 치는 스트로크을 연습하라!
   대부분의 포지션 플레이에서는 힘 조절이 필수이다.

8. 득점 확률이 높은 배치(예; Big Ball 배치)에서만 포지션 플레이를 생각하라!
   득점 확률이 낮은 난구성 배치에서는 포지션 플레이보다 득점이나 수비가 더 우선이다.

9. 포지션 플레이보다 득점이 더 우선이다.
   포지션 플레이를 하려다 쉬운 공을 놓쳐서는 안 된다.

바깥돌리기 포지션 플레이

• 실전에서 가장 많이 이용하는 바깥돌리기에서 포지션 플레이의 중요성은 아무리 강조해도 지나치지 않다.

• 쉬운 바깥돌리기 배치가 왔을 때는 적어도 2~3개 이상을 득점할 수 있어야 한다.

• 두께의 변화(얇게, 보통, 두껍게)와 수구와 1적구의 기울기 별(1직선, 엇각, 빗각)포지션 플레이의 기본 원리를 숙지하고 있어야 한다.

• 바깥돌리기 포지션 플레이의 4가지 패턴은 다음과 같다.
  1. 1적구를 코너로 보내기
  2. 1적구를 단쿠션 1point로 보내기
  3. 1적구를 장쿠션 1point로 보내기
  4. 1적구를 대회전 형태로 코너로 보내기

Billiards
포지션 플레이의 기본 원리

(1) 두께의 변화

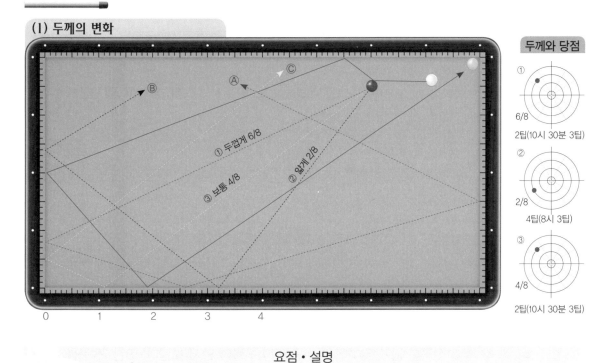

두께와 당점

① 6/8
2팁(10시 30분 3팁)

② 2/8
4팁(8시 3팁)

③ 4/8
2팁(10시 30분 3팁)

요점·설명

- 위 도형은 바깥돌리기에서 포지션 플레이를 위한 다양한 방법을 보여준다.

- 1적구를 두껍게(5/8 이상), 보통 두께(4/8), 얇게(3/8 이하) 맞추는 방법 중에서 배치에 따라서 적절한 두께를 선택하여 적용한다.

- 적절한 힘세기로 1적구를 맞추어서 키스를 피하면서 장쿠션 Ⓐ, Ⓑ, Ⓒ 구역으로 보낼 수 있어야 한다.

도형 ① : 1적구를 두껍게(6/8) 맞추어서 단쿠션으로 보내어 1적구를 단·장·단 경로를 거쳐 장쿠션 Ⓐ구역으로 보낸다.

② : 1적구를 얇게(2/8) 맞추어서 장쿠션 3point 부근으로 보내어 1적구를 장·단 경로를 거쳐 장쿠션 Ⓑ구역으로 보낸다.

③ : 1적구를 보통 두께(4/8)로 맞추어서 장쿠션 0~1point 부근으로 보내어 단쿠션을 거쳐 장쿠션 Ⓒ구역으로 보낸다.

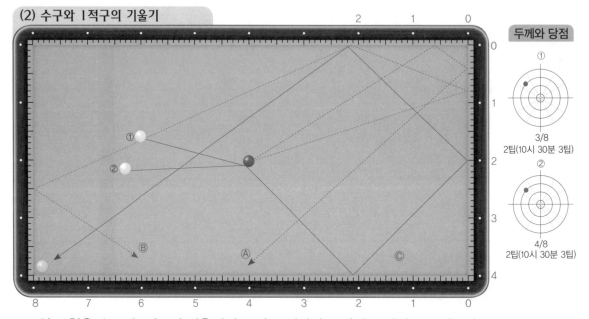

(2) 수구와 1적구의 기울기

두께와 당점

① 3/8 2팁(10시 30분 3팁)

② 4/8 2팁(10시 30분 3팁)

- 위 도형은 수구와 1적구의 기울기별로 키스 제거와 포지션 플레이를 보여준다.
- 빗각 배치(도형 ①) : 1적구를 얇게 맞추어서 수구를 1적구보다 먼저 보낸다. 또한 1적구를 장쿠션 1point 부근으로 보내어 약하게 힘 조절을 하여 3쿠션 4point 부근(Ⓐ)으로 보낸다.
- 일직선 배치(도형 ②) : 1/2두께로 맞추어서 1적구를 단쿠션 1point 부근으로 보내고, 약간 세게 쳐서 앞돌리기 형태로 장쿠션 6point 부근(Ⓑ)으로 보낸다.

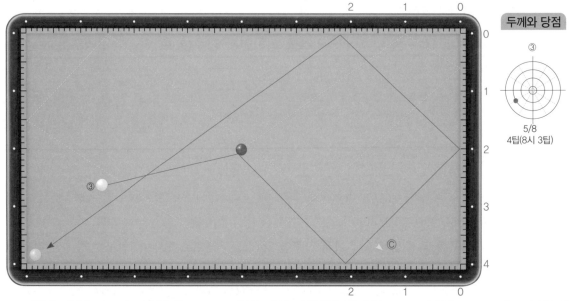

두께와 당점

③ 5/8 4팁(8시 3팁)

- 엇각 배치(도형 ③) : 두껍게(5/8 두께) 맞추어서 1적구를 장쿠션 1point 부근으로 보내고 강하게 1적구를 맞추어서 대회전으로 장쿠션 1point 부근(Ⓒ)으로 보낸다.

Billiards
바깥돌리기 포지션 플레이 4가지 패턴

패턴 1 : 코너 보내기

키스 위험 구간

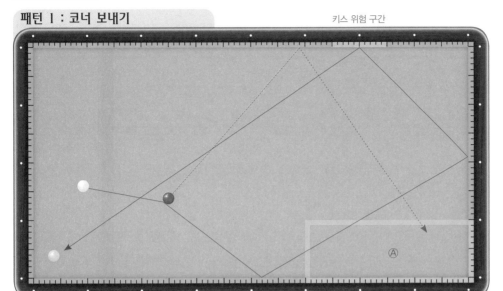

두께와 당점

1/8
4팁(8시 3팁)

- 1적구를 얇게 맞추어서 장쿠션을 맞춘 후 코너 부근(Ⓐ)으로 보낸다.
- 1적구가 테이블 하단에 있을 때 사용한다.
- 다음 배치는 쉬운 바깥돌리기로 이어진다.

패턴 2 : 장쿠션 1Point 보내기

키스 위험 구간   1

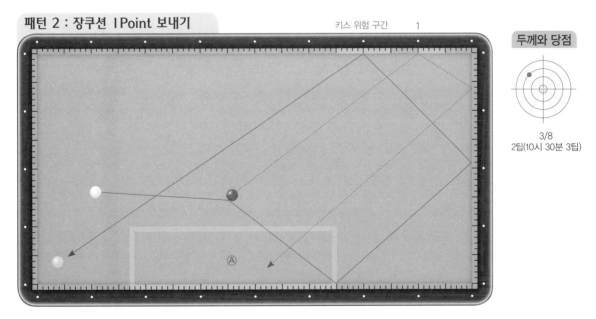

두께와 당점

3/8
2팁(10시 30분 3팁)

- 1적구를 장쿠션 1point로 보내어 코너를 돌아 나와 장쿠션 부근(Ⓐ)으로 오도록 한다.
- 수구와 1적구가 빗각배치일 때 사용한다.
- 다음 공은 쉬운 바깥돌리기 형태가 된다.

Pattern 3 : 단쿠션 1Point 보내기

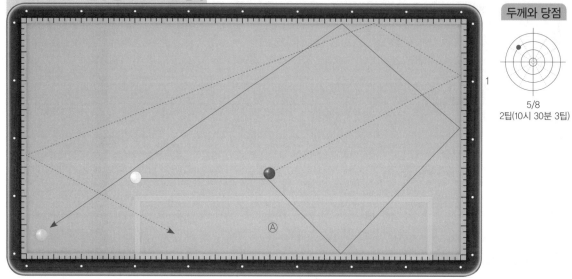

두께와 당점

5/8
2팁(10시 30분 3팁)

1

- 1적구를 두껍게 맞추어서 단쿠션 1point로 보내어 앞돌리기 형태로 장쿠션 부근(Ⓐ)으로 오도록 한다.
- 수구와 1적구가 1자 배치 혹은 약간 빗각일 때 사용한다.
- 다음 공은 쉬운 바깥돌리기 형태로 이어진다.

Pattern 4 : 대회전 형태로 코너 보내기

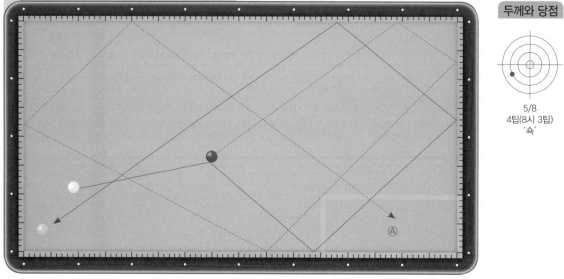

두께와 당점

5/8
4팁(8시 3팁)
'속'

- 1적구를 장쿠션 코너 부근으로 보내어 대회전 형태로 코너 부근(Ⓐ)으로 보낸다.
- 다음 공 배치는 쉬운 바깥돌리기 형태가 된다.

  ▣ 스트로크 : 밀리지 않게 '속' 스트로크 하거나 끌어서 친다.

Billiards

포지션 플레이 패턴 적용 예

(1) 두껍게 맞추는 방법 (패턴 3)

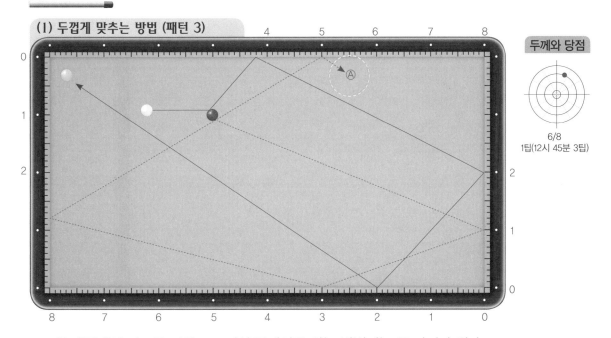

두께와 당점

6/8
1팁(12시 45분 3팁)

- 위 배치에서 키스를 피하고 포지션 플레이를 하는 방법에는 두 가지가 있다.
- 첫 번째 방법 (두껍게) : 1적구를 두껍게(5/8 이상) 맞추어서 단쿠션 1point 부근으로 보내어 앞돌리기 형태로 Ⓐ구역으로 보낸다. 당점은 상단 1팁(12시 45분 3팁)을 준다.

(2) 얇게 맞추는 방법 (패턴 2)

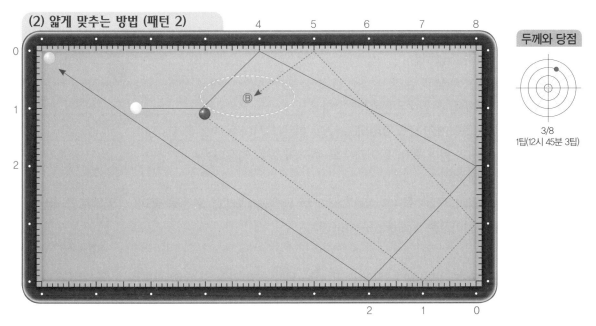

두께와 당점

3/8
1팁(12시 45분 3팁)

- 두 번째 방법 (얇게) : 1적구를 얇게(3/8) 맞추어서 장쿠션 1point로 보내어 바깥돌리기 형태로 Ⓑ구역으로 보낸다. 당점은 상단 1팁(12시 45분 3팁)을 준다.

엇각 배치 바깥돌리기 포지션 플레이

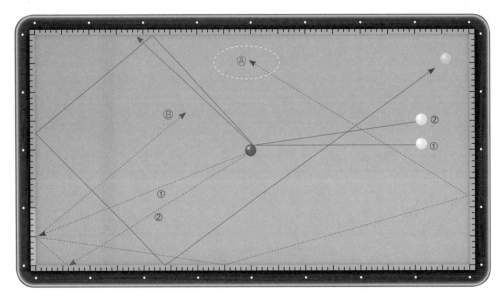

두께와 당점

①
5/8
5/8
2팁(10시 30분 3팁)
'툭'

②
5/8
중단 1팁(9시 1팁)
'툭'

요점 · 설명

- 위와 같은 배치에서 빠른 속도로 1적구를 맞추면 1득점에는 성공할 수 있지만, 수구와 2적구의 부딪치는 힘이 강하여 포지션 플레이에는 실패한다.
- 분리각이 45°이상인 1자 또는 엇각 배치에서는 수구의 힘을 줄여서 2적구를 약하게 맞추어야 포지션 플레이가 가능하다.

  이를 위한 요령은 다음과 같다.

  1. 브릿지를 길게 잡고 팔로우를 짧게 한다(Short Follow).

     큐가 앞으로 들어가면 들어갈수록 수구의 힘은 커진다 (수구가 이기는 형태).

  2. 팔의 힘을 뺀다; 몸에 힘이 들어갈수록 수구의 힘은 커진다.

  3. 속도 : 느리게 한다.

  4. 당점 : 분리각이 커질수록 (예: 심한 엇각 배치) 당점을 내리고, 회전을 줄이고, 임팩트를 줄인다.

  5. 그립 : 큐를 잡아주는 firm grip을 사용한다.

도형 ① : 5/8두께, 2팁(10시 30분 3팁), 힘을 빼고 쇼트 팔로우, 느린 속도

1적구를 단쿠션 코너 부근으로 보내어 앞돌리기 형태로 포지션 플레이를 한다(Ⓐ).

② : 6/8두께, 중단 1팁(9시 1팁), 힘을 빼고 쇼트 팔로우, 느린 속도

1적구를 장쿠션 코너 부근으로 보내어 대회전의 형태로 포지션 플레이를 한다(Ⓑ).

다양한 바깥돌리기 포지션 플레이

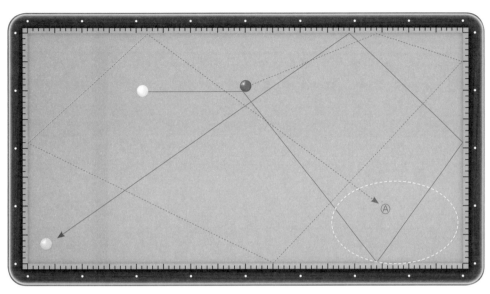

5/8
중단 2팁(9시 2팁)
'땅'

- 1적구를 대회전 시켜서 코너 부근(Ⓐ)으로 보내면, 다음 공 배치는 바깥돌리기 또는 앞돌리기 형태로 이어진다.
- 5/8 두께와 중단 2팁(9시 2팁) 주고, 3.5rail speed로 '땅' 친다.

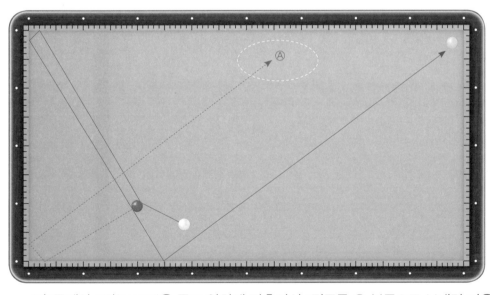

두께와 당점

2/8
3팁(9시 3팁)

- 2/8두께와 3팁(9시 3팁)을 주고 약하게 맞추어서 1적구를 Ⓐ 부근으로 보내면 다음 공은 바깥돌리기 형태로 이어진다.
- 너무 얇으면 1적구 움직임이 지나치게 약해지므로, 2/8두께 정도가 바람직하다.

다양한 바깥돌리기 포지션 플레이

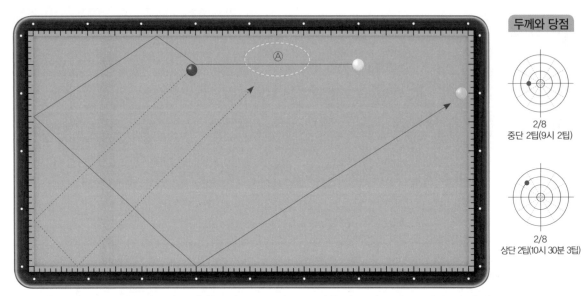

두께와 당점

2/8
중단 2팁(9시 2팁)

2/8
상단 2팁(10시 30분 3팁)

- 2/8 두께와 중단 2팁 또는 상단 2팁으로 1적구를 맞추어, 1적구가 코너를 돌아서 장쿠션 부근(Ⓐ)으로 가도록 한다.
- 다음 공은 바깥돌리기 형태로 이어진다.

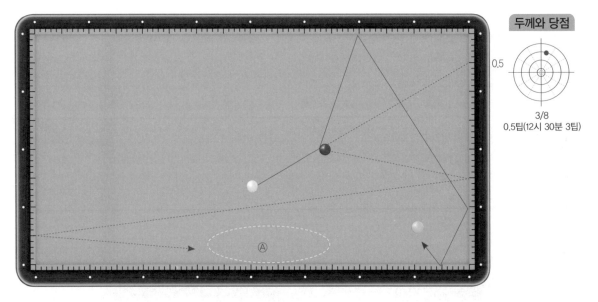

두께와 당점

0.5

3/8
0.5팁(12시 30분 3팁)

- 수구와 1적구의 연장선이 단쿠션 0.5Point를 향하고 있다면 포지션 플레이가 가능하다.
- 얇게(예: 1/8두께) 맞추면 키스이므로, 3/8두께로 1적구를 단 · 단 · 장의 형태로 장쿠션 중간 부근(Ⓐ)으로 보낸다.
- 다음 공은 바깥돌리기 형태가 된다.

다양한 바깥돌리기 포지션 플레이

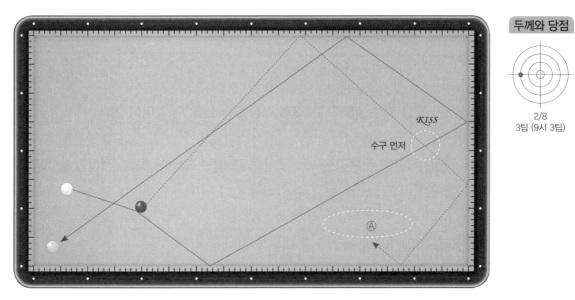

두께와 당점

2/8
3팁 (9시 3팁)

- 회전을 많이 주고 (9시 3팁) 2/8두께로 1적구를 맞추어서 3쿠션으로 Ⓐ부근으로 보낸다. 얇게 맞추기 때문에 수구가 먼저 키스 위험구역을 통과한다.
- 다음 공 배치는 쉬운 바깥돌리기 형태가 된다.

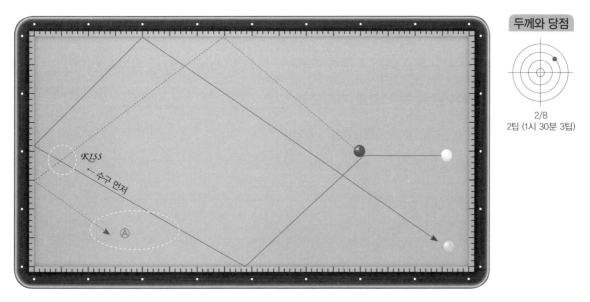

두께와 당점

2/8
2팁 (1시 30분 3팁)

- 1적구를 얇게(2/8) 맞추어서 수구가 먼저 키스 위험 구역을 통과하도록 하고, 1적구를 Ⓐ부근으로 보내면, 다음 공 배치는 쉬운 바깥돌리기 형태가 된다.

옆돌리기 포지션 플레이

• 실전에서 바깥돌리기 다음으로 많이 이용하는 옆돌리기에서의 포지션 플레이는 고점자로 가기위한 지름길이다.

• 쉬운 옆돌리기 배치가 왔을 때는 적어도 2~3개 이상을 득점할 수 있어야 한다.

• 이를 위해서는 두께별 1적구의 진행경로(page 226참조)를 알고 있어야 하며, 적절한 힘 배합과 스트로크로 1적구를 원하는 지점으로 보낼 수 있어야 한다.

• 옆돌리기 포지션 플레이의 6가지 pattern은 다음과 같다.

  1. 중앙 : 1적구를 테이블 중앙으로 보내라!

    ① 1적구를 옆돌리기 형태로 돌릴 수 있으면 돌려라!

    ② 돌릴 수 없다면 1적구를 조금만 움직이게 하라!

    ③ 1적구를 횡단시켜라!

  2. 반대편 : 1적구를 2적구 위치의 반대편으로 보내라!

  3. 코너 : 1적구를 코너로 보내라!

  4. 30cm : 2적구를 맞추고 나서 수구와 2적구의 거리를 30cm 정도로 유지시켜라!

  5. 가져오기 : 1적구를 수구 쪽으로 가져오라!

  6. 1적구를 단쿠션 중앙 부근으로 보내지 말라!

옆돌리기 포지션 플레이 기본형

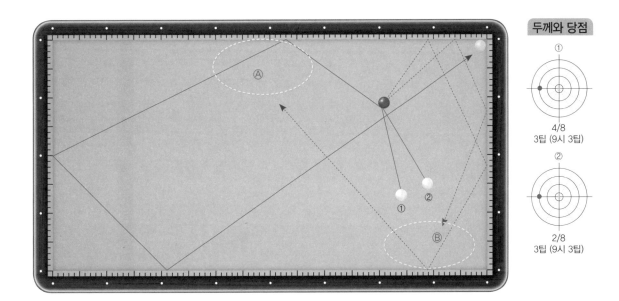

두께와 당점

①
4/8
3팁 (9시 3팁)

②
2/8
3팁 (9시 3팁)

요점 · 설명

- 옆돌리기 포지션 플레이의 기본형이다.

- 도형 ①과 같은 두껍게 맞출 수 있는 배치에서는 1적구를 두껍고 강하게 맞추어서 1적구를 Ⓐ부근으로 보내면 다음 배치는 평이한 바깥돌리기 형태의 배치가 되어서 쉽게 추가 득점을 할 수가 있다.

- 도형 ②와 같이 얇게 맞추어야 하는 배치에서는 1적구를 얇게 그리고 약하게 맞추어서 1적구를 Ⓑ부근으로 보내면 다음 배치는 옆돌리기 또는 옆돌리기 대회전 형태의 배치가 되어서 추가 득점이 가능하다.

옆돌리기 포지션 플레이 6가지 패턴
패턴Ⅰ : 중앙 ; 1적구를 테이블 중앙으로 보내라!

(1) 1적구를 옆돌리기 형태로 돌릴 수 있으면 돌려라!

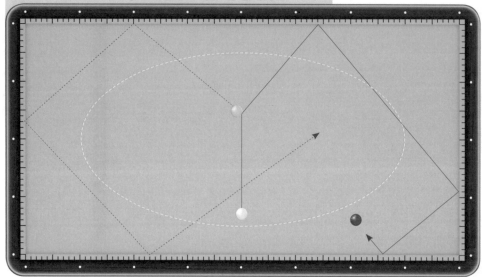

두께와 당점

4/8
2팁 (1시 30분 3팁)
'툭'

- 1적구를 테이블 중앙으로 보내면 다음 공 배치는 쉬운 옆돌리기나 바깥돌리기 형태로 이어진다.
- 수구와 1적구가 적절히 떨어져 있을 때에는 1적구를 옆돌리기 형태로 돌려서 1적구를 테이블 중앙으로 보낸다. 수구와 1적구가 1직선 이거나 엇각 배치일 때 사용 가능하다.

(2) 돌릴 수 없다면 1적구를 조금만 움직이게 하라!

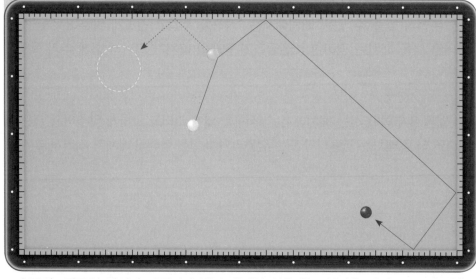

두께와 당점

1/8
3팁 (3시 3팁)
'툭'

- 수구와 1적구의 거리가 가깝거나 빗각 배치인 경우에는 회전을 많이 주고 최대한 약하게 그리고 얇게 맞추어서 1적구를 조금만 움직이게 하여 1적구가 테이블 중앙에 위치하도록 한다.

※ 1적구의 움직임을 최소화 시키는 방법 : 브릿지를 짧게, 큐를 짧게 잡고 오른손의 힘을 빼고 툭 친다.
  큐 뒤끝을 살짝 올려 주는 것도 좋다.

(3) 1적구를 횡단시켜라!

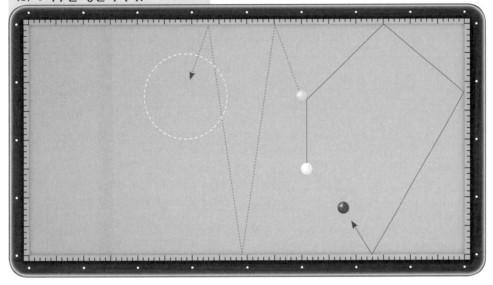

두께와 당점

6/8
2팁 (1시 30분 3팁)

두 께	6/8	당 점	2팁(1시 30분 3팁)
스트로크	'툭' 스트로크		

요점 · 설명

· 1적구를 두껍게 맞추어서 장 · 장 · 장으로 횡단시켜서 테이블 중앙(Ⓐ)으로 보낸다.

· 6/8 두께와 2팁(1시 30분 3팁)주고 가볍게 '툭' 친다.

패턴 2 : 반대편 ; 1적구를 2적구 위치의 반대편으로 보내라!

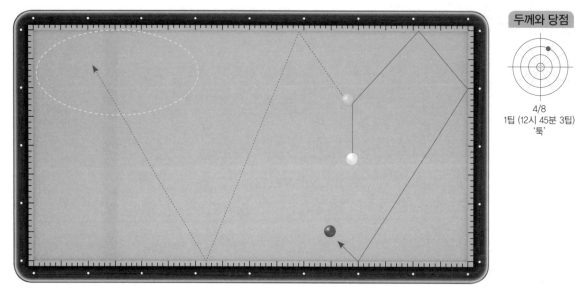

두께와 당점

4/8
1팁 (12시 45분 3팁)
'툭'

- 1적구를 2적구의 반대편으로 보내면 다음 공은 옆돌리기, 바깥돌리기 대회전, 앞돌리기 대회전 등 여러 가지 공략 방법이 가능하다.
- 4/8두께와 1팁(12시 45분 3팁)주고 가볍게 '툭' 친다.

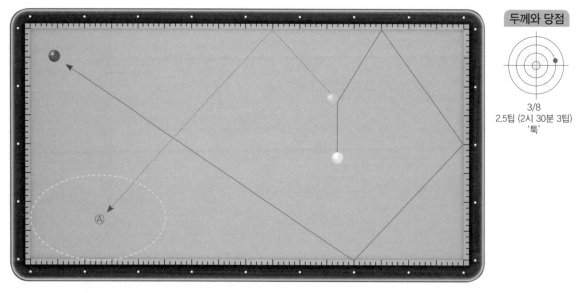

두께와 당점

3/8
2.5팁 (2시 30분 3팁)
'툭'

- 3/8두께와 2.5팁(2시 30분 3팁)주고 가볍게 '툭' 쳐서 1적구를 코너 부근(Ⓐ)으로 보낸다.
- 다음 공은 옆돌리기나 옆돌리기 대회전이 가능하다.

패턴 3 : 코너 ; 1적구를 코너로 보내라!

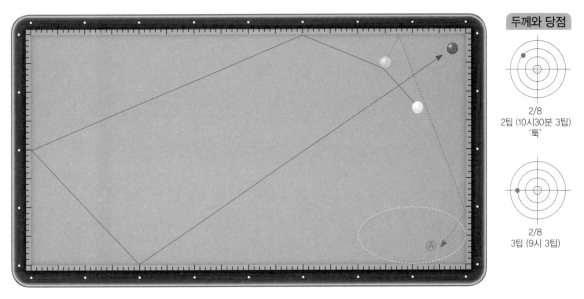

두께와 당점

2/8
2팁 (10시30분 3팁)
'툭'

2/8
3팁 (9시 3팁)

- 1적구를 코너 부근(Ⓐ)으로 보내면 옆돌리기, 옆돌리기 대회전 등 다양한 공략 방법이 가능하다.
- 2/8두께와 2팁(10시 30분 3팁) 또는 3팁(9시 3팁) 주고 가볍게 '툭' 친다.

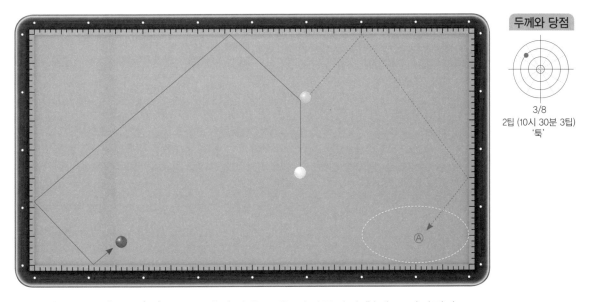

두께와 당점

3/8
2팁 (10시 30분 3팁)
'툭'

- 1적구를 코너 부근(Ⓐ)으로 보내면 다음 공은 바깥돌리기 형태로 이어진다.
- 3/8두께와 2팁(10시 30분 3팁)주고 가볍게 '툭' 친다.

11. 포지션 플레이 | 303

패턴 4 : 30㎝ ; 2적구를 맞춘 후 수구와 2적구의 거리를 30㎝ 정도로 유지시켜라!

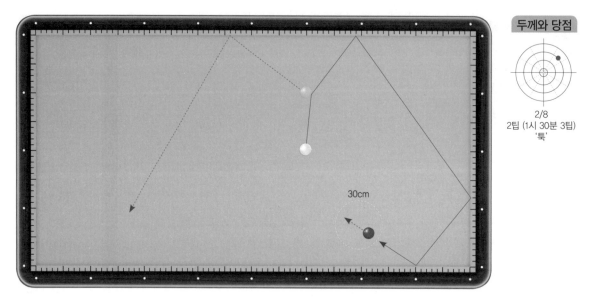

두께와 당점

2/8
2팁 (1시 30분 3팁)
'툭'

- 1적구의 이동 후 위치와 상관없이 수구가 2적구를 맞춘 후, 2적구와 30㎝정도 거리에 위치하게 하면 다음 공 공략이 용이해진다.
- 2/8 두께와 2팁(1시 30분 3팁) 주고, 1적구를 맞춘 후 수구를 2적구 부근에 위치하게 한다.

  ▣ 스트로크: 브릿지를 짧게 잡고, 체중을 뒤쪽인 오른발에 더 많이 두고, 오른팔의 힘을 빼고 가볍게 '툭' 친다.

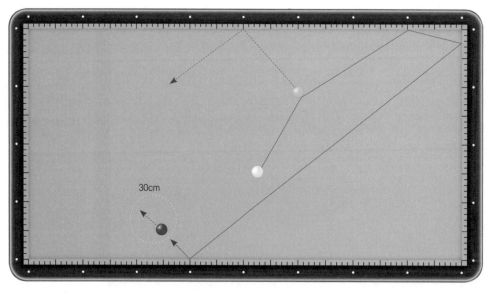

두께와 당점

3/8
2팁 (1시 30분 3팁)
'툭'

- 3/8두께와 2팁(1시 30분 3팁) 주고 가볍게 '툭' 친다.
- 다음 공은 앞돌리기, 옆돌리기 등 다양한 공략 방법이 가능해진다.

패턴 5 : 가져오기 ; 1적구를 수구쪽으로 가져오라!

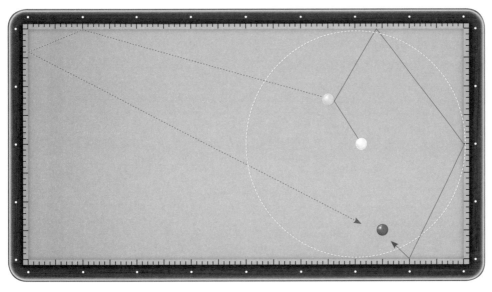

두께와 당점

3/8
4팁 (4시 3팁)
'툭'

• 1적구를 수구가 있는 쪽으로 가져오면 다음 공 공략이 쉬워진다.

• 4/8두께와 4팁(4시 3팁) 주고 가볍게 '툭' 친다.

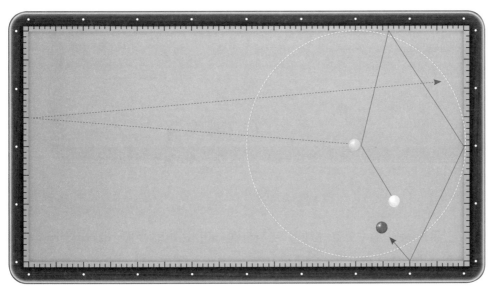

두께와 당점

3/8
(4시 30분 3팁)
'스~윽'

• 3/8 두께와 4시 30분 3팁을 주고 '스~윽' 밀어친다.

패턴 6 : 1적구를 단쿠션 중앙 부근으로 보내지 말라!

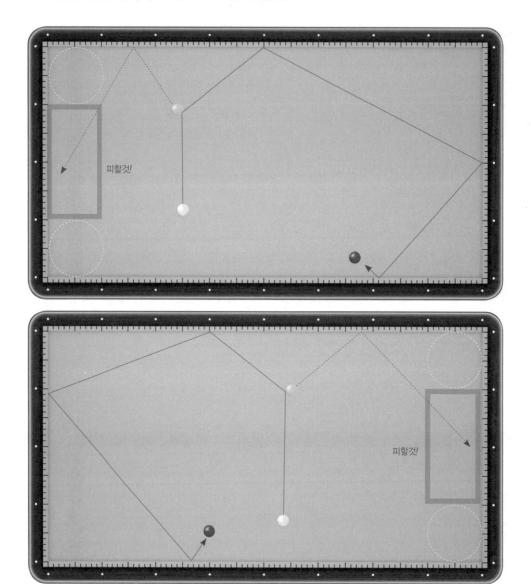

피할것!

피할것!

요점 · 설명

- 1적구를 좌, 우, 단쿠션 중앙 부근으로 보내면, 포지션 플레이가 어려워진다. 따라서 가급적 1적구를 이 구간으로 보내지 않는 것이 좋다.
- 반면에 1적구를 좌 · 우, 상 · 하 코너 부근으로 보내면, 대부분 다음 공은 쉬운 공 배치로 이어진다.

Billiards
다양한 옆돌리기 포지션 플레이

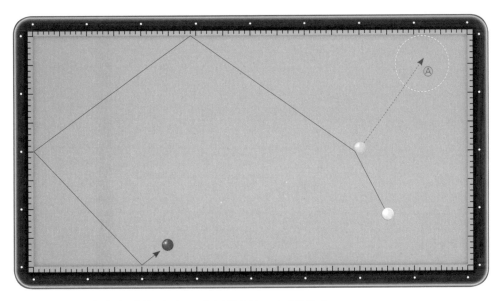

두께와 당점

2/8
2팁 (10시 30분 3팁)

- 1적구를 약하게 맞추어서 코너 부근(Ⓐ)으로 보낸다.
- 2/8두께와 2팁(10시 30분 3팁) 주고 middle follow로 밀어친다.

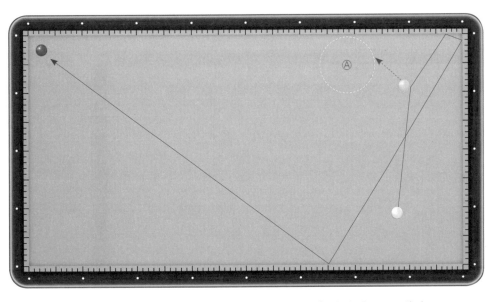

두께와 당점

1/8
2.5팁(2시 30분 3팁)
'툭'

- 1/8두께와 2.5팁 (2시 30분 3팁)을 주고 간결하게 '툭' 쳐서 Ⓐ로 보낸다.
- 1적구의 움직임을 최소화시키는 것이 중요하다.
- 다음 공은 쉬운 바깥돌리기 형태가 된다.

다양한 옆돌리기 포지션 플레이

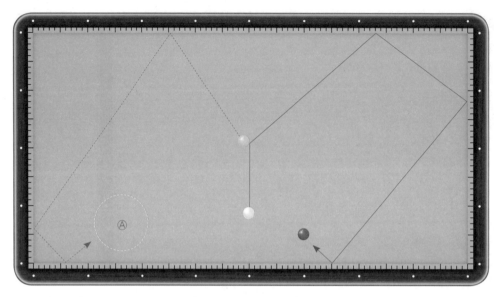

두께와 당점

4/8
2팁 (1시 30분 3팁)
'툭'

- 4/8두께와 2팁(1시 30분 3팁)을 주고 가볍게 '툭' 쳐서 Ⓐ로 보낸다.
- 다음 공은 쉬운 앞돌리기나 바깥돌리기로 이어진다.

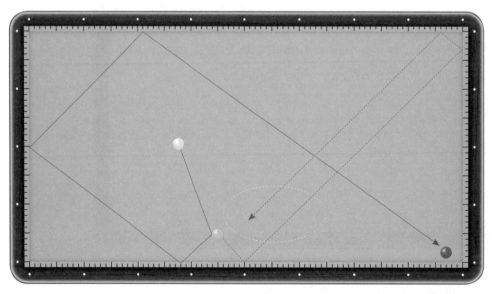

두께와 당점

6/8
4팁 (4시 3팁)

- 1적구를 가볍게 끌어 주어서 제자리로 돌아오게 한다. 다음 공은 바깥돌리기가 가능하다.
- 6/8두께와 4팁(4시 3팁) 당점을 사용한다.

다양한 옆돌리기 포지션 플레이

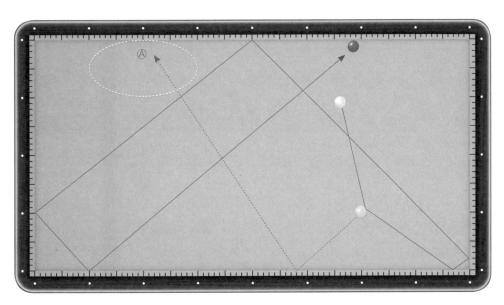

두께와 당점

2/8
3팁 (9시 3팁)

- 회전을 많이 주고(9시 3팁) 1적구를 얇게 그리고 약하게 맞추어서 Ⓐ부근으로 보낸다.
  다음 공은 쉬운 바깥돌리기 형태로 이어진다.

  ▣ 스트로크 : 타격을 가해서는 안되며 브릿지를 짧게 잡고 팔로우 샷으로 부드럽게 밀어친다.

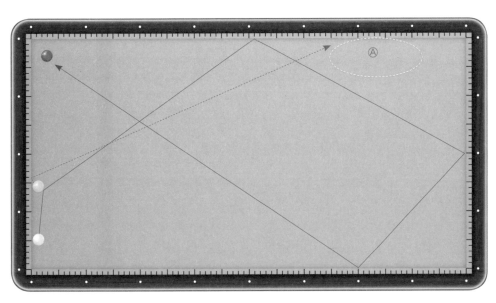

두께와 당점

1/8
4팁 (4시 3팁)

- 중하단 당점(4팁 : 4시 3팁) 주고 아주 얇게(1/8이하) 맞추어서 1적구를 Ⓐ부근으로 보내면
  다음 공 배치는 바깥돌리기로 이어진다.

앞돌리기 포지션 플레이

(1) 방법 1 – 보통 두께

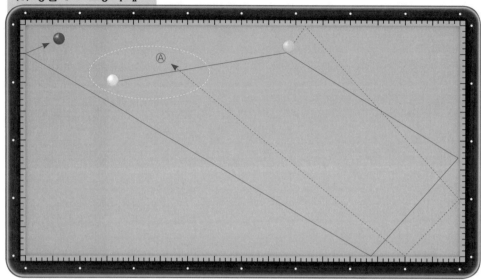

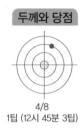

두께와 당점

4/8
1팁 (12시 45분 3팁)

- 1팁(12시 45분 3팁)과 4/8 두께로 1적구를 맞추어 Ⓐ구역으로 보낸다.
- 다음 공은 바깥 돌리기 형태로 이어진다.

   ▣ 스트로크 : 부드러운 미들 팔로우(middle follow)로 밀어친다.

(1) 방법 2 – 얇게

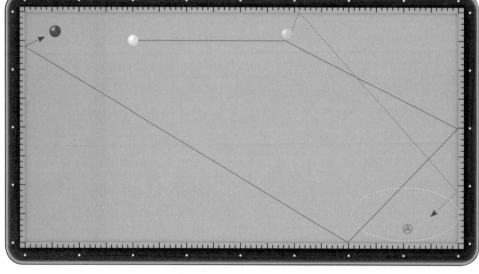

두께와 당점

2/8
2팁 (1시 30분 3팁)

- 2팁(1시 30분 3팁)주고 얇은 두께(2/8)로 1적구를 맞추어서 Ⓐ구역으로 보낸다.
- 다음 공은 득점 확률이 높은 대회전 형태로 이어진다. 득점 실패 시에는 수비가 가능하다.

다양한 앞돌리기 포지션 플레이

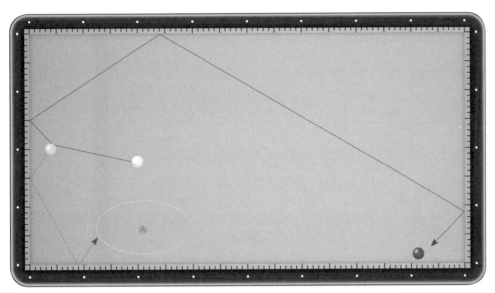

두께와 당점

2/8
2팁(1시 30분 3팁)
'툭'

• 1적구를 얇게 최대한 약하게 맞추어서 Ⓐ부근으로 보내면, 다음 공 배치는 쉬운 바깥돌리기 형태로 이어진다. 브릿지를 짧게 잡고 큐도 짧게 잡은 상태에서 오른손의 힘을 빼고 가볍게 '툭'치면 1적구의 움직임을 최소화 시킬 수 있다.

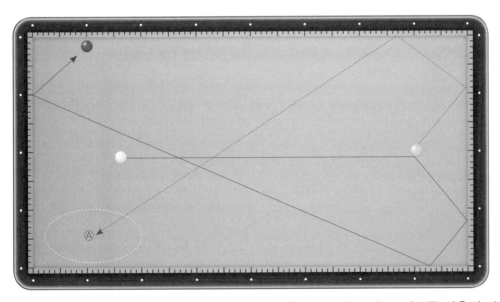

두께와 당점

4/8
0팁(느낌팁)

• 1적구가 단쿠션 중앙 라인에 있을 때 무회전을 주고 4/8두께로 1적구를 맞추면, 수구와 1적구는 서로 대칭적인 궤적을 그린다.
• 팔로우 샷으로 밀어쳐서 1적구를 Ⓐ부근으로 보내면, 다음 공은 옆돌려치기 형태의 배치가 된다.

Billiards

다양한 앞돌리기 포지션 플레이

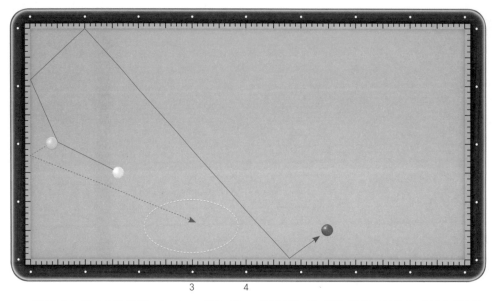

두께와 당점

2/8
2팁 (1시 30분 3팁)

3   4

- 얇은 두께(2/8)와 2팁(1시 30분 3팁)을 주고 1적구를 최대한 약하게 맞추어서 장쿠션 3~4point로 보낸다.
- 다음 공 배치는 바깥돌리기 또는 앞돌리기 형태로 이어진다.

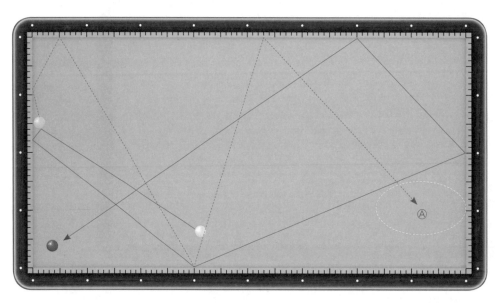

두께와 당점

4/8
7시 3팁

- 4/8두께와 7시3팁을 주고 1적구를 강하게 맞추어서 1적구를 위 도형과 같이 코너(Ⓐ) 부근으로 보내면, 다음 공은 바깥돌리기 형태로 이어진다.

Billiards
다양한 앞돌리기 포지션 플레이

(1) 1적구가 쿠션에서 조금 떨어져 있을 때

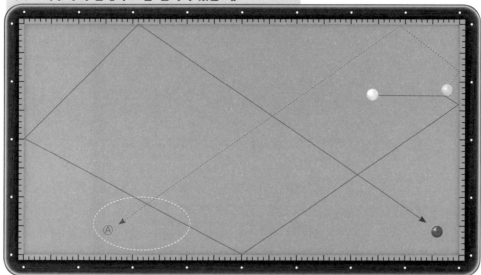

두께와 당점

2/8~3/8
3팁 (3시 3팁)

• 회전을 많이 주고 1적구를 얇게(2/8~3/8) 맞추어서 Ⓐ부근으로 보내면, 다음 공은
쉬운 바깥돌리기로 득점할 수 있다.

(2) 1적구가 쿠션에 붙어 있을 때

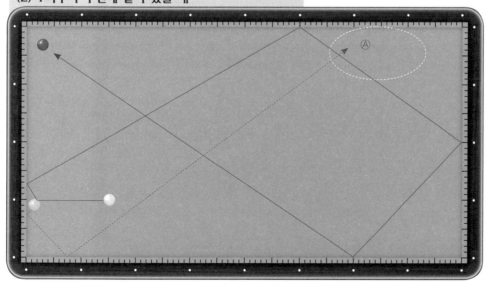

두께와 당점

3/8
4시~5시 1팁

• 4시~5시 1팁을 주고 1적구를 얇게 맞추어서 1적구를 Ⓐ부근으로 보낸다.
다음 공은 쉬운 바깥 돌리기로 이어진다.

빗겨치기 포지션 플레이

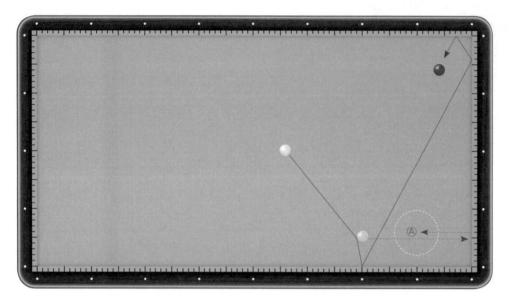

두께와 당점

2/8
3팁 (9시 3팁)
'툭'

- 1적구를 아주 약하게 맞추어서 1적구가 단쿠션을 맞고 Ⓐ구역에서 멈추도록 한다.
- 다음 공은 옆돌리기, 옆돌리기 대회전의 형태로 이어진다.

  ▣ 스트로크 : 브릿지를 짧게 잡고 오른팔의 힘을 뺀 상태에서 가볍게 '툭' 친다.

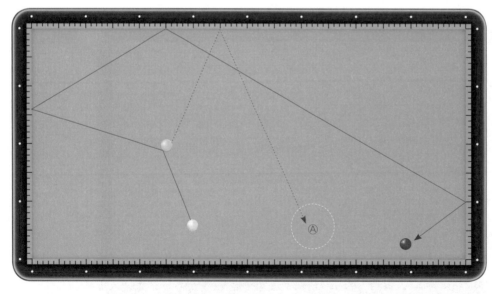

두께와 당점

4/8
3팁 (3시 3팁)

- 4/8두께와 3팁(3시 3팁)주고 부드럽게 그리고 약하게 1적구를 맞추어서 Ⓐ지점으로 보낸다.
- 다음 공은 바깥 돌리기 형태의 배치로 이어진다.

  ▣ 스트로크 : 부드러운 미들 팔로우 샷으로 밀어친다.

빗겨치기 포지션 플레이

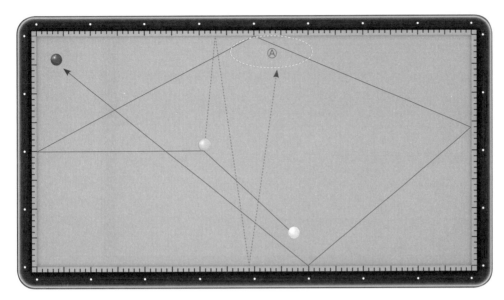

두께와 당점

5/8
중단 2팁 (3시 2팁)

- 5/8두께와 중단2팁(3시 2팁)을 주고 1적구를 맞추어 1적구가 장 · 장 · 장의 형태로 장쿠션 부근(Ⓐ)으로 가도록 한다.
- 다음 공은 바깥돌리기 형태로 이루어 진다.

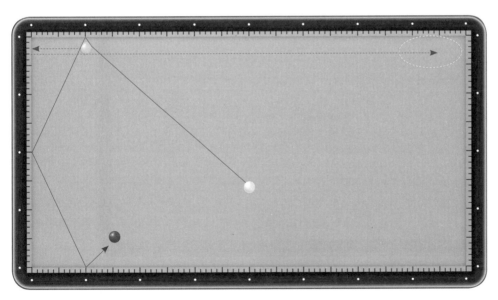

두께와 당점

3/8
2팁 (10시 30분 3팁)

- 3/8두께와 2팁(10시 30분 3팁)을 주고 1적구를 맞추어서 코너 부근으로 보낸다.
- 다음 공은 옆돌리기나 빗겨치기 대회전의 형태로 이어진다.

더블 쿠션(double cushion) 포지션 플레이

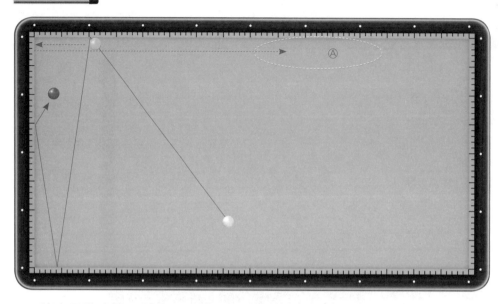

두께와 당점

2/8
0팁 (12시 3팁)

- 상단 무회전 주고 얇게(2/8) 1적구를 맞추어서 Ⓐ구역으로 보낸다.
- 다음 공 배치는 바깥 돌리기 형태로 이어진다.

횡단샷 포지션 플레이

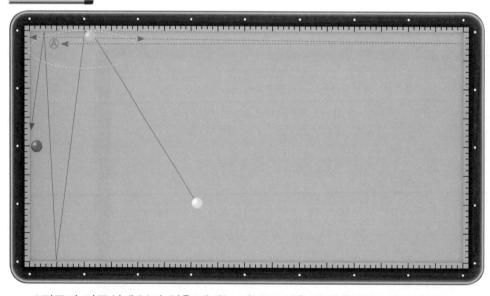

두께와 당점

2/8
느낌팁

- 2적구가 단쿠션에 붙어 있을 때에는 더블 쿠션은 득점 확률이 떨어지므로, 횡단샷으로 공략하여야 한다.
- 빠른 속도(3.5rail speed)로 1적구를 맞추어서 원래 있던 제자리 부근으로 되돌아오게 한다.
- 공 3개가 테이블 하단에 있을 때에는 다양한 공략 방법의 적용이 가능해진다.

본 교재내용에 관한 의문사항은 카카오톡 오픈채널 양빵당구로 문의 가능합니다.

양빵당구 3쿠션 시스템

당구에 미치다

발행일 2025년 04월 10일

발행인 남 용

편저자 신용인, 양성민

발행처 일신서적출판사

주 소 서울시 마포구 독막로 31길 7

등 록 1969년 9월 12일(No. 10–70)

전 화 (02) 703–3001~5(영업부)

　　　　(02) 703–3006~8(편집부)

FAX (02) 703–3009

ISBN 978–89–366–2903–8 03690

Billiards

양빵당구 3쿠션 시스템

당구에
미치다